dtv

premium

Nicola Steffen

Porn Chic

Die Pornifizierung des Alltags

Deutscher Taschenbuch Verlag

Dieses Buch ist auch als eBook erhältlich.

MIX
Papier aus verantwortungsvollen Quellen
FSC® C013736

Originalausgabe 2014
Deutscher Taschenbuch Verlag

Dieses Werk wurde vermittelt durch die Literarische Agentur Thomas Schlück GmbH, 30827 Garbsen

Umschlagkonzept: Balk & Brumshagen
Umschlaggestaltung: buxdesign I München
Satz: Bernd Schumacher, Augsburg
Druck und Bindung: Kösel, Krugzell
Gedruckt auf säurefreiem, chlorfrei gebleichtem Papier
Printed in Germany · ISBN 978-3-423-26031-2

INHALT

EINLEITUNG: WAS IST PORN CHIC?

Stellen Sie sich ein pornografisches Bild vor. Irgendeines. Woran denken Sie? An eine softpornografische Abbildung, wie man sie vielleicht im *Playboy* findet? Wenn das zutrifft, dann gehören Sie zu der Gruppe von Menschen jenseits der 30, die keine einschlägigen Erfahrungen mit Pornografie haben und bei pornografischem Material an die 80er denken – an softpornografische Zeitschriften, Videokassetten und Ähnliches. Das haben Forscher festgestellt. Und vermutlich sind Sie eine Frau. Tendenziell kennen Frauen eher nicht die Inhalte, die heute, im Zeitalter des Internet, kursieren. Welche Frau surft schon regelmäßig auf Pornoseiten? Aber vielleicht kennen Sie auch durchaus aktuelleres pornografisches Material, haben jedoch eine gleichgültige Einstellung dazu, wie es die meisten Wissenschaftler von ihren Studenten berichten. Sie denken: Ist doch nur Sex, die normalste Sache der Welt. Menschen hatten schon immer Sex und werden immer Sex haben – wo ist das Problem? Warum soll man sich also mit dem Thema Pornografie befassen? Welche Relevanz hat das für unsere Gesellschaft? Sind Kultur und Pornografie nicht sowieso voneinander getrennt? Die Antwort auf die letzte Frage lautete einmal »doch«, aber das hat sich inzwischen geändert.

Bereits Ende der 90er Jahre, als ich in Paderborn studierte, fielen mir einige Veränderungen in der Studentenszene auf: Die Mädchen trugen tiefer geschnittene Jeans, so dass die zu dem Zeitpunkt populär gewordenen String-Tangas und Steißbein-Tattoos, auch »Arschgeweih« genannt, sichtbar wurden. Unter den Studenten war vor allem elektronische Musik beliebt. Diese Musik, in erster Linie House-Musik, ist charakterisiert durch »Samples«, deren Ursprünge und Einflüsse – Funk, Soul und Disco – auf die Musik der 70er Jahre zurückgingen. Passend zur House-Musik tauchten auch in Mode und Styling der Studenten zunehmend Retro-Zitate aus den »Goldenen Siebzigern« auf: Glamour-Elemente wie falsche Diamanten, 70er Sonnenbrillen, helle Schlaghosen und Print-Shirts mit Retro-Motiven. Doch bei diesen Anspielungen auf die Erotik der 70er blieb es nicht. In den Clubs und Diskotheken wurden nun Porno-Motto-Partys gefeiert. Der Ausdruck »porno« als Wertadjektiv fand Eingang in den Jargon: Er konnte, je nach Betonung und Kontext, sowohl eine positive (als Synonym für »cool« oder »geil«) als auch eine negative Bedeutung annehmen, ähnlich wie die Ausdrücke »krass« oder »übel«. Heutzutage gehören Begriffe wie »Gangbang« zum Alltag Jugendlicher, zweideutig in ihrer Bedeutung und auf jeden Fall in hohem Maße geeignet, Eltern und Lehrer im »Erprobungshandeln«, wie der Sexualwissenschaftler Gunter Schmidt das nennt, zu provozieren.

Die Studenten damals trugen T-Shirts mit dem Aufdruck »Porn Star«, gingen in Clubs mit Namen wie »Pornoclub« oder »Freudenhaus«, wo DJs auflegten, die sich »Boogy Pimps« oder »Pussy Lovers« nannten. Entertainment-Gruppen wie »Porno Al Forno« sorgten für die passende Unterhaltung. Die Affinität des Phänomens zur House- und Techno-Szene nahm ich zum Anlass, eine Doktorarbeit *Zum Phänomen des »Porn Chic« in Clubflyern* zu schreiben. Ich ging davon aus, »Porn Chic« – im engeren Sinne (der Begriff schien für eine Vielzahl verschiedener Dinge zu stehen, die oftmals wenig gemeinsam hatten) – würde sich mehr oder weniger auf die House- und Technoszene beschränken, vielleicht noch auf Werbung und Popmusik. Im Internet tauchte der Begriff nur im Rahmen journalistischer Beiträge auf,

Literatur dazu gab es nicht. Um zu einer präziseren Definition zu gelangen, wühlte ich mich durch sämtliche deutsch- und englischsprachigen Treffer, die Google auswarf, und analysierte über 1.000 Clubflyer aus dem Zeitraum von 1995 bis 2005. Ich stellte fest, die Veränderungen, die ich Ende der 90er in der Studentenszene Paderborns beobachtet hatte, waren nur die zarten Vorläufer einer mittlerweile außer Kontrolle geratenen Entwicklung: der Pornifizierung der westlichen Kultur.

Die westliche Kultur der Gegenwart ist durch und durch sexualisiert. Zwei Phänomene dominieren und treten oft in Kombination auf: die Omnipräsenz nackter Körper und das Ablegen intimer Geständnisse in der Öffentlichkeit. Es hat eine neue Welle der sexuellen Revolution stattgefunden, eine »Demokratisierung der Lust«, wie der Medienwissenschaftler Brian McNair es nennt. Mittlerweile gibt es für diese Entwicklungen eine Vielzahl von Bezeichnungen: »porning« bzw. »pornification«, »pornographication« und »everyday porn« etwa. Im deutschen Sprachraum ist die Rede vom »Porno-Pop«.

Der Begriff »Porn Chic« ist nicht neu. Zum ersten Mal taucht »Porno Chic« 1973 in einem Artikel in der *New York Times* auf. Damit wurde die plötzliche Verbreitung und Popularität pornografischer Filme in den amerikanischen Kinos beschrieben. *Deep Throat* (1972), *Behind the Green Door* (1972), *The Devil in Miss Jones* (1973), später *The Opening of Misty Beethoven* (1976) und *Debbie Does Dallas* (1978) – es gibt wohl kaum jemanden, der nicht zumindest einen dieser Porno-Klassiker kennt. 1973 hatte auch das oberste amerikanische Gericht den Begriff Obszönität neu definiert und mit der Frage nach dem künstlerischen Wert verknüpft. Damit eröffneten sich neue Möglichkeiten.

Die zweite Welle der Pornifizierung begann in den 90ern und hält bis heute an. Vorher existierte Pornografie in der Regel vom Rest der Gesellschaft abgeschottet, war vor den Augen der

Öffentlichkeit verborgen. Sie war zwar zugänglich und durchaus auch gefragt, aber sie wurde nicht aufgezwungen. Dies ist nicht länger der Fall: Seit Anfang der 90er trieben die Medien die Sexualisierung der Kultur voran. Infolgedessen lösten sich die Grenzen zwischen Pornografie und Kultur auf, und pornografische Elemente sickerten in den kulturellen Mainstream ein. Heute ist Porn Chic allgegenwärtig und wird in Kultur und Pop-Kultur zum Thema gemacht. Die Songtexte, Bühnenoutfits und Dance Moves von Sängerinnen wie Lady Gaga und Rihanna sind durch und durch sexualisiert. Der ehemalige *Disney*-Star Miley Cyrus gab bei seiner Performance anlässlich der *2009 Teen Choice Awards* Elemente aus dem Stangentanz zum Besten und ritt 2013 in dem Video *Wrecking Ball* nackt auf einer Abrissbirne. Popstars wie Britney Spears und Promis wie Paris Hilton, beide Vorbilder für Millionen von Mädchen, entblößen ihre rasierten Geschlechtsteile vor den Augen der Paparazzi. Sängerinnen fördern den Verkauf ihrer Singles mit Sex-Videos, die im strategisch günstigsten Moment an die Öffentlichkeit gelangen. Ähnliches tun auch andere Stars und Sternchen – Pamela Anderson, Katie Price, Kim Kardashian, um nur einige der bekannteren Fälle zu nennen. Sänger wie Dappy, Mitglied der britischen Band N-Dubz, twittern Bilder ihrer Geschlechtsteile. Pornodarstellerinnen wie Michaela Schaffrath treten in seriösen Talkshows neben Schauspielern und Politikern auf und sorgen auf Promi-Partys für Stimmung. In einigen Fällen, etwa im Fall von Jenna Jameson, erlangen sie Pop-Star-Status.

McNair bezeichnet mit dem Phänomen »Porno Chic« eine Entwicklung, durch die Pornografie als ein akzeptierter, teilweise sogar idealisierter Bestandteil unserer Kultur in das alltägliche Leben eindringt. Anzügliche Bilder, selbst unmittelbare und absichtliche Entlehnungen aus der Pornografie werden in zunehmendem Maße vom Mainstream übernommen. Als Folge davon ist Pornografie nicht mehr gleichbedeutend mit Schmutz und Schund und kann deshalb in aller Öffentlichkeit diskutiert werden. Als weitere Folge wird es zunehmend schwierig, die »Schmuddelwelt« vom Mainstream abzugrenzen.

Die Pornifizierung der Kultur kann die verschiedensten Formen annehmen: Das können pornografische Kulissen und Hintergründe in Fernsehsendungen und Filmen sein, etwa die Darstellung von Stangentanz und Striptease bzw. Striplokalen. Auch die Glorifizierung von Pornoproduzenten und (ehemaligen) -darstellern gehört dazu, etwa wenn sie als Fernsehmoderatoren oder in den Medien als Promis auftreten. Das kann auch die positive Darstellung von Prostitution und Pornografie in fiktionalen, nicht-pornografischen Fernsehsendungen sein, etwa im Rahmen eines Krimis. Häufig ist zudem eine Erotisierung von nicht-heterosexuellen Lebensweisen, etwa der Schwulen und Lesben, zu beobachten, z. B. bei *Sex and the City*. Innerhalb bestimmter Programmgattungen wird in gehäuftem Maße pornifiziert, etwa bei Doku-Sendungen (z. B. über Hugh Heffner und seinen *Playboy*-Lifestyle), Reality TV (etwa die Thematisierung des Pornografiekonsums von Jack und Ozzy in *The Osbornes*) und Comedy-Sendungen.

Die Pornifizierung kann sich auch in der Mode äußern, in Form von Kleidungsstücken, die sonst nur in der Porno-Szene getragen werden, wie Netzstrümpfen oder Korsetts, oder auch in einem Mangel an Kleidung, meist bei jungen Frauen. Sexualisierte und erotische Körperbewegungen (in nicht-pornografischen Kontexten) sind ebenfalls eine Manifestation. In der Sprache zeigt sich die Entwicklung in Form von pornografischen Wörtern, Ausdrücken und Redewendungen. Das können z. B. Wörter sein, die eine Verbindung zur Pornografie herstellen, etwa die Wahl des Namens *Pimp my Ride* für eine Fernsehsendung, in der heruntergekommene Autos aufgemotzt werden. In

Pop-Songs werden Stimmen und Laute pornifiziert: Geräusche sexueller Erregung wie Seufzen und Stöhnen sind im Pop gang und gäbe. Wer das nicht glaubt, der nehme ein beliebiges Album von Britney Spears und überzeuge sich (»It's Britney, bitch!«).

Porn Chic kann sich auch formal manifestieren, nämlich in Gestalt eines pseudo-pornografischen Erscheinungsbildes: In Großbritannien findet man vor allem in der Fernsehwerbung den sogenannten »Food Porn«. Damit wird die »erregende« Darstellung von Speisen beschrieben: dampfendes Fleisch, tropfende Soßen, schmelzende Butter. Das Wasser läuft einem förmlich im Mund zusammen. *Marks & Spencer*, eine britische Supermarktkette für den »gehobeneren« Geschmack, ist für ihre »Food Porn«-Werbespots im TV bekannt. Englands größter Anbieter für Tiefkühlkost, *Birdseye*, geht in seinem Werbespot mit dem Motto »Pink Revelation« noch einen Schritt weiter. Der im Spot dargestellte Dialog verweist direkt auf die Pornografie: Zwei »männliche« Fischstäbchen treffen auf ein »weibliches«, welches »nichts drunter« hat, »rosa« unter seinem Backteig ist. Es ist eine direkte Anspielung auf die gegenwärtige kulturelle Vorliebe für haarlose Genitalien. Der Ursprung hierfür liegt ebenfalls in der Pornografie. 2009 kam ein neuer pseudo-pornografischer Trend auf: »Geek Porn« – *Unboxing*. Auch daran ist nichts außer der Darstellungsweise Pornografie: Es gibt keine Nacktheit, keinen Sex, noch nicht einmal Frauen – nur Männer, die im Format von 3-minütigen Videos ihre neuesten »Gadgets«, also technischen Spielereien, vor laufender Kamera auspacken. Eine dritte Manifestationsebene des Porn Chic bezieht sich auf die Funktion. Ein Beispiel hierfür ist der »Infoporn«. Die Bezeichnung »Infoporn« charakterisiert Information, die keinen anderen Sinn hat, als die Aufmerksamkeit des Publikums zu halten – Information um der Information willen. Ein ähnlicher Begriff ist der der »Sozialpornografie«, oftmals im Zusammenhang mit Reality TV gebraucht – Gewalt, Demütigung und Verzweiflung für die Quote. Auch Mel Gibsons *Die Passion Christi* (2004) wird als metaphorische Pornografie bezeichnet. Wie echte Pornografie ruft der Film beim Publikum starke emotionale bzw. körperliche Reaktionen hervor. Der Film zeigt (homo)erotisierte Gewalt und wird aufgrund der detaillierten Darstellung des langsamen und qualvollen Todes Christi von manchen Kommentatoren gar als »Snuff Film« bzw. »Torture Porn« bezeichnet.

Die Beziehung zwischen Pornografie und Medien ist eine symbiotische: Indem die Medien über Pornografie berichten, färbt ein Hauch des Verruchten und des Dirty Glamour auf sie ab. Die Medien wiederum bestätigen die Pornografie in ihrer Rechtmäßigkeit, indem sie diese zu einem Thema von Belang machen. Die Darstellung von Pornografie ist dabei zumeist positiv, mal mehr, mal weniger offensichtlich. Eine negative Darstellung ist eher unüblich. Dadurch wird die Pornografie normalisiert. Als Folge hat Pornografie in der westlichen Gesellschaft – zumindest sofern sie heterosexuell ausgerichtet ist und weder Tiere noch Kinder noch extreme Fetisch-Handlungen darstellt – einen Zustand geradezu moralischer Neutralität erreicht.

Der deutlichste Nachweis für die symbiotische Beziehung zwischen Pornografie und Medien ist der Aufstieg einiger Pornodarsteller zu Prominenten. Ron Jeremy etwa, übergewichtiger altgedienter Held der amerikanischen Pornoindustrie, ist regelmäßig in Gastauftritten in Film und Fernsehen zu sehen. Auch die finnische Pornodarstellerin Rakel Liekki weist eine ungewöhnlich flexible, medienübergreifende, wenngleich regional weitaus begrenztere Karriere auf, die sich über Hardcore-Pornofilme, Talkshow-Auftritte und Performance-Kunst erstreckt. Der erfolgreichste Cross-over ist jedoch Jenna Jameson, von deren Karriere noch die Rede sein wird.

Vor allem Jugendliche werden ständig mit sexuellen Anspielungen und pornografischen Bildern konfrontiert. Mit dem Mobiltelefon steht ihnen, neben PC oder Laptop, eine weitere unkomplizierte Zugriffsmöglichkeit auf Internet-Pornografie zur Verfügung. Eine recht junge Entwicklung ist das Tauschen selbstproduzierter pornografischer Bilder und Videoclips. Dies wird als »Sexting« bezeichnet. Häufig kombinieren die Heranwachsenden auch Spaß-SMS mit sexuellen Motiven oder pornografischen Bildern.

Auch auf Sozialen Netzwerken wie *Facebook* und *Bebo* bemerken Medienforscher eine stark sexualisierte Selbstdarstellung: Mädchen präsentieren sich mit Schmollmund und in sexy Posen, ähnlich denen der Pornodarstellerinnen. Es ist auffällig, wie oft das Wort »Porno« auftaucht und wie viele Mädchen sich »Pussy« nennen. Der Journalist Johannes Gernert sprach mit den Jugendlichen über ihre Motive: »Pink-Porno-Barbie« – den Namen hat ihr ein Freund gegeben – sieht das als Kompliment, »WEIIL PORNO IIST AUCH EINE BEZEIICHNUNG FÜR ANZIEHENDES AUSSEHEN UND Soo«.

Die Pornifizierung beherrscht unseren Alltag. Man kann ihr nicht entkommen, auch Kinder und Jugendliche nicht, *vor allem* Kinder und Jugendliche nicht. Mehr als je zuvor sind sie der Pornografie ausgesetzt. Die dänische Erziehungswissenschaftlerin Anette Sørensen spricht sogar von der »Generation P«. Die Zielgruppe für sexuelle Inhalte in den Medien wird zudem immer jünger. Die genauen Folgen dieser Entwicklung für Kinder und Jugendliche sind unbekannt, doch für Sexualberater kristallisieren sich insbesondere zwei Bereiche als problematisch heraus: die Auswirkungen von gewalthaltiger Pornografie und Missbrauch in Beziehungen. Pornografie hat ein riesiges Wirkungspotential, nicht nur für Jugendliche. Bernd Siggelkow, Begründer des christlichen Jugendwerks Die Arche und mit Wolfgang Büscher

Autor des Buches *Deutschlands sexuelle Tragödie,* stellt fest: »Niemand kann so tun, als würde ihn diese Entwicklung nicht tangieren. Das Sexualverhalten ist nicht nur Ausdruck persönlicher Neigung, sondern auch ein Spiegel der Gesellschaft.« Das gilt vor allem für jene, die beruflich mit Kindern und Jugendlichen zu tun haben, aber nicht nur.

Pornografie ist zudem eine globale wirtschaftliche Macht. Sie ist größer und weitreichender als alle anderen Industrien. Bei nahezu allen technologischen Neuerungen – Druck, Fotografie, Film, Video und Internet – war die Pornografie eine, wenn nicht sogar *die* treibende Kraft. Umgekehrt hat jedes neue Medium das Wesen der Pornografie verändert, etwa im Hinblick darauf, wie der Konsument angesprochen wird: Die Kommunikation wurde direkter, die Darstellung auch – von der Zeitschrift über Video zum HD-Film. Pornografie wirft wichtige Fragen auf über das Verhältnis von Form, Inhalt und Ideologie: Wie funktioniert sie, welche Art von Bildern verbreitet sie, welche Storys werden erzählt, welche Einstellungen vermittelt, welche Formen von Sexualität stellt sie dar und welche schließt sie aus? Pornografiekonsum wirft nicht zuletzt Fragen auf über Wesen und Wirkungsweise der Fantasie. Diese Fragen geben Aufschluss über das Verhältnis von Männern und Frauen zueinander und wie unsere Gesellschaft über Geschlecht und Sexualität denkt.

Die Debatten in den Medien um das Thema Pornografie sind oftmals einseitig bzw. vereinfachend und basieren auf Fehlinformationen. Sozial- und Kulturwissenschaftler können den öffentlichen Diskursen durch theoretische, historische und kritische Perspektive mehr Tiefe verleihen. In der feministischen Forschung und Lehre ist Pornografie schon lange ein zentrales Anliegen, doch auch hier ist die Diskussion von Polemik und einseitiger Argumentation gekennzeichnet. Pornografie darf nicht totgeschwiegen werden, es darf nicht darüber hinweggegangen werden, sie sollte vielmehr offen diskutiert, erforscht und sogar unterrichtet werden.

DER PROZESS DER PORNIFIZIERUNG

Die 80er und 90er: Die Pornografie breitet sich aus

Nicht zum ersten Mal wird über eine zu lockere Sexualmoral geklagt. Schon in den 50er Jahren glaubte der Sexualwissenschaftler Alfred Kinsey eine Pornifzierung der Amerikanischen Gesellschaft zu beobachten: »Für den gebildeten Teil der männlichen Bevölkerung gibt es beispielsweise Personen des anderen Geschlechts, Frauen, die Kleidung tragen, die sexuelle Situationen betonen und suggerieren, die beständige Darstellung dieser Dinge in Zeitschriften, Lautbildaufnahmen, auf Reklametafeln, in der dekorativen Kunst, in der Handlung von gedruckter Prosaliteratur und Bühnendramen, mit besonderer Hervorhebung von Radio-Darbietungen, überall in der Werbung, in den meisten Gedichten und Liedern und subtiler und noch effektiver in all jenen Formen und Zeremonien, welche als Aufmerksamkeiten zwischen den Geschlechtern hingenommen werden, sowie in den sozialen Traditionen, die mit der Hochzeit in Verbindung gebracht werden. Es herrscht in der Konsequenz bei den meisten Männern eine konstante Erregung und sexuelle Aktivität, insbesondere bei jüngeren Männern, welche von jeglichen Ereignissen konditioniert werden, oder durch die Erlebnisse, welche ihre Gefährten mit ihnen teilen.«

Der Kulturwissenschaftler Eduard Fuchs geht da in seiner *Illustrierten Sittengeschichte* noch viel weiter zurück. Wie dort nachzulesen ist, wurden in den deutschen Fastnachtsgeschichten des 14. und 15. Jahrhunderts – auch von Frauen – »derbe Schoten« zum Besten gegeben. Vom ausgehenden Mittelalter bis in die Renaissance hinein gab es eine »ungeheuerliche Hosenlatzmode« des Mannes, bei der das Geschlechtsteil mittels Schamkapsel betont wurde, und bei den Frauen war der Ausschnitt teilweise so tief, dass die ganze Brust zu sehen war. Eine Unterhaltung im 17. Jahrhundert bestand, so Fuchs, aus einer »Kette mehr oder weniger versteckter Pornografie«. Während des Direktoriums und Konsulates durfte sich die Frau nackt zeigen und porträtieren lassen – sogar bei sexuellen Aktivitäten. Und auch in scheinbar prüden Zeiten finden sich unerwartet freizügige Gewohnheiten: Im späten 19. Jahrhundert wurden in den USA beispielsweise Vibratoren für ihre Effektivität gelobt und beworben. Das »vielseitige« Haushaltsgerät galt geradezu als Allzweckwaffe: Es konnte nicht nur die Gesundheit verbessern, für Entspannung sorgen und die Hysterie lindern, sondern sogar Möbel polieren! In den 60ern des 20. Jahrhunderts dann trat der Minirock seinen Siegeszug an – und mit ihm die sog. »freie Liebe«. (Ganz so frei, wie es vielleicht klingt, war dies alles freilich nicht, denn es gab durchaus eine Moralvorstellung, die derlei Praktiken nicht klassenübergreifend goutierte.)

Im Gegensatz zu Kinsey setzen die meisten Forscher die Anfänge des Porn Chic in den 80ern an. In dieser Zeit war zum ersten Mal von einer »Pornifizierung der Öffentlichkeit« die Rede, vermehrt tauchten pornografische Bestandteile in der Werbung auf. Alice Schwarzer beklagte die »Pornifizierung des Alltags« und die US-amerikanische Radikalfeministin und Soziologin Andrea Dworkin bemerkte: »Wir haben es mit einer durchdringenden Pornifizierung der gesamten Sexualität und des ganzen Alltags zu tun.« Maßgeblicher Faktor im Entstehen dieser zweiten Welle waren die technologischen Entwicklungen.

In den 70ern und frühen 80ern streifte der zur Kultfigur avancierte »Ugly George Urban« durch die Straßen von New York. Er war auf der Suche nach jungen Frauen, die sich überreden ließen, mit ihm in eine dunkle Gasse zu verschwinden und sich vor seiner Kamera ihrer Kleidung zu entledigen. Damit nahm er das Phänomen *Girls Gone Wild* vorweg: Bei dieser äußerst erfolgreichen Video-Serie aus den späten 90ern werden junge, attraktive und zumeist betrunkene Frauen von einer männlichen Kamera-Crew (und auch dem oftmals anwesenden Publikum) überredet bzw. genötigt, sich auszuziehen und sexuelle Handlungen an sich selbst und an anderen Frauen vorzunehmen.

Anfang der 80er erlebten erotische oder erotisch angehauchte Filme verschiedenster Genres (Horror, Abenteuer, Thriller usw.) eine Hochblüte: *Freitag der 13.* (1980), *Die Blaue Lagune* (1980), *Wenn der Postmann zweimal klingelt* (1981), *9 1/2 Wochen* (1986), *Dirty Dancing* (1987), *Fatal Attraction* (1987), *Gefährliche Liebschaften* (1988), *Wilde Orchidee* (1989), *Emmanuelle 4, 5* und 6 sowie die meisten Streifen mit Bo Derek.

Doch das Aufscheinen pornografischer Elemente blieb nicht auf das Medium Film beschränkt. Auch in der Kunst gibt es ein frühes Beispiel von Porn Chic: Jeff Koons' Werkserie *Made in Heaven* (1992). *Made in Heaven* besteht aus Fotografien und Skulpturen, die Koons und seine damalige Ehefrau, die Pornodarstellerin Ilona Staller, beim Sex zeigen. Obwohl der überwiegende Teil des Werkes zu anstößig war, um in etablierten Kulturträgern ausgestellt werden zu können, nahm es den Porn Chic der 90er vorweg, indem es die unkultivierte und anrüchige Porno-Sexualität in eine »anspruchsvollere« Kunstform verwandelte, die wesentlich gefälliger für das Auge war.

Aus der Anonymität zu treten wurde Trend. Andrea Dworkin merkte 1987 an, dass sich Popstars wie »professionelle Huren« ausstaffierten und die Werbung durchaus mithalte. Kommentatoren wie McNair schreiben es insbesondere weiblichen Idolen wie Madonna, Sharon Stone und Demi Moore zu, dass sie die Pornifizierung in Gang brachten. Im Bereich der Populärkultur hat zweifelsohne Madonna am meisten dazu beigetragen: Ihr Album *Erotica* und ihr Buch *SEX* (beide 1992) schlugen in der Kulturszene ein wie eine Bombe. Alle nur möglichen vom »Normalen« abweichenden sexuellen Handlungen werden dort thematisiert – von Sodomie bis SM.

Das Erscheinen von *SEX* kennzeichnet für McNair einen Wendepunkt. Danach kristallisierten sich zwei grobe Richtungen von Porn-Chic-Texten heraus: Zum einen solche, die mit ihren ästhetischen und erzählerischen Konventionen kokettieren. Zum anderen die vielfältigen akademischen Diskurse zahlreicher Fachrichtungen. Madonna ermutigte Künstler aller Art, die negativen Assoziationen, die die Pornografie hervorrief, von sich zu weisen und stattdessen das Pornografische als eine Inspirationsquelle zu nutzen.

Parallel zu dieser Entwicklung verbreitete die Unterhaltungsindustrie Bilder aggressiver Männlichkeit in Form von Filmfiguren wie *Rocky*, *Rambo* und *Terminator*. Dies deuten Feministinnen als eine Reaktion auf die zunehmende Gleichberechtigung und sexuelle Selbstbestimmung von Frauen in den 80er Jahren. Ein weiterer großer Schritt in Richtung Pornifizierung der Kultur stellte das Aufkommen der Videospiele dar. Hier ging schon früh der Trend zur sexualisierten Gewalt: Bei *Custer's Revenge*, einem Spiel für Atari 2600, muss der Spieler als General George Armstrong Custer eine Indianerfrau vergewaltigen. Andere Spiele dieser Art sind *Bachelor Party*, *Beat 'Em and Eat 'Em* oder auch *Leisure Suit Larry in the Land of the Lounge Lizards*.

Nach Einführung des Privatfernsehens in den 80ern wurden in Deutschland Softpornos sowie Stripshows gesendet, etwas später kamen Serien zur Sexualität, z. B. *Liebe Sünde* (1993 bis 2000). Der Camcorder schließlich verhalf der Amateurpornografie zu ihrem Durchbruch. Mit der Videokamera konnten die Menschen ihre sexuellen Aktivitäten nun erstmals selbst aufnehmen und betrachten.

Als Reaktion auf die sexuelle Liberalisierung setzte Mitte der 80er eine Pornodebatte ein, bei der Alice Schwarzer eine führende Rolle spielte. So trug der Feminismus paradoxerweise selbst dazu bei, dass Pornografie und Sexualität in die Öffentlichkeit gerückt wurden. Auch der Schwulenbewegung kommt in ihrem Kampf um soziale Anerkennung und Entkriminalisierung ihrer Sexualität eine besondere Bedeutung zu, denn die im Zuge der HIV/Aids-Pandemie geführten Diskurse hatten denselben Effekt.

In den 90ern setzte sich diese Tendenz fort, und die Pornografie entwickelte sich zu einem beliebten Kulturphänomen, auch wenn sie noch nicht explizit in den Medien und im Alltag gegenwärtig war. Erst Ende der 90er fing das Fernsehen damit an – zunächst vorwiegend in England –, die Pornografie zu erkunden. Die erste Sendung in diesem Genre war *Red Light Zone* (1995). Im Laufe der Jahre jedoch wurden Darstellung und Thematisierung von Sex in den Massenmedien immer alltäglicher und direkter. So diskutierte man beispielsweise über Details der sexuellen Aktivitäten zwischen dem damaligen US-Präsidenten Bill Clinton und der Praktikantin Monica Lewinsky in Funk und Fernsehen – selbst Kinder waren somit über Oralsex und Ejakulationsflecken auf der Kleidung informiert.

Die Menge an Porn-Chic-Programmen im englischen Fernsehen erreichte in den Jahren 1998/99 ihren (vorläufigen) Höhepunkt. Die Mehrheit dieser Sendungen wurde (und wird auch heute noch) von dem Sender *Channel 4* ausgestrahlt, der für seine provokante Programmauswahl bekannt ist und für seine Tendenz, an die Grenzen des Zeig- und Sagbaren zu gehen. Auch wenn England lange Jahre im Ausland den Ruf hatte, prüde zu sein – »No sex please, we're British!« –, und Hardcore-Pornografie erst im Jahr 2000 legalisiert wurde, so werden dort heute weit mehr sexuell ausgerichtete Programme gezeigt als in den meisten anderen Ländern, einschließlich den USA, wo Pornografie zwar frei zugänglich ist, öffentliches Fernsehen hingegen streng reguliert wird – schon ein zu tiefer Ausschnitt wird weichgezeichnet.

Die von Kinsey in den 50ern beobachteten Kulturunterschiede scheinen heute überholt (sind aber dennoch amüsant zu lesen!): »Die Engländer werden mehr oder weniger mit Recht für das scheinbar angezogenste Volk der Welt gehalten, und die Amerikaner haben lange gebraucht, um mit der englischen Tradition zu brechen. Der amerikanische Besucher von fremden Ländern ist oftmals verblüfft über den Grad an Bloßstellung, der in manch anderen Kulturen gebilligt wird, und er kritisiert ihn auf moralischer Grundlage. Die Nacktheit der französischen Burlesque wird der ›niedrigen Moral‹ der Franzosen als Gruppe zugeschrieben; und obwohl der Versuch angestellt wurde, eine ähnliche Art der Darstellung in der amerikanischen Burlesque zu etablieren, hat die Institution hier nicht die gleiche freie Akzeptanz der kompletten Nacktheit wie das französische Original erreicht. Die deutsche Nudistenbewegung wird von dem Durchschnittsamerikaner als unmoralisch in seiner Absicht angenommen, und sein Gegenstück in diesem Land hat nur nach einer beträchtlichen öffentlichen Debatte und fortwährendem Streit über die Obszönität einer solchen Aktivität überlebt. Obwohl die anglo-deutsche Gesetzgebung seit sechs oder sieben Jahrzehnten versucht, eine unanständige Darstellung zu definieren, gibt es keine rechtliche Übereinkunft über die Anständigkeit oder Unanständigkeit von Akten noch über die Rechte von Kunstakademien, Fotografen, Zeitschriften und Büchern, welche die Menschengestalt abbilden. Die öffentliche Stimmung, gestützt von sporadischer

Polizeiaktion, gibt den Stil der Badebekleidung vor, von den heiteren Neunzigern des vorletzten Jahrhunderts bis zur Gegenwart. Es ist nur das Ergebnis einer oder zweier Dekaden, dass das Recht des Mannes in Badeanzügen ohne Oberteil zu erscheinen, sich an öffentlichen Stränden und Schwimmbädern etabliert hat. Am verblüffendsten jedoch ist, dass Bräuche in Bezug auf die Nacktheit zwischen sozialen Klassen einer einzigen Gemeinde variieren können. In unserer amerikanischen Kultur gibt es eine größere Akzeptanz von Nacktheit bei den höheren sozialen Klassen und eine größere Hemmung bei den niedrigeren. [...] Noch signifikanter ist, dass die Gewohnheit unter Personen der höheren Klasse zunimmt, teilweise oder komplett unbekleidet zu schlafen.«

Im Laufe der 90er Jahre wurde es auch im deutschen Kulturraum üblich, dass Pornodarstellerinnen wie Michaela Schaffrath alias Gina Wild (dem Pornoregisseur Tom Herold zufolge eine ganz Große ihres Fachs – »weil sie von ihrer Grundeinstellung erotisch war«) und Dolly Buster regelmäßig im Fernsehen zu sehen waren. Sie rückten dabei immer mehr in den Vordergrund: Zunächst moderierten sie nur einzelne Features, wie Dollys Erotik-Quiz bei *Peep*, später, in den 2000ern, eigene Sendungen. Heute tritt Michaela Schaffrath in diversen Talkshows auf und ist als Schauspielerin auch in seriösen TV-Produktionen zu sehen. Dolly Buster, die mit nur zwölf Filmen eine relativ bescheidene Pornokarriere vorzuweisen hat, spielte in dem Film *Voll normaaal* (1994) von Tom Gerhardt sowie in diversen ARD-Fernsehproduktionen mit. Als Deutschlands erster echter Pornostar gilt Teresa Orlowski. Sie schwang 1989 in dem Ärzte-Video *Bitte, bitte* die Domina-Peitsche und war regelmäßig in TV-Talkshows zu Gast, wodurch sie einem breiten Publikum bekannt wurde.

Ende der 90er etablierte sich dann die Gattung der Teenager-

Komödie mit Filmen wie *American Pie* (1999) und seinen Spin-offs – Filme mit Fremdschämgarantie. Bei dieser Art von Filmen sind derber Humor mit reichlich Sex und Pornografie zentral für das Handlungsgeschehen: So nutzt in *American Pie* die Hauptfigur Jim in der elterlichen Küche bekanntlich einen noch warmen Apfelkuchen als Masturbationshilfe. Prompt wird er in flagranti von seinem Vater ertappt. Eine Sendung, die die Pornokultur noch mehr als andere vorantrieb, war *Sex and the City*. Sex und Pornokonsum sind maßgebliche Themen der Serie.

Obwohl in Filmen dieser Art die weibliche Sexualität im Allgemeinen mit Passivität in Verbindung gebracht wird, die männliche dagegen mit Macht, werden die Pornografiekonsumenten doch sehr unterschiedlich, ja oft widersprüchlich dargestellt: So gibt es den Typen des einsamen, arbeitslosen Süchtigen, den Kult-Fan, den wohlhabenden Kenner, den jung gebliebenen Hedonisten, den sexbesessenen Teenager, den Triebverbrecher und, nicht zuletzt, die sexualisierte Jugendliche wie die Austauschschülerin Nadia in *American Pie*: Ihr Interesse an der Pornografie und ihre scheinbar bereitwillige (Selbst-)Pornifizierung ist die ultimative Bestätigung des klassischen Rollenverhaltens. Andererseits wird der Pornografiekonsum als Zeichen männlicher Unreife präsentiert. Auch in Komödien wie *Jungfrau (40), männlich, sucht …* (2005) oder auch bei den Charakteren Joey und Chandler aus der bekannten Comedyserie *Friends* (1994–2004) ist Pornografiekonsum Zeichen einer Entwicklungshemmung.

Im französischen Kulturraum kommt es unterdessen zu einer Welle sogenannter »French Shock Filme«, auch als »New (French) Extremity« oder »Hardcore Arthouse Films« bekannt – provokante Filme, die von starken Gefühlen, Sex und Gewalt handeln, beispielsweise Catherine Breillats *Romance* (1999), *A ma sœur France* (2002) und Virginie Depentes *Baise-moi* (2002). Sie zeigen echten Geschlechtsverkehr, ein Merkmal, das bislang über die Zuordnung – Mainstream- oder Pornofilm? – entschied.

Im Vergleich dazu ist die Neoburleske eine besonders leicht verdauliche und daher sehr beliebte Form der Pornografie. Das burleske Theater kokettiert mit der Erotik und wirkt für heutige Verhältnisse recht harmlos in Bezug auf seine sexuelle Deutlichkeit – nicht von ungefähr gilt es als »die kultivierte Stiefschwester des Striptease« (seine bekannteste Vertreterin ist Dita Von Teese, die für kurze Zeit mit dem Skandalmusiker Marilyn Manson liiert war). Gleichzeitig greift es auf die Ästhetik der Fetischszene und klassischer Pin-ups zurück. Pin-ups waren insbesondere in den 40er und 50er Jahren populär. In den 70ern und 80ern verschwanden sie weitestgehend, als Reaktion, so wird vermutet, auf die zunehmende Präsenz sexueller Abbildungen in pornografischen Publikationen. Zu dieser Zeit wurde die Objektifizierung weiblicher Körper nicht nur von Anti-Porno-Aktivisten harsch kritisiert. Die daraus folgende Verbannung der Pin-up-Kalender aus den amerikanischen Werk- und Produktionsstätten ist ein deutliches Zeichen dieser Entwicklung. Heute sind klassische Pin-ups aus der Zeit des Zweiten Weltkriegs – bekannte Künstler sind Alberto Vargas, Gil Elvgren und Baron von Lind – genauso beliebt wie die von zeitgenössischen Künstlern wie Greg Hildebrandt, Olivia Berardinis, Hajime Sorayama und Alain Aslan. Doch vor allem in der zweiten Hälfte der 90er erfuhr die Neoburleske in Großbritannien und Amerika eine unglaubliche Renaissance.

Und was tut sich in der House- und Technoszene? Hier werden die Club- und Areanamen immer eindeutiger – Bezeichnungen wie »Freudenhaus«, »Pornoclub« und »Treibhaus« zeigen, wo's langgeht. Aber auch die Namen der Plattenlabels und DJ Acts sowie die der Porno-Motto-Partys gehen in diese Richtung: »Sodom und Gomorrha«, »Elektrosex« oder »Fuck Me I'm

Famous«. Und um auch den letzten Zweifel auszuräumen, werden in manchen Clubs auf Bildschirmen pornografische Clips abgespielt, die als visuelle Hintergrundtapete dienen.

Bei der Rezeption des Porn Chic spielt, zumindest in Deutschland, Ironie eine große Rolle, und so ist die Diskrepanz zwischen dem Gesagten und dem Gemeinten durchaus beabsichtigt. Der Porn Chic ist hier in erster Linie ein stilistisches Phänomen, ein Schwelgen in der Vergangenheit, insbesondere der 70er Jahre. Das Bedrohliche der Pornografie wird in hintergründige, sexuell aufgeladene Spielerei umgewandelt. Johannes Gernert, Autor des Buchs *Generation Porno*, bringt es auf den Punkt: »Porno dient dazu, die eigene Lockerheit zur Schau zu stellen.«

Ganz im Gegensatz zum Porn Chic in England: Dort ist die Distanz zwischen Porn Chic und Pornografie viel geringer als in Deutschland. Von Ironie keine Spur. Vielmehr gibt es eine ausgeprägte Promiskuität, und der Pornolook wird im eigenen Styling eins zu eins umgesetzt. Insgesamt scheint die Pornifizierung in England deutlich weiter verbreitet zu sein. Auch Kinder und Jugendliche sind massiv davon betroffen. Wie kam es dazu? Gehen wir ein paar Jahrzehnte zurück. Zwei Dinge passierten nach der Zulassung privatrechtlicher Fernsehkanäle und dem Abbau von strengen Vorschriften beim Kinderfernsehen Mitte der 80er Jahre, und beide waren richtungsweisend für diese Entwicklung:

Zum einen wurden Kinder mit der Kommerzialisierung des Fernsehens erstmals zu einer eigenen Zielgruppe. Schnell waren die Verkaufsschlager der Spielzeugindustrie – wie übrigens auch eine zunehmende Anzahl anderer Produkte wie etwa Markenkleidung, Bettwäsche und Frühstückscerealien – an Fernsehprogramme gekoppelt; *Masters of the Universe* und *Mein kleines Pony* sind frühe Beispiele. Da verwundert es nicht, dass das Fernsehen und andere Medien die Synergieeffekte zu nutzen verstanden und sich in ihren Bemühungen, ihre Produkte an Kinder zu vermarkten, gegenseitig unterstützten: Filme, Videospiele und Fernsehprogramme wurden raffiniert miteinander verknüpft, damit ein möglichst ausgeklügeltes und breitgefächertes Sortiment an den Mann bzw. das Kind gebracht werden konnte.

Zum anderen wurden, und dies ist bedenklich im Hinblick darauf, dass Kinder mit Konzepten konfrontiert werden, die ihre kognitiven Fähigkeiten überschreiten, in einem nächsten Schritt Sex und Gewalt als Marketingstrategie eingesetzt, um die Aufmerksamkeit der Kinder zu wecken und sie zu unersättlichen Konsumenten heranzuziehen. Davon wird später noch die Rede sein.

Mitte der 90er war die Existenz des Porn Chic offensichtlich, Journalisten wiesen zunehmend darauf hin. In einem frühen Artikel, »The Sexual Sickness at the Heart of Our Society« (1996), thematisiert Jeanette Kupfermann »das Ausmaß, in dem Pornografie in die Mainstream-Kultur eingedrungen ist. […] Es gibt kaum ein Bild in Entertainment, Mode oder Werbung, das davon unberührt geblieben ist.« Im Laufe der folgenden Jahre verstärkte sich der Trend weiter und verbreitete sich über eine ganze Reihe populärer und Avantgarde-Kulturformen hinweg. Ein Artikel in der *New York Times* geht 1999 auf »das anhaltende Forcieren immer freizügiger werdender Darstellungen in Werbung, Film und Fernsehen« ein sowie auf »die Aneignung der Konventionen der Pornografie – ihrer Charaktere, ihrer Handlung, ihrer Billig-Beleuchtung – durch die Mainstream-Unterhaltungsindustrie, die Mode- und Kunstwelt sowie die Haupteinkaufsstraße selbst«. In Deutschland blieb der Trend zunächst noch unbemerkt.

McNair war einer der ersten Wissenschaftler, die sich mit der Pornifizierung der Kultur befassten. Seine bzw. die erste umfassende wissenschaftliche Publikation überhaupt hierzu ist *Mediated Sex: Pornography and Postmodern Culture* aus dem Jahr

1996. Doch bald verfolgten auch andere diese Spur. Die unaufhörliche Ausbreitung der Pornifizierung veranlasste Forscher verschiedener Disziplinen, Stellung zu beziehen – zunächst vor allem im angloamerikanischen, später auch im deutschsprachigen Raum. So bemerkt der Schriftsteller Volker Elis Pilgrim 1998: »Die Werbung für den Warenmarkt und das Journalgeschäft ist durch und durch pornografisiert. An jeder Litfaßsäule und Plakatwand, auf jedem zweiten Titelblatt einer Illustrierten, in jedem dritten Fernsehspot bekommt der Mann ein Produkt mit sexuellen Stimulanzien untergejubelt.«

Die 2000er Jahre: Die Pornografie etabliert sich

Die Bücher, die ein gutes halbes Jahrzehnt später zu Pornografie, Pornifizierung und verwandten Themenbereichen veröffentlicht werden, setzen sich überwiegend wertfrei und objektiv damit auseinander, zumindest im Vergleich zur feministischen Literatur der 80er, die von Polemik und Hass gekennzeichnet ist.

Rosalind Gill, Professorin für Medien und Gender, registriert 2006 »die außerordentliche Ausbreitung der Diskurse über Sex und Sexualität über alle Medienformen hinweg«, und der Soziologe Jeffrey Weeks bemerkt 2007: »Das zeitgenössische Selbst wird in einer zunehmend sexualisierenden Kultur geformt, in der das Erotische bedeutend wird für die Selbstwahrnehmung.« In eine ähnliche Richtung geht der *New-York-Times*-Kritiker und Modejournalist Guy Trebay: »Diese sexualisierende Hermeneutik ist charakteristisch für die Postmoderne, mit Veränderungen, welche sexuelle Bedeutungen auf einer laufenden experimentellen Basis transformieren, oftmals von der Pornografie als sexuellem Meinungsmacher geleitet oder geführt.« Annette C. Anton, Publizistin und damalige Leiterin des Campus Verlages, beklagt

2007, dass nahezu alle Bereiche des Lebens, von der Werbung über die Mode bis zu den Musikvideoclips, von der Ästhetik der Pornografie durchzogen seien. Besonders auffällig ist nach Meinung der *New-York-Times*-Journalistin Alex Kuczynski die Sexualisierung im Internet, die deutlich stärker ausgeprägt sei als jene im Fernsehen und in der Printwerbung. »Sie wurde völlig zum Mainstream«, bestätigt auch die Geschäftsführerin Jane Buckingham von *Youth Intelligence*, einer in New York ansässigen Ideenschmiede, die Jugendtrends aufspürt. Sie nennt als Beispiele für Porn Chic sexuell anzügliche Ausdrücke und Abbildungen auf Schmuck- und Kleidungsstücken. Print- und TV-Werbekampagnen, die Vergewaltigung und Gruppensex andeuten, kritisiert sie ebenso scharf wie Anspielungen auf Pornografie in Jugendfilmen. Die Journalistin Leah Schlossman konstatiert, Porn Chic sei in alle kulturellen Bereiche vorgedrungen, von der Popmusik bis hin zur Mode. Dass die Manifestationen von Porn Chic tatsächlich zahllos sind, belegen die Forscher Carmine Sarracino und Kevin Scott in ihrem Buch *The Porning of America* an diversen Beispielen: Athletinnen wie Anna Kurnikova würden sexualisiert dargestellt, wenn sie die Hüllen für Kalender oder Zeitschriften fallen ließen, und auch die Choreografien amerikanischer Highschool Cheerleader seien drastisch sexualisiert. Genau dasselbe stellt die Redakteurin Jeannine Amber fest, wenn sie sagt, Dirty Dancing sei noch »dirtier« geworden.

Die Werbung wird immer eindeutiger, die Anspielungen auf die Pornografie sind immer unmittelbarer: 2003 wirbt Gina Wild für ein Koffeingetränk, welches sie wie einen Penis zwischen ihren Brüsten hält, eine Anspielung auf den pornografischen »Tittenfick«. Ein Werbespot von *Clinique* spielt 2006 im Zusammenhang mit einer Hautpflegelotion auf den genretypischen »Cumshot« an – die Ejakulation des Pornodarstellers in das Gesicht seiner Partnerin: Der Cremespritzer erstreckt sich vom

Mund quer über die Wange bis zum Auge des Models. Der Name des Produktes, »Facial«, gibt dieser Assoziation zusätzlich Nahrung, denn neben »kosmetischer Gesichtsbehandlung« bedeutet er eben auch »Gesichtsbesamung«. Der *Diesel*-Werbespot *Diesel XXX* zeigt 2008 Ausschnitte aus Retro-Pornofilmen, verdeckt aber die »entscheidenden« Stellen mit lustigen Comiczeichnungen – eine Frau lutscht ganz außer sich an einer Banane, dreht wie wild an einer Töpferscheibe oder nimmt hingebungsvoll mit dem Mund eine Ladung Schokolinsen auf.

Die amerikanische Restaurantkette *Hooters*, bei der ausschließlich leicht bekleidete, attraktive junge Frauen mit großen Brüsten (»hooters«, sinngemäß: »Hupen«) im Service arbeiten, gibt es bislang in 27 Ländern weltweit, seit 2005 auch in Deutschland. In Großbritannien existiert aktuell nur eine Filiale.

Der bekannte Flug-Discounter *Ryanair* warb 2008 mit dem Slogan »Hottest Back to School Fares« für seine Angebote. Auf dem Plakat ist ein Model in »modifizierter« Schulmädchen-Uniform abgebildet – kurzer Karorock, bauchfreies Oberteil, Kniestrümpfe und Krawatte. Dies ist ein direkter Bezug auf das Schulmädchen-Porno-Stereotyp, welches auch in der Popkultur weit verbreitet ist. Die Werbung wurde von der ASA (»Advertising Standards Authority«) verboten.

Im englischen Radio laufen schon nachmittags Features wie *Badly bleeped TV* (*BBC Radio 1*, 2008), bei denen normale Wörter oder Wortteile weggepiept werden, so dass die übrig gebliebenen Wortfetzen ein anstößiges Wort ergeben. Mittlerweile schon ein Klassiker der *Scott Mill's Show* auf *BBC Radio 1* ist das beliebte *Innuendo Bingo* (seit 2007). Bei diesem Spiel nehmen Mitspieler einen großen Schluck Wasser in den Mund und hören sich doppeldeutige, anzüglich klingende Clips aus Radio- und Fernsehsendungen an. Sie versuchen, nicht zu lachen und das Wasser im Mund zu behalten. Natürlich lachen sie dann erst recht. Die Mitspieler – normalerweise ein Mann und eine Frau – sorgen mit weiteren Doppeldeutigkeiten, die sie sich zurufen (»Mann, bist du feucht. Du triefst ja nur so!«), für noch mehr Gelächter. Bei dem Spielchen *Porn or Lawn* auf *Capital FM* (damals *Galaxy*), ebenfalls nachmittags zu Hauptsendezeiten, müssen Hörer raten, ob das vorgespielte Stöhnen aus einem Pornofilm oder aus einem Damen-Tennis-Match stammt.

Derweil haben in Deutschland Drogeriemärkte wie Müller ihr Sortiment erweitert: Neben Tampons und Kondomen verkaufen sie nun auch Gleitmittel, Liebeskugeln und Dildos. Das »F-Wort« wird im deutschen Radio nicht weggepiept und kommt im Zuge der Pornifizierung immer häufiger vor. Auch »motherfucker« und »cocksucker« werden nicht zensiert.

Selbst konservative Medienformate wie die *Hörzu* – die »Zeitschrift für Fernsehen, Funk, Familie und Freizeit« – benutzten Porn Chic als Schocktaktik. Und nicht nur das, die Familien-Zeitschrift legte es darauf an, gleich eine Reihe von Tabus zu brechen. So warb sie Mitte der 2000er Jahre in einer Kampagne mit dem Slogan »Irgendwann nimmt man nicht mehr irgendwas«: Gezeigt wurden »ungewöhnliche« Paare – unter anderem zwei leicht bekleidete, sich küssende junge Frauen, ein weißer Mann im Geschäftsanzug mit einer schwarzen Frau mit Lippenteller sowie nackte Frauen- und Pferdebeine –, die sich bedeutungsvoll gegenüberstehen.

Porno-Motto-Partys, wie sie zu meiner Studentenzeit gang und gäbe waren, gab es natürlich nicht nur im erzkatholischen Paderborn: Die britische Journalistin und Autorin Ellie Levenson erinnert sich an »Miss Wet T-Shirt«- und »Mr Wet Underpants«-Wettbewerbe Ende der 90er Jahre, und der Feministin und Publizistin Natasha Walter zufolge veranstaltet der Studentenausschuss der Loughborough University *Playboy*-Nächte. *Playboy*-Nächte organisiert auch das renommierte Goodricke College der

York University, die Uni kann mit einer eigenen Stangentanz-Sportgruppe aufwarten.

Und natürlich steht auch die Buchbranche hinter dieser Entwicklung nicht zurück. Memoiren von Prostituierten und persönliche »Erfahrungsberichte« mit überwiegend sexuellen Inhalten werden seit Anfang der 2000er Jahre gehäuft publiziert.

Kein Wunder, dass für die Zeit, in der eine so flächendeckende Pornifizierung stattgefunden hat, längst ein Name gefunden wurde. Entsprechend den »twenties« für die 20er oder den »thirties« für die 30er Jahre werden die ersten Jahre des 21. Jahrhunderts als »noughties« bezeichnet – vordergründig die »Nullerjahre«, tatsächlich aber als Anspielung auf naughty = »frech«, »unartig«, »ungezogen« gedacht (in sexueller Hinsicht, versteht sich).

Porn Chic hat mittlerweile jedes Genre durchkreuzt und die Zielgruppe wird zunehmend jünger: Vom Kinderfernsehen war ja schon die Rede. In Programmen, die mit der Privatisierung des Fernsehens aufkamen und sich speziell an Mädchen richteten, standen ursprünglich liebes und nettes Benehmen sowie hübsches Aussehen im Vordergrund. Doch nach und nach wurde eine sexuell eindeutige Metaphorik eingeführt: Sexiness und Boshaftigkeit schlichen sich in das Verhalten der Charaktere – etwa in der Zeichentrick-Serie *Powerpuff Girls* oder, etwas später, in der Sendung *Bratz* (»Bratz«, »Bratze«).

In ihrem Aufsatz »Fetish: Fashion, Sex and Power« beschreibt die Modehistorikerin Valerie Steele, dass Kinder in den USA bereits mit fünf Jahren Kleidung tragen, die unmittelbar von der Pornoindustrie inspiriert wurde. Sie nennt korsettartige Kleidungsstücke, hochhackige Schuhe und Stiefel, die Materialien Leder, Gummi und Fell, bestimmte Farben wie Schwarz und Rot sowie sichtbar getragene Unterwäsche.

Für Großbritannien gilt das nicht minder. Zu allen möglichen Anlässen – Junggesellinnenabschied, Halloween, Geburtstag usw. – sieht man junge Frauen, teilweise im Teenageralter, mit Korsagen, Netzstrümpfen und Pfennigabsätzen (Schuhe mit Absätzen gibt es übrigens schon für Kleinkinder). Siebenjährige Mädchen tragen wattierte Bikini-Oberteile und BHs, und »boyfriend cardigans« sind ein Grundbestandteil ihrer Schuluniform. Unter dieser Bezeichnung werden sie auch in den Supermarktketten verkauft! Auch String-Tangas – die Amateurpornografie lässt grüßen – gibt es bereits in Kindergrößen. Meenakshi Gigi Durham, Professorin für Geschlechter-, Frauen- und Sexualforschung, bezeichnet diese Art von Kleidung als »hooker chic«, also Nutten-Mode. Sie hat über die 80er-Jahre-Pornofilme und Strip-Clubs Eingang in den Mainstream gefunden. Jetzt ist sie auch für die Kleinsten verfügbar. Typische Elemente sind die bereits erwähnten Netzstrümpfe und Pfennigabsätze sowie Hotpants und schlauchförmige Oberteile, in Großbritannien auch »Boob [Titten] Tubes« genannt. Vor allem, wenn mehrere derartige Utensilien gleichzeitig getragen werden, signalisieren sie, so Durham, Sex gegen Bezahlung.

Doch Porn Chic zeigt sich auch auf sog. Slogan-T-Shirts, T-Shirts mit anzüglichen, vulgären Sprüchen darauf. Die gibt es sogar für Babys! Es handelt sich dabei nicht nur um Trash/Schmuddel-T-Shirts, die man aus dem Internet beziehen kann. Auch die Edelmarke *Hollisters*, Tochter von *Abercrombie*, vertreibt Slogan-Shirts für die Gruppe der neun bis elf Jahre alten Mädchen. Für die etwas älteren Jungen und Mädchen gibt es T-Shirts des Labels *fcuk (French Connection UK)* mit Sprüchen wie »fcuk me« oder »too busy to fcuk«. Auch in Deutschland gibt es Slogan-T-Shirts, doch sind sie relativ harmlos und tragen Aufschriften wie »In Mathe bin ich Deko« oder »Hey DJ, turn me on«, beides vom *Otto-Versand*.

Überhaupt ist in Deutschland die Sexualisierung im Zusammenhang mit Kinderkleidung bei weitem nicht so ausgeprägt wie in England und Amerika. Doch hier wie da tragen Kinder diese Kleidungsstücke nicht, weil sie bereits Pornografie konsumieren, noch ist ihnen die Verbindung überhaupt bewusst. Die profamilia-Pädagogin Almut Weise vermutet vielmehr, dass kleine Mädchen ihre Mütter imitieren wollen.

Selbstverständlich bleibt die Sprache von der Pornifizierung nicht ausgenommen. Ein kruder Ausdruck, der seine Verbreitung durch den Film *American Pie* erfuhr und nun im angloamerikanischen Sprachraum völlig gebräuchlich ist, ist »Milf«. Das heißt ausgesprochen: »Mother I'd like to fuck«. Die ursprüngliche Bedeutung des Begriffs war schockierend gemeint, aber viele Mütter empfinden ihn mittlerweile als ganz normal. Manche bevorzugen den zuckersüßen Ausdruck »yummy mummy«, was so viel wie »leckere [im Sinne von: verführerische] Mama« bedeutet. In beiden Fällen geht es darum, die Gratwanderung zwischen Sexualobjekt und Mutter hinzubekommen.

Während Medienwissenschaftler Werner Faulstich 1994 noch konstatiert, dass es kaum mehr gesungene pornografische Lieder auf Tonträgern gibt, kommt der Autor und Journalist Florian Werner (2005) zu dem gegenteiligen Schluss. Seinen Untersuchungen zufolge sind sie sehr wohl weit verbreitet und besonders häufig beim Hip-Hop anzutreffen. Hier zeigt sich die Verbindung zur Pornografie in der musikalischen Gestaltung, den Live-Darbietungen und auch den Musikvideos selbst. Für Kommunikationswissenschaftlerin Katherine N. Kinnick wiederum ist die Pornografie am offensichtlichsten in den Popmusikvideos, insbesondere den Rapvideos. Die Frauen werden darin fast ausschließlich in der Rolle sexueller Objekte dargestellt und gewohnheitsmäßig mit Ausdrücken bezeichnet, die normalerweise Prostituierten oder Hündinnen vorbehalten sind (z. B. »bitch«). Eine US-amerikanische Studie von 2003 hatte zum Ergebnis, dass 100 Prozent der untersuchten Rapsongtexte und 80 Prozent aller

Hip-Hop-Texte auf Geschlechtsverkehr oder Oralsex verweisen. Eine andere Studie ging dieser Frage hinsichtlich der Popmusik nach: Demnach hatten 40 Prozent der untersuchten Liedtexte sexuelle Inhalte und 15 Prozent waren Frauen gegenüber sexuell demütigend. Auch die Afrikanistin Imani Perry, Professorin an der Princeton University, kritisiert den Sexismus speziell der Hip-Hop-Videos. Hier seien Frauen explizit als Eigentum der Männer dargestellt und befänden sich auf derselben Stufe wie Autos, Rolex-Uhren, Diamanten und Goldkettchen – Standardrequisiten der Hip-Hop-Szene.

In den 2000er Jahren kam in Deutschland und Frankreich das Phänomen der Porno-Rapper auf. So werden Rapper bezeichnet, deren Texte so provokant und pornografisch sind, dass sie indiziert werden (etwa jene von King Orgasmus One oder, noch häufiger, Frauenarzt) oder vor Gericht kommen, so wie im Sommer 2008 (erstmalig in Deutschland) Blokkmonsta, Uzi und Schwartz. Publik gemacht hat den Begriff »Porno-Rapper« der Rapper Orgi, als er ihn auf T-Shirts drucken ließ. Auf dem Cover eines seiner Alben ist er mit zwei nackten Frauen zu sehen, die er wie Hunde an der Leine führt. Wie Snoop Dogg gibt er hier den Pimp. Bushidos *Electro Ghetto* wurde von der Bundesprüfstelle für jugendgefährdende Medien auf den Index gesetzt und bekam dennoch eine Goldene Schallplatte (2006). Offensichtlich übt es auf Jugendliche einen Reiz aus, dass die Porno-Rapper gegen gesellschaftliche Regeln und Normen verstoßen. Wissenschaftler und Erzieher befürchten jedoch, dass die Texte zu strafbaren Handlungen verleiten könnten. »Futter und Nahrung für Amokläufer«, so drückte es eine Richterin im Prozess gegen Blokkmonsta, Uzi und Schwartz aus.

Im Fall des Rappers Snoop Dogg treffen Rap und Pornografie unmittelbar aufeinander: Als Porno-Produzent und -sprecher ist es ihm gelungen, seine beiden großen Leidenschaften – Geld und den Lebenswandel eines Zuhälters – zu vereinen. So inszeniert er sich bei seinen öffentlichen Auftritten gerne als Nobelzuhälter mit Stock und Hut. Zu den *2003 MTV Video Music Awards* erschien er mit zwei spärlich bekleideten Frauen an Hundeleinen – vielleicht wurde Orgi hiervon inspiriert. Hinsichtlich des Vorwurfs der Frauendiskriminierung, etwa der Tatsache, dass Snoop Dogg Frauen »bitches« nennt, verweisen Sarracino und Scott auf den Hinweis des Rappers, dass Kunst und Realität nicht gleichgesetzt werden können; und sie führen einen Vergleich an, dem tatsächlich nicht zu widersprechen ist: »Niemand glaubt daran, dass Johnny Cash einen Mann in Reno erschossen hat, nur um ihn sterben zu sehen.«

Publizist Richie Abbott meinte wenige Jahre später: »Nowadays, Snoop is for the kids.« Das ist insofern bedenklich, als Snoop Doggs Faszination für Pornografie ein signifikanter Teil seiner Persönlichkeit war und ist – er produzierte 2001 einen Pornofilm, *Doggystyle*, der Hip-Hop-Musik und Sexszenen kombiniert. Regisseur war der berüchtigte Larry Flint, und sein Film war der erste US-Hardcore-Porno überhaupt, der es in die Billboard-Musikvideo-Charts schaffte. Im Rahmen einer Darbietung Snoop Doggs in Schweden wurde eindeutige »girl-on-girl«-Pornografie auf eine Leinwand projiziert. Weitere Hip-Hop-Künstler, die sich in der Pornoindustrie betätigt haben, allerdings nicht als Darsteller, sind Ice-T, Mystikal, Too Short, Yukmouth und Digital Underground.

Natürlich gab es in der Vergangenheit auch andere Künstler, die sexuell eindeutige Texte sangen, die Ärzte etwa. Jedoch spielten pornografische Themen keine zentrale Rolle in ihrem Werk. Gernert bemerkt zu Recht, gegen den *Arschficksong* des Berliner Rappers Sido wirkten die Ärzte mit *Claudia* fast harmlos. (Sobald es um die eigenen Kinder geht, hört jedoch auch für Sido der Spaß auf: »Ich habe einen Sohn, der soll meine Musik nicht hören.«) Den Porno-Rappern fehle die ironische Distanz, die charakteristisch für den Porn Chic ist.

Tatsächlich ist nicht nur der Rap pornifiziert. Duschszenen und Wasserspiele, Schulmädchen, ein Mann unter vielen Frauen, die Frau als Nymphomanin – all das sind in den popmusikalischen Musikvideos geläufige, aus der Pornografie entlehnte Themen. Nicht ohne Grund haben Popstars wie Britney Spears und Michael Jackson Porno-Regisseure damit beauftragt, ihre Musikvideos zu drehen.

In diesen Videos ist es seit geraumer Zeit gang und gäbe, dass der weibliche Körper offen sexualisiert und pornifiziert wird, immer weniger kommen ohne dieses Stil-/Hilfsmittel aus. Die Entwicklungsberaterin für feministische Organisationen Sheri Kathleen Cole wies bereits 1999 darauf hin, dass im Zentrum der meisten Musikvideos Sexualität steht. Einer neueren Studie zufolge finden sich in 84 Prozent der Clips sexuelle Darstellungen. In der Regel sind Frauen zu sehen, die sehr sexy tanzen oder provokative bzw. wenig Kleidung tragen, während Männer deutlich seltener spärlich bekleidet sind.

Im Laufe der 2000er Jahre werden die sexuellen Anspielungen in der Popmusik häufiger und unvermittelter – Akon: *I Wanna Fuck You* (2006), Benny Benassi: *Who's Your Daddy* (2006), Felix Da Housecat: *Like Something 4 Porno* (2006), Britney Spears: *If U seek amy* [F.U.C.K. me] (2009), selbst die unscheinbare Sophie Ellis-Bextor singt in einem Bob-Sinclar-Track *I want to fuck with you* (2012). Rapper Skepta bringt 2011 ein pornografisches Musikvideo heraus, in dem expliziter Sex in Großaufnahme gezeigt wird. »Immerhin« wird ein Kondom benutzt – das ist im Porno nicht unbedingt selbstverständlich. Auch im Metal-Bereich geht es eindeutig zu: Schon lange aktiv, gelang Rammstein der Durchbruch erst mit einem pornografischen Musikvideo: *Pussy* (2009). Der Clip hatte alle Elemente eines klassischen

Hardcore-Pornos, Regisseur Jonas Akerlund hatte schon bei Lady Gagas *Paparazzi* Regie geführt. *Pussy* erreichte Platz eins der Singlecharts, und das Album wurde von der Bundesprüfstelle indiziert. Das Rammstein-Video stellte echte Pornografie dar – ganz und gar nicht »chic«.

Ein weiterer Schritt in Richtung Pornifizierung des Alltags war die Verbreitung und zunehmende Popularität der Striptease-Clubs. Waren es Anfang der 90er noch eine Handvoll dieser Lokalitäten, wird 2008 geschätzt, dass es in Großbritannien 300 solcher Clubs gibt. Die Verbreitung und Akzeptanz des Striptease spiegelt sich in der Popkultur wider: In einem Video der White Stripes vollführt Model Kate Moss 2003 einen Stangentanz. Die Spice Girls besuchen 2007 einen Club in Soho, um diesen Tanz für ihre Comeback-Tour zu erlernen. Nach einer After-Show-Party in Manchester versuchen sich auch die Sugababes an der glänzenden Stange. Britney Spears gibt bei ihren Bühnenshows und Videos, etwa in ihrem Video zu *Gimme More*, regelmäßig Stangentänze und Lap Dances zum Besten. Auch die Destiny's-Child-Mitglieder bieten Zuschauern bei ihren Auftritten entsprechende Einlagen, wie z. B. Ciara für Justin Timberlake in dem Video zu ihrem Song *Love, Sex and Magic* (2009). 2006 bot die größte Supermarktkette Großbritanniens, *Tesco*, eine Striptease-Stange zum Zusammenbauen in der Spielzeug(!)-Kategorie ihrer Webseite an, und 2009 demonstrierte eine Tänzerin den Stangentanz an einer englischen Schule im Rahmen einer Fitnesswoche.

Madonna ist für ihre sexuelle Freizügigkeit bekannt und nimmt in ihren Videos direkt Bezug auf sexuelle Subkulturen – BDSM, Homosexualität, Crossdressing usw. – und Pornografie. Doch Madonna hat im Gegensatz zu vielen anderen Frauen im Musikbusiness sehr wohl die Zügel in der Hand, denn sie hinterfragt und dekonstruiert in ihren Videos gängige sexuelle Stereotype. Dadurch hat sie anderen Künstlerinnen den Weg geebnet, sich ebenfalls sexuell selbstbewusst darzustellen. Anders ausgedrückt, die Sexualisierung des weiblichen Körpers im Musikvideo kann durchaus zelebriert werden, wenn die Sexualisierung Teil einer bewussten, autorisierten Darstellung weiblicher Macht und Unabhängigkeit ist. Ob die Darstellung des weiblichen Körpers rückschrittlich oder progressiv ist, kommt also auf den Kontext an.

Die Anglisten und Medienwissenschaftler Diane Railton und Paul Watson verdeutlichen dies mittels einer Interpretation zweier verschiedener Versionen von Khias Video zu *My Neck, My Back (Lick It)* (2002). Die Autoren vertreten die Auffassung, wichtiger als die Entfernung von Kleidung sei die Entfernung von Handlungsmacht. Bei den beiden Musikvideos von Khia sind die Visuals so angelegt, dass in dem einen Fall die sexualisierte Darstellung verstärkt, in dem anderen Fall radikal zurückgenommen wird. Sexuell freizügige Liedtexte können dazu benutzt werden, die Subjektivität ihrer Autorinnen einzufordern und das übliche Szenario, bei dem Frauen als passive Objekte männlicher Begierde positioniert werden, zu untergraben. Der Gebrauch sexuell eindeutiger Sprache durch Frauen scheint anstößiger als der durch Männer und erregt mehr Aufsehen, da es die »hegemoniale Weiblichkeit« herausfordert. In diesem Zusammenhang ist also die sexuelle Aufforderung von Khia, die ihren »nigga« anweist, »lick my pussy and my crack«, gattungsgemäß – insofern, als eine derart direkte Ausdrucksweise in dieser Musikkategorie absolut alltäglich ist. Zugleich ist sie auch außergewöhnlich, weil die Bereiche innerhalb der Populärkultur, in denen Frauen solche Forderungen zum Ausdruck bringen können, ziemlich selten sind.

Damit der Song, und in Erweiterung das Video, ausgestrahlt werden konnten, war es aus kommerzieller Sicht daher eine zwingende Notwendigkeit, eine gereinigte Version des Liedtextes zu schaffen. Für diese »Reinigung« werden im Wesentlichen zwei Strategien eingesetzt: Die erste besteht darin, die problematischen Inhalte umzuschreiben oder umzuformulieren. Die zweite, bestimmte Wörter, in dem Fall das Wort »pussy«, mit einem gehauchten Seufzer zu verdecken. Der Seufzer fügt sich in das rhythmische Arrangement des Songs ein. Unterschiedlichkeiten zeigen sich in Bezug auf die dargestellten Aktivitäten der beiden Videos:

In dem ersten Video sieht man eine Gruppe junger Leute auf einer Party. Sie schwimmen, wälzen sich im Gras, sonnen sich, grillen, küssen und liebkosen sich, tanzen. Mit anderen Worten, der Schauplatz ist realistisch und natürlich, und das, was man als einen pornografischen Liedtext auslegen könnte, wird unmittelbar relativiert. Die Körper sind nicht auf einen sexuellen Kontext reduziert, sondern komplexer angelegt. Kurzum, selbst wenn eine sexuelle Betätigung Teil der Handlung des Videos ist, so ist es mit Sicherheit nicht das Einzige, was dort geschieht. Was passiert, wird ganz klar von den Bedürfnissen und Sehnsüchten der einzelnen Partygäste bestimmt und nicht von den voyeuristischen Fantasien des Publikums. Khias erzählerische Stimme und die Darbietung beherrschter Sexualität tun ihr Übriges, um das Video vom Pornografischen zu entfernen. Obwohl also der Liedtext sexuell freizügig ist, vielleicht sogar pornografisch, ist es die Umsetzung des US-Videos nicht.

Im Gegensatz hierzu ist das UK-Video ein Potpourri pornografischer Klischees, eine komplexe Collage erotischer Bilder und (männlicher) sexueller Fantasien, die einer Fülle von pornografischen Kategorien und Genres entnommen wurde. Die großzügig verwendeten Fetisch-Bilder lassen sich auf die Standard-Szenarios von Pornofilmen wie *Debbie Does Dallas* (1978) zurückverfolgen, bis hin zu »weicheren« Ausprägungen in Mainstream-Filmen wie *Cool Hand Luke* (1967), die *Bikini-Carwash-Company*-Filme (1992/1993) sowie die *Playboy-Playmate*-Videos. In dem UK-Video sind weder Khia noch das Hausparty-Szenario zu sehen, sondern drei junge Frauen im Bikini und in Stöckelschuhen, die einen H2 Hummer waschen. Ich erspare uns die Details.

Darüber hinaus gibt es eine große Anzahl an formal einwandfreien Musikvideos, die zwar weniger freizügig sind, aber dennoch abhängig von der Porn-Chic-Ästhetik. Gerade diese Videos sind besonders spannend (und problematisch), weil ihr Fokus auf einem äußerst fetischisierten weiblichen Körper liegt, einem Körper, der frei von Macht ist – was allerdings unbemerkt bleibt. Wenn also die Medienpädagogin Christiane Schmerl schreibt: »Über die Extreme der Werbung stolpert man noch, über die ›normale‹ Werbung nicht mehr, da man durch jahrelange, allgegenwärtige Berieselung an sie gewöhnt ist«, so gilt dies auch für die Musikvideos: Die freizügigen Darbietungen nackter Haut in den Hip-Hop- und Rap-Videos sind zumindest durch den Text gerechtfertigt. Für Videos wie Benny Benassis *Satisfaction* (2002), Eric Prydzs *Call on Me* (2004) oder Junior Jacks *Stupidisco* (2004) gilt dies nicht. Es sind Videos, die wie die UK-Version von Khias *My Neck, My Back (Lick It)* versuchen, ihre Porn-Chic-Ästhetik durch Ironie abzumildern.

Auch im Fernsehen schreitet derweil die Pornifizierung voran: Wenn die Sendung selbst schon kein ausgewiesener Porno ist, dann soll zumindest der Programmtitel so klingen: *Hardcore Pawn* [Pawn = Pfand], *Pawn Stars*, *Pawn Shop* und *Mothertrucker* sind einige der Sendungen, die in nur einem Jahr (2013) im britischen TV ausgestrahlt wurden. Beim *Porno Ping-Pong* auf *MTV* lesen sich zwei Moderatoren die schmuddeligsten und absurdesten Titel in der Pornoabteilung einer Videothek vor. Wer zuerst lacht, hat verloren. Jeder von ihnen hat drei »Leben«, weil es sonst nicht zu schaffen ist. Bei *Germany's Next Topmodel* und Til Schweigers

RTL-Show für angehende Schauspielerinnen, *Mission Hollywood* (2008), müssen sich die Kandidatinnen ausziehen und sexuelle Szenen nachspielen. Rückzieher werden nicht geduldet, denn das würde bedeuten, dass man »es« nicht genügend will. Eine Kritikerin schrieb in der *Frankfurter Allgemeinen Zeitung* treffend: »Es ist der Aufstieg von sexueller Belästigung zum Unterhaltungsgenre.« In Stefan Raabs Sendung *TV Total* wurde das Buch *Cumshots* vorgestellt, in dem lustige Hardcore-Titel aufgelistet werden. Raab fragt die beiden Autoren, ob sie die Pornos selber angeschaut haben und ob die Titel aus der eigenen Sammlung stammen; er ist erleichtert, als sie verneinen. Dies macht die Notwendigkeit der Ironie zur Tolerierung des Pornografischen deutlich. »Porno, ja, aber bitte mit ironischem Abstand«, schreibt Gernert. Dieser Abstand ist bei der Ulmen-Sendung *Who wants to fuck my girlfriend* (2013) nicht vorhanden. Die Sendung gibt vor, eine »satirische Reality-Spielshow« zu sein, aber die Ironie ist zu subtil, als dass sie für jeden Zuschauer zu erkennen ist. Und auch bei *50 Pro Semester*, einer Scripted Reality Show, die auf Pro Sieben 2010 ausgestrahlt werden sollte (nach Protesten jedoch auf unbegrenzte Zeit verschoben wurde), ist die ironische Distanz aufgrund der Formatwahl kaum wahrnehmbar.

Wie kommt es nun, dass die Pornografie in Sendungen und Filmen, die sich an Jugendliche richten, eingezogen ist? Ganz einfach: Es geht ums Geld! Gerne wird mal vergessen, dass das Pornobusiness eine Industrie ist, und zwar eine ganz gewaltige. Pornografische Unternehmen platzieren, genau wie andere Unternehmen auch, ihre Produkte in Hollywood-Filmen – Product Placement vom Feinsten: Schauspieler werden dabei gezeigt, wie sie Pornografie konsumieren oder Pornografie wird als Teil der Handlung »untergehoben«. Die Online-Plattform Brandchannel.com, die sich mit Trends und Entwicklungen im

Bereich Markenentwicklung befasst, hat in dem Zeitraum 2001 bis 2009 zehn solcher Placements in Filmen identifiziert. Während diejenigen von *Hustler* und *Penthouse* in Filmen mit Altersbeschränkung zu finden sind (15 bzw. 18 in Großbritannien; ›R‹ [in Begleitung Erwachsener] in den USA), sehen wir die *Playboy*-Placements in Komödien und anderen Filmen mit weniger strengen Altersbeschränkungen (typischerweise 12A [unter 12, aber nur in Begleitung Erwachsener] in Großbritannien, PG-13 [unbedingt in Begleitung Erwachsener] in den USA). Die Liste von Brandchannel.com ist dabei keinesfalls vollständig! Ein klarer Hinweis, wie akzeptiert die sexualisierte Darstellung selbst kleiner Mädchen in der Popkultur ist, zeigt eine Szene in dem Academy-Award-nominierten Film *Little Miss Sunshine* (2006), in dem die siebenjährige Olive eine Striptease-Routine zu dem Rick-James-Song *Superfreak* vorführt. Diese Beispiele verdeutlichen, dass die Pornografieunternehmen nach den gleichen Prinzipien funktionieren wie andere Wirtschaftsunternehmen auch und dass sie, insbesondere *Playboy*, in voller Absicht ein junges Zielpublikum anvisieren.

Nicht nur durch Product Placement findet Pornografie ihren Weg auf die große Leinwand. Sie und auch andere Bereiche der Sexindustrie sind Kernstück so mancher Indie-Dramen wie auch Mainstream-Filme wie *Boggie Nights* (1997), *The Center of the World* (2001), *This Girl's Life* (2003) – mit der Pornodarstellerin Cheyenne Silver, die auch in N.E.R.D.s Musikvideo zu *Lapdance* zu sehen war –, *The Girl Next Door* (2004), *The Moguls* (2005), *Southland Tales* (2006), *The Girlfriend Experience* mit Pornodarstellerin Sasha Grey (2008) sowie *The House Bunny* (2008). In dem Film *Zack and Miri Make a Porno* (2008) spielen bekannte Darstellerinnen klassischer Pornostreifen mit (Katie Morgan und Traci Lords). Dadurch wird kulturelles Kapital in Form von Porno-Wissen geschaffen und die Pornografie wird, noch ein kleines Stückchen mehr, normalisiert und als Bestandteil unserer Kultur akzeptiert.

Die Entwicklung im Bereich der Technik führte dazu, dass Unternehmen, die ihre ersten Gewinne mit dem Verkauf pornografischer Zeitschriften erzielten (*Larry Flynt Publishing, Playboy*) ihre Aktivitäten auf Fernsehen, DVD und Internet ausgeweitet haben. Teil der Unternehmensstrategie sind Fusionen, wie etwa der Plan von *Playboy*, 1998 seinen Konkurrenten *Spice Entertainment* aufzukaufen.

Schon lange haben männliche Promis kein Problem mehr damit, sich in den Medien öffentlich für Pornografie zu begeistern, im Gegenteil: Sie verbinden damit Geschmack und Ästhetik. Jonathan Ross etwa findet, sich als Fan zu outen, wirke jungenhaft und zeige Interesse an Kult-Medien. Pornografie kann aber auch mit Reichtum in Verbindung gebracht werden – den Porn-Connoisseur schlechthin verkörpert *Playboy*-Gründer Hugh Hefner. Kurzum: Ein Porno-Liebhaber zu sein ist heutzutage kein Grund mehr, sich zu schämen. Der amerikanische Entertainer Howard Stern, dessen Shows auf Pornografie beruhen, ist einer der »lautesten« Fans des Genres, ein Antipode zum klischeebehafteten einsamen Pornosüchtigen: *Vivid*-Besitzer Steve Hirsch beschreibt ihn als »key player in the mainstreaming of porn«, Anti-Sexismus-Aktivist Jackson Katz als jemanden, der ständig Frauen herabsetzt, lächerlich macht und provoziert. Oft sind dies junge Frauen, die sich Schönheitsoperationen unterzogen haben und verzweifelt bemüht sind, Männern zu gefallen. Für einen Moment im Rampenlicht nehmen sie es in Kauf, von Stern sexuell gedemütigt zu werden. Howard Stern personifiziert die Porno-Kultur, und dafür wird er reichlich entlohnt: 2006 war er der am zweitbesten bezahlte Entertainer der Welt mit einem Einkommen von 302 Millionen Dollar.

Die Professorin für Feministische Studien Karen Boyle identifiziert neben dem Kult-Fan, den Stern verkörpert, eine Reihe von weiteren Porno-Typen, die in den Medien dargestellt werden: den Einsamen, den arbeitslosen Süchtigen, den wohlhabenden Kenner, den hedonistischen Junggebliebenen, den sexbesessenen Teenager, den Sextäter und die sexualisierte Konsumentin. Sie kommt zu dem Schluss, dass letztendlich diejenige Haltung zur Pornografie im öffentlichen Diskurs marginalisiert ist, die ein *mangelndes* Interesse an Pornografie an den Tag legt.

Eine weitere Möglichkeit der Pornografieindustrie, Öffentlichkeitsarbeit in den Mainstream-Medien zu leisten, ist es, dort Geschichten, Personen und Produkte zu platzieren wie Jahre zuvor in Hollywood-Filmen. Der Publizist Brian Gross etwa hat die Pornografin Joanna Angel als Fürsprecherin für Goth Sex und Tattoo-Zeitschriften vermarktet. Darüber hinaus schreibt sie eine Rubrik für das Magazin *Spin* und taucht regelmäßig in der *New York Times* auf. 2008 wurde sie von der Indiana University eingeladen, an einer Veranstaltung in Sexualkunde teilzunehmen. Angel zeigte in diesem Rahmen Ausschnitte aus ihren Porno-Videos und teilte Sexspielzeug aus.

Jenna Jameson hat etwas erreicht, was eine Generation zuvor noch undenkbar gewesen wäre: Sie war der erste wirkliche Pornostar, schaffte es, die Pornobarriere zu durchbrechen und bewegt sich nun mühelos zwischen der Pornowelt und den Mainstream-Medien hin und her: Jenna wurde für den *Rolling Stone* interviewt, macht Werbung für *Abercrombie & Fitch, Pony* und *Adidas* und setzt sich für *People for the Ethical Treatment of Animals* ein. Ihre Autobiografie führte sechs Wochen lang die *New-York-Times*-Bestsellerliste an und ihre Webseite wurde auf den Reklametafeln des New Yorker Times Square beworben. Ihre Marke führt Sexspielzeug und Klingeltöne (oder vielmehr »moantones«, also »Stöhntöne«), Handtaschen, Gitarren, Parfums und vieles mehr. Ihr zu Ehren benannten die *Adult Video News* 2007 die Kategorie »Crossover Star of the Year« um in »Jenna Jameson Crossover Star of the Year«. Was jedoch bei den glorifizierenden Medienberichten über ihren Aufstieg zum Ruhm verschwiegen wird, ist die erschütternde Seite ihres wirklichen Lebens, das weitaus weniger glamourös ist, als man aufgrund ihres öffentlichen Images vermuten würde. In ihrer Autobiografie, *How to Make Love Like a Porn Star*, gibt Jameson detailliert Einblick in ihre Kindheit und Jugend, welche von Vernachlässigung und Missbrauch gekennzeichnet waren. Ihre Mutter starb, als sie zwei Jahre alt war, ihr Vater hat sie vernachlässigt. Als Teenager wurde sie von einer Gruppe von Männern vergewaltigt und für tot geglaubt zurückgelassen. Später wurde sie noch einmal vergewaltigt – vom Onkel ihres gewalttätigen Freundes. Jameson schreibt in ihrer Autobiografie, die Arbeit als Stripperin habe ihr gezeigt, wozu Männer fähig seien: zur »totalen Demütigung«.

Tripp Daniels von dem Medienunternehmen *Adult Video News* bestätigt, dass Pornografie zum Medienliebling geworden ist. Ein Artikel in der *Los Angeles Times* von 2008 mit dem Titel »Porn Stars Are the New Crossover Artists« beschreibt, wie Pornografie sich zum festen Bestandteil der Mainstream-Popkultur entwickelte. Immer mehr Pornodarstellerinnen machen Karriere im Mainstream: Sasha Grey spielt in diversen Mainstream-Filmen mit: *The Girlfriend Experience* (2009), *Smash Cut* (2009), *Entourage* (2010) und *I Melt with You* (2011). In der April-Ausgabe des Magazins *Interview Germany* präsentiert sie Mode u. a. von Versace, Proenza Schouler und Jil Sander und wird schon als die nächste Jenna Jameson gehandelt. Die Pornodarstellerin Riley Steele hatte eine Rolle in *Piranha 3-D* (2010) und modelt auch. Lauren Phoenix, Star zahlreicher Hardcore-Pornofilme wie *Anal Delinquents* und *Full Throttle Anal*, modelt für *American Apparel*: Teenager-Kniestrümpfe!

Auch in Deutschland zeigen sich die Pornostars außerhalb

ihres Genres: 2007 zog Annina Hill in das *Big-Brother*-Haus. Auch Vivian Schmitt war im Fernsehen zu sehen, etwa in der *VOX*-Sendung *Unter Volldampf*. Und Jana Bach moderierte ein Erotikquiz auf dem Privatsender *9Live*.

Was wir heute sehen, ist das Ergebnis jahrelanger, ausgeklügelter Bemühungen seitens der Pornoindustrie, ihre Produkte von den negativen Assoziationen zu befreien, die ihnen anhafteten. Sie haben es geschafft, den »Schmutz«-Faktor loszuwerden und Pornografie als cool, chic und sexy zu verkaufen. Immer mehr sickert sie in die Popkultur ein, prominente Pornodarsteller geben in Radiosendungen Einblick in ihren Alltag, versorgen hartgesottene Fans auf Handelsmessen mit Autogrammen und vermarkten sich auf eine offensive Art und Weise. Die Platzierung im Mainstream verlangt jedoch, dass die Industrie sich sozial verantwortlich darstellt und verschiedene Arten von Selbstregulierung praktiziert. Das stoppt zumindest den offensichtlicheren Missbrauch und wehrt zugleich eine unerwünschte Regulierung seitens des Staates ab.

Eine weitere Methode, die Pornografie zu »reinigen« und von alten Klischees zu befreien, ist, sie mit alternativen Kulturen in Verbindung zu bringen. »Alt Porn« (auch als »alternative« oder »indie« bezeichnet), ist ein Begriff, der kreiert wurde, um sich von der kommerziellen Mainstream-Pornografie abzusetzen. Diese Kategorie zeigt Elemente aus Subkulturen, etwa Tattoos, Piercings, Punk- und Goth-Frisuren. Die Webseiten stammen überwiegend aus Amerika. Ein absoluter Medienliebling in dieser Kategorie sind die softpornografischen Suicidegirls. Auf der Webseite können Zuschauer – ein großer Prozentsatz ist weiblichen Geschlechts – Musikbesprechungen, Punk Blogs sowie persönliche Profile erstellen und miteinander kommunizieren. Hier tauchen auch wieder die Pin-ups auf, die mit dem Revival von Retro-Kulturen in Nordamerika populär geworden sind.

Die Genre-Zeitschrift *Varla*, ein Alternative-Hochglanzheft für Musik und Kultur, präsentiert tätowierte, gepiercte Pin-ups, die den traditionellen Schönheitsbegriff in Frage stellen. Die Möglichkeit zur selbstbestimmten Darstellung des weiblichen Körpers ist zwar eine der wichtigsten Errungenschaften der dritten Welle des Feminismus, doch auch wenn die alternativen Models mit großflächigen Tattoos und unkonventioneller Kleidung auffallen, so sind sie doch überwiegend weiß und schlank – also nur auf den ersten Blick anders bzw. alternativ.

Die »Lads' mags« setzen alles daran, sich trotz softpornografischer Inhalte strategisch im kulturellen Mainstream zu platzieren. Ein weiteres, sorgfältig geplantes Produkt, das die Anerkennung im Mainstream sucht, ist *Girls Gone Wild*. Geschäftsführer Joe Francis legt großen Wert darauf, *GGW* nicht als Pornografie, sondern als Mainstream-Produkt zu präsentieren, das angesagt, sexy und spaßig ist und es darauf anlegt, die Grenzen der Popkultur zu verschieben. *GGW* zeigt daher niemals sexuelle Handlungen zwischen Mann und Frau, keinen Geschlechtsverkehr, keinen erigierten Penis, keine Ejakulation – alles Kennzeichen von Hardcore-Pornografie. Und doch sind klare Verbindungen zur Pornografie vorhanden: Ein Bonus-Feature, das auf der *GGW*-Webseite angeboten wird, ist der freie Zugriff auf pornografische Webseiten, unter ihnen *Lipstick Lesbos*, welche von dem Hardcore-Unternehmen *Hustler* vertrieben wird. Einen weiteren Hinweis, wie *GGW* tatsächlich positioniert ist, gibt seine Präsenz bei Porno-Handelsmessen und die Tatsache, dass die *GGW*-Webseite nicht einen einzigen Link zu anderen vergleichbaren populärkulturellen Seiten hat, wie etwa *MTV, Maxim* oder *FHM*. Darüber hinaus pflegt die Produktionsfirma *Mantra* engen Kontakt zu Promis, etwa Snoop Doggy Dogg (eine weitere Assoziation zur Pornografie für Snoop) und Eminem, welche die Videos anmoderieren. Bei Markenauftritten auf Partys und bei Club-Events sind Celebrities anwesend, die Merchandise mit dem *GGW*-Logo tragen, etwa Justin Timberlake. Fotos der Veranstaltungen werden dann auf der Unternehmens-Webseite veröffentlicht und an die Boulevardpresse verkauft.

Das Reizvolle an *GGW* ist, dass ausschließlich Amateure, »echte Mädchen«, gezeigt werden. Es scheint sogar äußerst wichtig zu sein, dass die Darbietung von den Konsumenten als Dokumentation der Realität, nicht als deren Reproduktion aufgefasst wird. Indem »echte Mädchen« gezeigt werden, gibt *GGW* dem Konsumenten jedoch zu verstehen, dass Frauen im Alltag sexuell zugänglich sind. Es sind Frauen, mit denen er anbandeln könnte, denn sie sind erreichbarer als professionelle Pornodarstellerinnen. Dies bringt das altbekannte Porno-Stereotyp – »alle Frauen sind Schlampen« – in das Herz der Popkultur. Denn was die Frau außer der Kleidung ebenfalls ablegt, ist ihr Status als »liebes Mädchen«. Das nette Mädchen von nebenan wird zu dem Mädchen, das genauso schlampig ist wie die anderen Frauen in der Pornografie. Es scheint unverständlich, warum junge Frauen sich dazu hergeben, denn das Einzige, was sie dafür bekommen, ist ein Trägerhemd und eine Schirmmütze. Vielleicht ist es die heutige Partykultur oder das Promiprestige. Vielleicht ist es auch die Botschaft, dass Porno chic ist. Mit Sicherheit ist es der Druck, der vom Filmteam auf die Mädchen ausgeübt wird:

GGW-Kundschafter, die etwa zehn Jahre älter sind als die potenziellen Darstellerinnen, aber nicht so alt wie der Produzent, halten Ausschau nach attraktiven Frauen. Das Team ist angewiesen nach einer »10« zu suchen, das heißt im Klartext nach einer jungen, weißen, blauäugigen Frau mit großen Brüsten und einem durchtrainierten Körper. Die Kameraleute bekommen sogar eine Prämie, wenn sie eine solche Frau finden und es schaffen, diese zu filmen. Man hört den Kameramann eine Liste »ästhetischer

Kriterien« abfragen: Körbchengröße? Brüste echt? Komplett rasiert? Die »Überzeugungsarbeit« bei *GGW* läuft immer nach dem gleichen Schema: Das Team pickt sich eine Frau heraus, die von weiblichen und männlichen Peers umgeben ist. Die Kameraleute ermuntern die Peers dazu, die Frau so lange zu nerven, bis sie sich schließlich auszieht. Manche Frauen stimmen schnell zu, andere benötigen ein großes Maß an Überzeugungsarbeit. Doch weil vielen die Anerkennung Gleichaltriger äußerst wichtig ist, ist es nicht verwunderlich, dass sie früher oder später nachgeben. Wenn es nur Francis und sein Team wären, die die Frau bedrängen, würden sie schnell wie Triebtäter wirken, die es auf junge Mädchen abgesehen haben. Stattdessen animieren sie geschickt die Peers der Mädchen dazu, die »Drecksarbeit« zu machen. Die feuchtfröhliche, sexuell aufgeladene, hemmungslose Stimmung der Frühlingsferien, des Spring Break, bietet eine perfekte Ausgangssituation für das *GGW*-Team, die Mädchen dahingehend zu manipulieren, sich auf eine Art und Weise zu benehmen, wie sie es sonst nicht tun würden. Wenn man das Machtgefälle betrachtet, dann ist es leicht nachzuvollziehen, warum es so schwierig für eine Frau ist, ihre Meinung zu ändern, wenn eine Filmszene erst einmal begonnen hat: Der Kameramann ist älter, besitzt Promi-Status, und, am Wichtigsten: Er ist angezogen. Die Frau auf der anderen Seite ist fast noch ein Teenager, sehr wahrscheinlich angetrunken und nackt, vor Männern, die sie nicht kennt. Da die sichtbarste Identität für junge Frauen in der heutigen pornifizierten Kultur jene ist, die ihre Sexualität betont, ist die Ausübung von Sex vor der Kamera nur eine weitere Möglichkeit, sie hervorzuheben. Problematisch ist natürlich, dass das Agieren der jungen Frauen dauerhaft festgehalten ist. Sie können es nicht rückgängig machen, verbergen oder leugnen.

Man mag einwenden, dass es seit 2004 ein männliches Pendant gibt – *Guys Gone Wild*. Doch ihre Sexualität ist viel selbstbestimmter. So gibt es beispielsweise, trotz eines durchaus starken Interesses etwa seitens des schwulen Marktes, keine Küsse unter den Männern. Bei den Frauen, die für den männlichen Zuschauer die Lesben spielen, ist der Austausch von Küssen gang und gäbe.

Diese jungen Frauen sind in einer Medienkultur groß geworden, in der Geschlechtsgenossinnen wie Paris Hilton, Pamela Anderson oder Kim Kardashian scheinbar davon profitiert haben, dass ihre Sex Tapes öffentlich zirkulierten. Im Frühjahr 2012, wenige Wochen vor dem Erscheinen ihrer ersten Single, gelangte das Sex Tape des englischen *X-Factor*-Jury-Mitgliedes Tulisa an die Öffentlichkeit. Als dann ihre Single herauskam, schoss sie auf Platz 1. Ob dies der einzige Grund für den Erfolg war, ist zu bezweifeln – geschadet scheint es ihrem Ruf jedenfalls nicht zu haben.

Was die jungen Frauen schnell herausfinden, ist, dass die Durchschnittsfrau nicht wie eine Paris Hilton behandelt wird, sondern wie eine »Schlampe«, welche es verdient, lächerlich gemacht zu werden. Ein Moment der Sorglosigkeit ist in seiner Gänze festgehalten und es kommt ihnen vor, als wenn er sie für den Rest ihres Lebens bestimmen und verfolgen würde. Eine Studie der Forscher Wendy Walter-Bailey und Jesse Goldman fand heraus, dass diese Mädchen und jungen Frauen oftmals selbstzerstörerisches Verhalten wie Drogen- und Alkoholmissbrauch, Essstörungen, Selbstverletzungen oder risikoreiche sexuelle Aktivitäten erkennen ließen. Francis jedoch hat mit seinem Konzept einen Volltreffer gelandet, und trotz der vielen Anzeigen gegen ihn – er wurde der Erpressung/»racketeering«, der Kinderpornografie, des Drogenschmuggels, des Besitzes von Rauschmitteln sowie der Einführung von Schmuggelware bezichtigt – wächst seine Marke nach wie vor. Produkte wie *GGW* tragen dazu bei, dass die Grenzen zwischen Pornografie und Mainstream noch mehr verwischen.

In einer britischen Studie von 2005 gaben knapp zwei Drittel der fast 1000 befragten Mädchen an, »Glamour Model« sei die für sie ansprechendste Berufsoption (einer vorgegebenen Liste). Und laut einer Studie von YoungPoll.com war ein Drittel von 3000 befragten Teenager-Mädchen der Überzeugung, dass es wichtiger sei, hübsch zu sein als schlau. Bei diesen Prioritäten ist es kein Wunder, dass Casting-Formate im Fernsehen wie Pilze aus dem Boden schießen: Deutschland sucht den Superstar/den Popstar/den Musicalstar/das Supertalent/das Topmodel/den Comedian – Hauptsache berühmt!

Ein weiteres Phänomen ist die Amateur-Pornografie, die zu der beliebtesten Form von Pornografie zu werden scheint. Der Grund für ihre Entstehung liegt in den Entwicklungen innerhalb der Medienlandschaft (in erster Linie im Internet), die zu einer enormen Ausbreitung der Pornografie und deren Ausdifferenzierung in Untergruppen geführt hat. Doch das Aufkommen des Internets alleine reichte nicht, um die Ausbreitung der Pornografie zu ermöglichen: Laut den Informationswissenschaftlern Amanda Spink, Helen Partridge und Bernard J. Jansen war der Prozentsatz von Pornografie im Internet zwischen 1997 und 2002 zunächst sogar von etwa 20 auf fünf Prozent gesunken. Also entwickelte die Pornoindustrie Marketingtechniken, um in andere Internetsektoren vorzudringen, wie gratis »Supersites«, die Querverbindungen zu unzähligen Providern aufbauen. Wo früher die Konsumenten auf die Auswahl ihres örtlichen Pornoladens angewiesen waren, können sie nun Hunderte von Seiten in Minuten absuchen. Dieser webbasierte Wettbewerb ist es, der nun zu einer rapiden Zunahme von extremer Pornografie, Gewalt und »Pseudo Child Pornography« (PCP) führt. Der Sexualwissenschaftler Jakob Pastötter spekuliert, dass sich die Pornografie wohl auch deshalb so ausdifferenziert hat, weil sich die Produktion unaufhörlich verbilligt hat, etwa um 300 Prozent, während sich der Umsatz von etwa zwei Milliarden Dollar auf vier Milliarden Dollar verdoppelt hat. Von dem Ausstoß ganz zu schweigen: von knapp 100 pornografischen Titeln auf heute über 11.000 jährlich! Während bei der Hardcore-Pornografie im Laufe des letzten Jahrzehnts eine Pluralisierung zu beobachten ist, bleiben die Softcore-Pornografie und ihre Entsprechungen im Mainstream recht einfältig.

Die Akzeptanz der Pornografie schafft eine Illusion harmloser Normalität. Wenn Pornografie wirklich so frauenfeindlich ist, fragt sich die feministische Autorin Kat Banyard, warum gibt es dann *Playboy*-Bettbezüge für Fünfjährige? Was bedeutet es, dass *Playboy*-Schreibwaren neben *Winnie Puuh*- und *Dora-the-Explorer*-Briefpapier zum Verkauf angeboten werden? Auch Buckingham äußert Bedenken hinsichtlich der Frage, wo diese Entwicklung hinführen wird. Zwar sind einige Experten der Ansicht, die Pornifizierung habe bald einen Sättigungspunkt erreicht. Doch ein Ende der Entwicklung ist nicht in Sicht, denn unverändert groß ist die Menge von Porn Chic in den Medien – auch und gerade in den Medien, die junge Leute ansprechen wollen.

Warum die Pornografie Teil der Populärkultur wurde

Als ich vor Jahren damit begann, mich für die Zusammenhänge und Prozesse, die dem Phänomen des Porn Chic zugrunde liegen, zu interessieren, war dieses Thema noch ziemlich undurchsichtig und unerforscht. Im Laufe der Zeit traten sie jedoch immer klarer hervor. Fest steht: Die Gründe für die Pornifizierung der Kultur sind äußerst vielschichtig, und es bestehen so komplexe Wechselbeziehungen, dass es ein unmögliches Unterfangen darstellen würde, alle zu benennen. Bestimmte Faktoren werden allerdings wiederholt in der Literatur angeführt: zum einen der, dass der Prozess der Pornifizierung grundsätzlich mit einer sexuellen Revolution und der Liberalität gegenüber sexuellen Praktiken und Identitäten einhergeht, welche wiederum neue Formen der Beziehung und Familienkonstellationen zur Folge haben. Weitere Faktoren sind der Feminismus, der sich für die Gleichstellung der Frauen in allen Bereichen einsetzt, sowie die Schwulenbewegung, die dafür gesorgt hat, dass bisher tabuisierte Themen öffentlich diskutiert wurden.

Dies sind im Wesentlichen die gesellschaftspolitischen Entwicklungen, die den Prozess ankurbelten. Alle weiteren Entwicklungen, die sich daraus ergaben, kann man grob auf drei Ebenen anordnen:

Erstens: Seit den 60er Jahren führen neue Informations- und Kommunikationstechnologien zu einer Ausweitung des Unterhaltungsmarktes – von wenigen Kanalnetzen angefangen, hin zu einer gewaltigen Menge an Kabel-, Satellit-, Video- und Pay-Per-View-Optionen. Dadurch ist es möglich geworden, ein und dasselbe Produkt über ein ganzes Spektrum von Medien hinweg – Zeitschriften, Videos und das Internet – zu vermarkten. Eine maßgebliche Bedeutung kommt hierbei dem Internet zu. Hier kann pornografisches Material besonders leicht in Umlauf gebracht werden. Es erreicht einen weiten, undifferenzierten Markt. Zudem kann einfach und unkompliziert darauf zugegriffen werden. McNair führt aus: »Die neuesten Technologien, die bei den Pornografen Anwendung finden – Video, DVD und Internet –, haben sich als besonders effektiv erwiesen, die vielen negativen psychologischen Folgen zu umgehen, die bislang mit der Aneignung und Nutzung von Pornografie einhergingen. Die Pornografie wurde dadurch weiter in den privaten Bereich hineingebracht, weg von der verborgenen, sozial sanktionierten Welt der Peepshows und Sexshops.«

Zweitens: Hardcore-Pornografie ist Teil des kulturellen Mainstreams geworden. So werden etwa Pornofilme auf normalen Fernsehkanälen gezeigt und Sex-Shows und -Messen werden zunehmend mit Blick auf die allgemeine Bevölkerung angeboten. In der Werbung, in Musikvideos, Fernsehprogrammen und Modezeitschriften sowie auf Werbeplakaten nimmt die Anzahl der Bezüge auf Pornografie zu.

Drittens: Stil und Darstellungsweisen der Pornografie haben in die verschiedensten kulturellen Produktionsformen Eingang gefunden. Die Attraktivität des Porn Chic fußt dabei auf den traditionellen Geschlechterrollen, Machtverhältnissen und -beziehungen.

Der Rechtsexperte Bruce Taylor begründet darüber hinaus die Verbreitung von Porn Chic speziell in Amerika mit der Abschaffung des »Community Decency Act« 1996. Sørensen gibt als weiteren Grund die zunehmende Tendenz an, Tabus herauszufordern. Dies fördere ein wachsendes Interesse an der Pornografie bei den Massenmedien. Und McNair erwähnt die wachsende Freizügigkeit: Die Innovationen im Bereich der Kommunikation hätten eine kommerzialisiertere, weniger regulierte und pluralistischere Sexualkultur herbeigeführt und vorangetrieben. So gibt es also mehr Möglichkeiten, Sexualität auszudrücken bzw. auszuleben (z. B. die Möglichkeit des Zugriffs auf Hardcore-Pornografie für jeden, der einen Internetzugang hat), als bisher. Laut McNair spiegelt der Aufstieg des Porn Chic das »berechtigte *öffentliche* Interesse – im Gegensatz zum wirtschaftlichen – an der Pornografie und ihren grenzüberschreitenden, tabubrechenden Eigenschaften« wider. Er räumt ein, »Porn Chic mag gelegentlich geschmacklos und schäbig, oftmals humorlos, manchmal auch tiefernst sein«, aber »wie auch die Ausbreitung der Pornosphäre selbst wäre Porn Chic nicht entstanden, wenn es kein öffentliches Interesse daran gegeben hätte, Zugang zum sexuellen Diskurs zu bekommen und daran teilzunehmen.«

Er resümiert: »Der 1990er Porn Chic entstand auf dem Hintergrund eines radikal veränderten politischen Kontextes, welcher von den Ideen der Feministinnen und der Schwulenbewegung geprägt war.« Warum Porn Chic genau zu dieser Zeit entstand, kann auch er nicht beantworten. Alle Erklärungsansätze seien letztendlich nur Vermutungen.

Aber schauen wir uns die soziokulturellen Entwicklungen einmal näher an, zunächst im Hinblick darauf, wie sich die Bedeutung des Körpers gewandelt hat. Der Soziologe Norbert Elias hat die im Zuge des Zivilisationsprozesses erfolgende Entwicklung vom Mittelalter zur Neuzeit detailliert beschrieben: Zunächst kam es zu einer Distanzierung vom eigenen Körper und dem anderer, die Schamgrenzen und Peinlichkeitsschwellen wurden (wieder) erhöht. Dann zeichnete sich eine Abnahme direkter körperlicher Gewalt sowie eine Zunahme der Kontrolle über den Körper und der Beherrschung der Leidenschaften ab (Disziplinierung). Die Bedürfnisbefriedigung wurde also aufgeschoben, eine Trennung von Körper und Geist vollzogen (Rationalismus). Die historischen Anthropologen Dietmar Kamper und Christoph Wulf beschreiben diesen Prozess als »Entkörperlichung« und sprechen vom »Verschwinden des Körpers«.

Heute nimmt die Aufmerksamkeit, die man dem Körper schenkt, einen breiten Raum ein: Es wird unglaublich viel Wert auf Schönheit gelegt und ein enormer Aufwand hinsichtlich Make-up, Haar-Styling, Diäten und Fitness betrieben. Schönheitsoperationen sind an der Tagesordnung, und der Trend, die eigene Individualität mittels Tattoos, Piercings, Branding, Microdermals etc. zum Ausdruck zu bringen, scheint ungebrochen. Parallel dazu gestehen die Menschen einander verstärkt erotische und sexuelle Gefühle zu und äußern sie auch. So schreibt der Soziologe Rüdiger Lautmann in seiner *Soziologie der Sexualität*: »Erotische Anspielungen sind häufiger, mehr auf Gegenseitigkeit angelegt, offener und subtiler geworden. Sie variieren von spielerischen und unverbindlichen Formen bis zur unverhüllten erotischen Annäherung.« Sex ist für jeden verfügbar geworden, der Interesse daran hat: Durch die sexuelle Revolution Ende der 60er Jahre sind, so der Medien- und Kommunikationswissenschaftler Hans-Bernd Brosius, »die moralischen Standards der westlichen Gesellschaften neu verhandelt und liberalisiert worden«. Die Verbreitung privater Fernsehsender tat dann das Ihre dazu und brachte die Sexualität unmittelbar in die Wohnzimmer der Zuschauer. Davon war ja an anderer Stelle schon die Rede.

Bereits 1993 tauchte in der Soziologie der Begriff der »Individualisierung« auf, der mit dieser Entwicklung einherging. Er bezeichnet den Prozess des Übergangs von der Fremd- zur Eigenbestimmung des Individuums, der sich im westlichen Kulturkreis vollzogen hat. Inwieweit dieser Begriff tatsächlich aussagekräftig ist, ist selbst in der Fachwelt umstritten. Kultursoziologe Günter Burkart räumt ein, dass die Terminologie die neue gesellschaftliche Entwicklung zunächst angemessen zu charakterisieren schien. Er kritisiert jedoch, dass inzwischen zu viele unterschiedliche Entwicklungen zu einem Begriff zusammengefasst würden, so dass es unaufhörlich zu Missverständnissen komme.

Pastötter sieht in der westlichen postindustriellen Gesellschaft drei psychosoziale Mechanismen am Werk: den institutionalisierten Tabubruch, die ausgeprägte Unterhaltungs- bzw. Lustideologie und den Zwang zum Selbstzwang. Der Soziologe Cas Wouters hat hierfür den Begriff der »Informalisierung« geprägt: Sie ist die schubweise, scheinbare Lockerung der Sitten, die eigentlich ein »Zwang zur Ungezwungenheit« ist und damit letztlich zum Zwang zum Selbstzwang wird.

Zusätzlich zu der Deregulierung der Medien, die McNair als einen Schritt in Richtung Pluralisierung und letztendlich Demokratisierung des Begehrens empfindet, und der Verschiebung der Grenzen von Pornografie und Mainstream sind die Boulevardisierung und Intimisierung zwei weitere Charakteristika der gegenwärtigen Medienkultur. Das heißt im Klartext: Persönliches, Emotionales und Sexuelles wird zur Schau gestellt und drängt Information und Bildung in den Hintergrund – täglich zu beobachten im Reality-TV, in Talkshows und bei Promi-Skandalen. Diese Entwicklung hin zur Sozialpornografie wird in der Presse oft als der Triumph des schlechten Geschmacks über die Qualität beklagt. Doch sie ist letztlich nur eine logische Folge der rasanten Fortschritte in der Technologie, die es möglich gemacht haben, dass nun jeder seine Gedanken, Gefühle und Ideen unmittelbar mitteilen kann. Bilder, Texte, Videoclips und Songs können ins Internet gestellt und von anderen begutachtet werden. So wird jeder zum Kritiker des anderen. Gernert vergleicht: Saß die »Generation Fernsehen« auf dem Sofa und wartete, was das Programm brachte, gestaltet die »Generation Porno« ihr Programm selbst.

Neben den technologischen und gesellschaftspolitischen Entwicklungen spielt jedoch auch der materielle Konsum eine wichtige Rolle in der Verbreitung von Sexualität und Pornografie. Warum das? Durch die ganze Menschheitsgeschichte hindurch und in jeder Gesellschaftsform hat der Staat durch gesetzliche Regulierungen Ehe, Sexualität und sexuelle Praktiken gesteuert. Der Umfang der Regulierung hängt dabei immer mit dem Grad des Kapitalismus und der Kommerzialisierung in der Gesellschaft ab. Der Psychologe und Sozialpädagoge Helmut Kentler erläutert: »Mit zunehmender Entwicklung zur Überflussgesellschaft wirkt sich eine repressive […] Sexualmoral immer mehr dysfunktional aus, weil sie die Menschen in einer Sparsamkeits- und Enthaltsamkeitshaltung festhält, die verhindert, dass sie zu ausgabefreudigen Konsumenten werden.«

Das leuchtet ein. Die Sexualisierung kann also gar nicht

gestoppt werden, weil dann der Kapitalismus gefährdet wäre. Dieses Charakteristikum ist typisch für die modernen Gesellschaften. Sie zeichnen sich nicht dadurch aus, dass sie den Sex ins Dunkle verbannen, sondern dass sie »unablässig von ihm sprechen und ihn als das Geheimnis geltend machen«. War früher das Thema Sexualität tabu, so ist es heute tabu, über die *Konsequenzen* sexueller Freizügigkeit zu reden. Man möchte ja nicht als verklemmt gelten. Außerdem: Wie kann man gegen die hypersexuelle Mainstream-Kultur Einspruch erheben, wenn man am Computer innerhalb weniger Mausklicks bei den größten Obszönitäten landet?

Der Soziologe Gerhard Schulze spricht von Sexualaufklärung und Mediensex; beunruhigt ist er jedoch nicht: »Schamlos ist die Gesellschaft trotzdem oder genau deswegen nicht, denn gerade durch die öffentliche Inszenierung von Intimität ergibt sich ihre Eingrenzung.« Ähnlich sieht es der Sexualwissenschaftler Kurt Starke: »Pornografie, die ständige Präsenz des Sexuellen in der Öffentlichkeit, die allgemeine Sexualisierung werden die Schamschwelle nicht senken, sondern erhöhen. Die Frauen werden sich vor dem pornografisch geschulten Blick der Männer zu schützen wissen und sich wehren.« Der Journalist und Schriftsteller Matthias Frings liegt auf gleicher Linie. Auch er vertritt die Meinung, dass es nicht notwendigerweise mehr Sex geben muss, nur weil es oberflächlich gesehen mehr Sex gibt, und nicht zwangsläufig komme es zu Zuständen wie in Sodom und Gomorrha. Es sei im Kapitalismus bekannt, »dass die effektivste Form des Verbots die Erlaubnis ist«. Ob diese These angesichts der neuesten Entwicklungen aufrechterhalten werden kann, bleibt allerdings abzuwarten.

In den 90ern bereits verlor in Deutschland der Gelegenheitssex seinen Reiz, stattdessen wurde, so die Bildungssoziologin Anne-Janine Müller, Sex in einer festen Partnerschaft zelebriert. Der Feminismus setzte auf Gleichberechtigung zwischen den Partnern. In Bezug auf die Sexualität bedeutet das, dass die gesellschaftlichen Normen auch privat, d.h. in der eigenen Beziehung, eingehalten werden. Sex ohne Liebe ist für das Gros der Menschen heute »undenkbar« bzw. »unpraktizierbar«. Auch Gernert beobachtet: Für die meisten Jugendlichen gehören Sex und Liebe zusammen. Pastötter ist überzeugt, dass aus diesem Grund Sex unter Singles zunächst »alkoholischer und emotionaler Überzeugungsarbeit« bedarf; viele Singles könnten schnellen Sex nur im volltrunkenen Zustand haben. Auch bei Paaren sei die Promiskuitätsrate »sehr gering«.

Ganz anders in England: Unsere Nachbarn auf der Insel sind europaweit führend in Bezug auf One-Night-Stands, Geschlechtskrankheiten und die Anzahl an Sexualpartnern. Dies führen Forscher auf die Akzeptanz weiblicher Promiskuität, die Abkehr von der Religion und eine aufs Höchste sexualisierte Populärkultur zurück. (Interessanterweise liegt England einer vergleichenden UNICEF-Studie zufolge europaweit auch ganz vorne in puncto Konsumfreudigkeit und Materialismus.) Das bedeutet: Sexualität ist sowohl biologisch als auch kulturell bestimmt und zeigt sich in verschiedenen Kulturen, Kontexten und Zeitepochen jeweils anders. Und die kulturellen Unterschiede zwischen Deutschland und Großbritannien bzw. den USA im Hinblick auf Sexualität, Pornografiekonsum und Ausmaß der Pornifizierung sind groß!

Juliann Sivulka, Professorin für Werbung, beobachtet, dass Werbeanzeigen in Europa und Südamerika nicht so aufreizend sind wie in den USA, obwohl dort Werbung freizügiger und eindeutiger sein darf. Pastötter zufolge gibt es in den USA eine insgesamt wesentlich positivere Einstellung zu Pornografie und gleichzeitig weniger moralische Bedenken als in Deutschland. Die Theaterhistorikerinnen Ann C. Hall und Mardia A. Bishop hingegen machen in ihrem Buch *Pop Porn: Pornography in American Cul-*

ture klar, dass sich in den USA eine deutliche Doppelmoral zeigt: Dem vermehrten Auftreten von Pornografie in der Populärkultur und ihrer – vermeintlichen – Akzeptanz stehen Familienwerte, christliche Werte und Moral gegenüber. Ähnliches behaupten auch Sarracino und Scott: Das Image des so oft als »unschuldig« dargestellten Amerika nicht nur der 50er Jahre, sondern auch des 18., 19. und frühen 20. Jahrhunderts, ja sogar der Jetztzeit beruht ihrer Meinung nach in Wahrheit auf dem puritanischen Verleugnen des Körpers und alles Sexuellen – ähnlich dem Verleugnen körperlicher Bedürfnisse und der Thematisierung der Sünde in der heutigen Pornografie. Wie im Puritanismus stelle die Pornografie Sex als unmoralisch und sündhaft dar: Frauen werden als »Huren«, »Schlampen« und »böse Mädchen« charakterisiert, und der Sex wird als »widerlich« und »dreckig« bezeichnet. Die zentrale Denkfigur im Puritanismus, die Schamhaftigkeit, taucht in der Pornografie in Form von sexueller Demütigung wieder auf. Diese bildet in zunehmendem Maße die Grundlage vieler Pornoseiten im Internet. Der Unterschied zwischen Puritanismus und Pornografie ist jedoch, dass die Pornografie die Sexualität nicht verleugnet, sondern ihr vielmehr frönt.

Dem Journalisten Rod Bastanmehr zufolge ist Pornografie in Amerika ganz und gar nicht anerkannt. Dabei gab es in der Vergangenheit seiner Meinung nach durchaus Zeiten, in denen die Pornografie die Möglichkeit gehabt hätte, sich im Mainstream zu entfalten, etwa in den 70ern. Heute jedoch sei die pornografische Filmindustrie zu einem Stillstand gekommen, der sie daran hindere, traditionelle Tabus zu brechen. Diese Ansicht wird auch in den diversen Blogs zum Thema vertreten. Auch die Autorin Lindsey Jennings glaubt, dass in naher Zukunft wohl nicht mit einer Akzeptanz der Pornografie zu rechnen ist, und bezeichnet dies als eines der bedeutendsten sozialen Versäumnisse der amerikanischen Gesellschaft.

»Und *ob* das *zön* ist!« Aber nicht für jeden. Wie die Einstellungen zur Pornografie sind auch die Gesetze in jedem Land unterschiedlich. In den westlichen Gesellschaften haben soziale und politische Entwicklungen wie die Freigabe der Pornografie in den späten 60ern und der Übergang zum Postsozialismus in Osteuropa in den 90ern dem Aufstieg der Pornoindustrie den Weg geebnet. Dies ermöglichte die Verbreitung von »Skandinavischer Pornografie«, etwa des Regisseurs Lasse Braun, der schon früh die Macht der Pornografie erkannte und sie im Mittelpunkt einer kulturellen Revolution sah. Manche Länder sind von Tradition aus liberaler. Dänemark zum Beispiel, das erste Land, das Pornografie 1969 freigab, hat keine »Obszönitätsgesetze«; dennoch gibt es natürlich gesetzliche Einschränkungen, was pornografisches Material betrifft: Kinderpornografie ist seit 1980 verboten, Tierpornografie jedoch, sofern keine Tierquälerei vorliegt, ist erlaubt. 1968 legalisierten die Niederlande die Pornografie, Westdeutschland folgte 1970, ein Jahr später Schweden. In der Schweiz und anderen Ländern sind Pornos ab 16 Jahren erlaubt.

Während in Japan Mangas verbreitet sind (übrigens haben 70 Prozent der in Deutschland verkauften Mangas Hardcore-Sex und Gewalt zum Thema), die keiner Altersbeschränkung unterliegen und von Menschen jeden Alters konsumiert werden, Kinder miteingeschlossen, sind die Obszönitätsgesetze im Vereinigten Königreich weitaus strenger. Dort kann ein Produkt sogar verboten werden, wenn es Sexualität nicht explizit darstellt. Darüber hinaus war es bis in die 70er verboten, »indecent«, also »unanständiges« Material nach England einzuführen, wozu auch solches zählte, das homosexuelle Themen aufgriff. Als das Vereinigte Königreich der Europäischen Union beitrat, musste es zwangsläufig seine Gesetze lockern. In Ländern wie der ehemaligen Sowjetunion, wo die Pornografie streng zensiert ist und Vertriebsformen daher limitiert sind, werden pornografische Bilder sehr einfallsreich verbreitet – etwa als Spielkarten.

Die kürzlich in Indonesien diskutierten Pornografiegesetze haben weniger mit Pornografie als mit den Bestimmungen für das Individuum zu tun – vor allem das weibliche: Kleidung und Verhalten in der Öffentlichkeit (insbesondere die öffentliche Zurschaustellung von Zuneigung) werden strengstens reguliert. Ähnlich im Iran: Unter der Herrschaft der Mullahs gilt außerhalb der privaten Mauern schon ein Kuss als pornografisch. Hier und in anderen muslimischen Ländern ist Pornografie gänzlich verboten, auch in China. In einigen dieser Nationen kann jedoch über das Internet darauf zugegriffen werden.

Aber man kann das Ganze auch differenzierter betrachten, denn es gibt ja nicht nur die Pornografie im Allgemeinen, sondern die Unterscheidung von Softcore und Hardcore: »Softcore« bezieht sich auf pornografisches Material, das keine Penetration oder extreme Fetischhandlungen darstellt, während dies bei »Hardcore« der Fall ist. Auch diese Begriffe haben je nach Land unterschiedliche Färbungen: Wenn US-Amerikaner etwas als »Softcore« bezeichnen, dann kann das vieles bedeuten. Es kann sich auf *Playboy*-Abbildungen ebenso beziehen wie auf *Color Climax* – dessen Herausgeber in den 70ern der größte professionelle Anbieter von Kinderpornografie war. Die softpornografische »Skandinavische Pornografie« würde in Großbritannien wiederum als »Hardcore« und »obszön« eingestuft werden, was verständlich ist, wenn man bedenkt, dass dort bis zum Jahr 2000 überhaupt keine legale Hardcore-Pornografie erworben werden konnte – 30 Jahre später als in vielen anderen Ländern! Eine andere Unterteilung bezieht sich auf das Ausmaß der Kommerzialisierung: Hier gibt es die kommerzielle Mainstream-Pornografie, die kommerzielle Non-Mainstream-Pornografie und die nicht-kommerzielle Pornografie.

Zusammenfassend kann man sagen, dass das – erneute – Auftauchen des Porn Chic das Ergebnis diverser, komplex miteinander verwobener Prozesse ist, die in unserer Kultur stattgefunden haben und immer noch stattfinden. Und man kann, in Anlehnung an McNair (»Porn-Chic ist immer Kultur, welche auf das Pornografische verweist, während sie selbst nicht pornografisch ist«) schlussfolgern: Porn Chic an sich ist keine Pornografie, sondern vielmehr die Darstellung von Pornografie in nicht-pornografischen Kontexten wie Kunst und Kultur. Porn Chic ahmt nach. Er ist eine Hommage an die Pornografie, eine Parodie, eine spielerische Beschäftigung mit ihr, ohne (einzig und allein) darauf ausgerichtet zu sein, sexuell zu erregen. Porn Chic ist ein Metatext, ein Kommentar, der seine Wirkung mittels Humor, Ironie und Nostalgie entfaltet.

Eine wichtige Frage bleibt für McNair allerdings unbeantwortet, und vielleicht ist sie ja auch nicht zu beantworten: ob die beschriebenen Veränderungen in der Populärkultur soziale Einstellungen zur Sexualität im Allgemeinen positiv beeinflusst haben. Zumindest hatte die Entwicklung zur Konsumgesellschaft den positiven Nebeneffekt, dass die Geschlechterrollen aufbrachen und zunächst Frauen, dann Homosexuelle und schließlich Kinder zu einer eigenständigen Konsumentengruppe wurden. Bei den Frauen begann dieser Prozess im 19. Jahrhundert. Homosexuelle wurden von den Konzernen in den 90ern als Zielgruppe entdeckt und man fing an, schwulenfreundliche Bezüge in den Fernsehserien herzustellen. Jetzt, in den 2000er Jahren, haben, was den eigenen Konsum betrifft, auch die Kinder Mitspracherecht – mehr denn je. In den Gesellschaftsbereichen, wo Sexualität keinen Marktfaktor darstellt, herrschen jedoch alte Strukturen.

McNair sieht die Sexualisierung optimistisch, doch es gibt auch viele negative Auswirkungen, die er, beabsichtigt oder nicht, bei seinen Ausführungen unberücksichtigt lässt. Die radikal voranschreitenden technischen Entwicklungen z. B. haben ohne jeden Zweifel auf vielen Ebenen ihre Vorteile, aber sie haben auch eine düstere Seite hervorgebracht, etwa Gewalt und Degradierung in der Pornografie oder den Zerfall der Privatsphäre. Grund genug für Sarracino und Scott, die Sexualisierung der Kultur kritisch zu sehen, hat sie doch zur Folge, dass eine Person, männlich oder weiblich, aller anderen Qualitäten beraubt ist, die sie besitzen mag – Intelligenz, Spiritualität, Humor, Sportlichkeit, Mitgefühl, Talent –, und auf eine äußerliche Hülle reduziert wird, die leer ist bis auf ein einziges Potential: die Fähigkeit, die sexuellen Bedürfnisse anderer zu befriedigen.

Das wiederum bedeutet nicht, dass sie auch die Pornografie an sich negativ bewerten. Wie Faulstich plädieren sie dafür, zwischen Sexualität, Pornografie und der Diskussion von Sexualität und Pornografie zu unterscheiden. Die Frage ist also lange nicht mehr nur (wie in der Pornodebatte der 80er), ob die Pornografie an sich ein Problem ist, sondern welches die Folgen für die Kultur sind, wenn das Alltägliche pornifiziert wird.

Die Sexualisierung von Kindern und Jugendlichen

Wir leben in einer Gesellschaft, in der ein nie dagewesenes Maß an Wohlstand einen starken kommerziellen Druck auf jeden Einzelnen von uns ausübt. Die Assoziierung von Weiblichkeit und Sexiness beginnt früh für junge Frauen. Der Wunsch nach sexueller Attraktivität ist nichts Neues, neu ist, dass er nun auch bei Kleidung und Spielzeug für Kinder eine Rolle spielt.

Eine der bemerkenswertesten Entwicklungen ist die Umdeutung des *Playboy*-Logos, das einst ein Symbol männlicher Sexualität und Macht über die Frau war. Jetzt ziert es die Federmäppchen und Radiergummis junger Schülerinnen und ist ein sichtbarer Ausdruck dafür, dass zwischen Pornografie und Jugendkultur eine unmittelbare Verbindung hergestellt wurde.

Die Kommerzialisierung der Kindheit führte zu einer erneuten Gender-Disskussion zwischen Mädchen und Jungen. Der einfache Grund: Zwei Märkte sind besser als einer, denn die Absatzmöglichkeiten steigen. Jungenkleidung ist »laut«: »I'm the boss« und ähnliche selbstbewusste Sprüche zieren die Tops, die, natürlich, in »Jungenfarben« gehalten sind. Im Vergleich dazu sind die Produkte für Mädchen »ruhig«: Kleidung ist weniger häufig mit Schriftzügen versehen, und wenn, dann mit niedlichen Aussagen – »Daddy's little cupcake« oder »Mummy's little flower« etwa.

Manchmal wird aus »niedlich« jedoch »anzüglich«: Eingangs wurden ja schon ein paar Beispiele für Slogan-T-Shirts genannt. Die Edelmarke *Abercrombie & Fitch* vertreibt Tanga-Slips für Zehnjährige mit Sprüchen wie »Wink, Wink« und »Eye Candy«. *Walmart* verkaufte Schlüpfer für Mädchen ab acht Jahren, auf denen im Schrittbereich geschrieben stand: »Who needs credit cards …?« (»Wer braucht schon Kreditkarten?«), eine Anspielung auf die Käuflichkeit des Frauen- bzw. Mädchenkörpers. Weitere Sprüche dieser Art, die im englischsprachigen Raum kursieren, sind »So many boys, so little time« (»So viele Jungs, so wenig Zeit«) oder »hottie«. Es gibt Sportshorts für zehnjährige Mädchen, auf denen am Gesäß eine Hand abgedruckt ist, die suggerieren soll, dass sie begrapscht werden möchten, Zimmermädchen-Outfits, auch bereits für kleine Mädchen, die als »sexy« und »hot« angepriesen werden, und Halloween-Kostüme, die aus Netzstrumpfhosen und Korsetts bestehen. Dazu passen T-Shirts und Strampler für kleine Jungen mit Slogans wie »Pimp Squad« (»Zuhälter-Truppe«) und »Chick Magnet« oder »Hung Like My Dad« (»Bestückt wie mein Vater«). Der Schnitt der Kleidung ist bei kindlichen Aktivitäten wie Buddeln, Klettern und Rennen so hinderlich, wie es auch Röcke und Lackschuhe sind. (Da muss man eben in Fitnessstudios ausweichen: Die bieten Stangentanz-Klassen an, manche für Mädchen ab sieben.)

In einer Werbung der *Chuck-Taylor*-Kollektion von *Converse*-Turnschuhen wird ein junges Paar gezeigt, welches gegeneinander gepresst ist. Seine Hände packen ihr Gesäß. »Get Chucked«, steht in großen roten Buchstaben geschrieben. Ein Wortspiel, denn der Betrachter liest automatisch »Get Fucked«. Eine australische Reklametafel für *Lee* Jeans zeigt ein Model im Teenager-Alter, welches Hotpants trägt, eine Brust entblößt und genussvoll an einem Lutscher leckt. Das Foto stammt von dem umstrittenen Fotografen Terry Richardson, der dafür bekannt ist, anzügliche Fotos von minderjährigen Models zu schießen. Eine Print-Kampagne von *Louis Vuitton* zeigte vor ein paar Jahren verführerische Oben-ohne-Fotos von zehn- bis zwölfjährigen Mädchen.

In der heutigen von Medien geprägten Zeit werden Kinder mit Bildern und Botschaften über Sex und Sexualität nur so überhäuft. Eine Studie der »Henry J. Kaiser Foundation« (2005) hatte zum Ergebnis, dass die Anzahl an Sendungen mit sexuellen Inhalten zwischen den Jahren 1998 und 2005 von 54 auf 70 Prozent anstieg. Es gibt reichlich Anhaltspunkte, dass dies eher schädlich als hilfreich ist: Kinder im Alter von sechs Jahren sorgen sich um ihre Beliebtheit beim anderen Geschlecht. Wer nicht spätestens bis zum Ende der Grundschule einen Freund/eine Freundin vorweisen kann, wird verspottet. Erstklässler berichten, dass sie von ihren Klassenkameraden sexuell belästigt werden. Bereits vierjährige Mädchen wollen hübsch aussehen, und schon in der Grundschule beginnen die Kinder sich mit Diäten zu beschäftigen, wollen abnehmen. Die Mädchen wählen Fruchtsalat zum Nachtisch, weil er nicht so viele Kalorien hat. All diese Themen waren früher erst mit Eintritt der Pubertät relevant, also mit zwölf oder 13 Jahren!

Heute sind die Mädchen schon sehr früh darauf gepolt, romantische Beziehungen mit Jungen einzugehen. Diese wiederum sehen sich vor die Herausforderung gestellt, dem provokativen Verhalten der sexy auftretenden Mädchen angemessen zu begegnen. Wenn die Mädchen beobachten, welche Faszination die Gewalt auf die Jungen ausübt, und sie sich im Gegenzug mit »Sexiness« beschäftigen, so lernen beide Geschlechter nichts Gutes über ihren eigenen Wert und auch den des anderen.

Bei gängigem Jungen-Spielzeug dominieren satte Primärfarben und Schwarz mit vielen Assoziationen zur Gewalt: Mit jedem neuen Kinofilm kommt eine komplette Serie entsprechender Spielfiguren heraus. Die Erziehungswissenschaftlerinnen Diane Levin und Jean Kilbourne zählten mit dem Erscheinen des *Transformers*-Films im Sommer 2007 über 100 begleitende Spielsachen auf der *Toys'R'Us*-Webseite. *Batman* und *Spiderman* sind weitere Beispiele für Marken, deren Produktangebot Aktionsfiguren, Spielzeugwaffen, Videospiele, Fernsehshows und -filme, Fastfoodprodukte für Kinder, Artikel für Geburtstagspartys, Webseiten und vieles mehr umfasst.

In Fernsehsendungen wie *Masters of the Universe*, *Transformers*, *Generator Rex* und *Ben 10* ist Gewalt an der Tagesordnung, ja sogar das vorherrschende Charakteristikum. Sie stellen den Jungen Skripte bereit, die vormachen, wie sie sich als »echter Kerl« zu verhalten haben: Sie sollten allzeit zum Kampf bereit sein und auf liebevolle zwischenmenschliche Beziehungen keinen Wert legen. Denn das wäre »schwul«. Zur selben Zeit, als diese Sendungen aufkamen, so berichten Levin und Kilbourne, bemerkten Lehrer die geschlechtsbezogenen Unterschiede im Spielverhalten von Jungen und Mädchen.

Zwar werden sporadisch Bedenken geäußert, was die beständige, alldurchdringende Sexualisierung bei jungen Mädchen anrichtet, doch ein einvernehmlicher Konsens ist nicht erkennbar. In Großbritannien ist man schon so sehr daran gewöhnt, sexualisierte Kinder zu sehen, dass man kaum zwei Mal hinschaut, wenn eine Vierjährige in Absätzen und Leoparden-Print-Top daherkommt. Doch dies scheint sich langsam zu ändern, Proteste und gegenläufige Kampagnen häufen sich.

In sozialpädagogischen Kreisen hingegen wachsen die Bedenken schon seit längerer Zeit. Die zunehmende Kommerzialisierung und Sexualisierung von Kindern wurde in Finnland in dem Projekt *Children and Commercial Sex* (2002–2003) zum Thema gemacht. Ähnliche Projekte gab es danach auch in anderen Ländern: in Australien *Corporate Paedophilia* (2006) von den Ethikforschern Emma Rush und Andrea La Nauze vom Australia Institute, in den USA den *Report of the American Psychological Association's Task Force on the Sexualization of Girls* (2007) der Psychologin Dorothy G. Singer und ihrem Team. Es folgten die Psychologin Linda Papadopoulos vom British Home Office in England: *Sexualisation of Young People* (2010) und Reg Bailey, Vorstandschef der Mothers Union, vom Department for Education: *Letting Children be Children* (2011). Und in Deutschland schließlich wurde der *Aktionsplan 2011 der Bundesregierung zum Schutz von Kindern und Jugendlichen vor sexueller Gewalt und Ausbeutung* vom Bundesministerium für Familie, Senioren, Frauen und Jugend ins Leben gerufen.

Die Essenz der Berichte: Sexualisierte Bilder sind ein alltäglicher Bestandteil im Leben der Kinder, sie formen, wie Bailey es formuliert, das »wallpaper«, also die (Hintergrund-)Kulisse ihrer täglichen Aktivitäten. Die Bildsprache wird dabei immer eindeutiger. Bailey führt dies auf die Ausfächerung der Medienkanäle zurück – wie bei der Pornografie, bei der die Ausdifferenzierung ebenso zu extremen und gewalttätigen Inhalten führt. Eltern befürchten, dass es hier kein Entkommen gibt.

Besonders große Bedenken werden hinsichtlich Familiensendungen wie Castingshows und Soaps geäußert, die die Grenzen des Akzeptablen zunehmend überschreiten. Viele Eltern in England haben den Eindruck, dass die bislang als vertrauenswürdig eingeschätzte »watershed« (die Zeit im Fernsehen, während der Inhalte gezeigt werden dürfen, die nicht jugendfrei sind) weniger strikt befolgt wird, als es in der Vergangenheit der Fall war, ja, manche zweifeln gar an, ob es sie überhaupt noch gibt, so willkürlich seien Befolgen und Nichtbefolgen.

Auch die problemlose Zugänglichkeit von pornografischem Material und anderem Material mit Altersbeschränkung – durch Video on Demand, Mobiltelefon und Internet – wird kritisiert sowie die inkonsequente, in manchen Fällen gar nicht existente Kontrolle des Zugriffs. Dem Bericht »Do we have safer children in a digital world?« (2010) der Psychologin Tanya Byron zufolge ist dies die Hauptsorge der Eltern (wobei 30 Prozent der Befragten sagen, dass sie »safe search settings« benutzen, sich also auf sicheren Seiten bewegen).

Aber die Bedenken beziehen sich auch noch auf andere Bereiche, in denen die Pornifizierung längst Einzug gehalten hat – z. B. auf Werbeanzeigen, speziell für Parfums. Die hier abgebildeten Models werden oftmals auf eine höchst sexualisierte Art und Weise dargestellt und in stereotypen Geschlechterrollen gezeigt. Dies übt Druck auf junge Leute aus – sowohl auf Mädchen als auch auf Jungen –, die der vorgegebenen Körpernorm und einem bestimmten Aussehen entsprechen wollen.

Ebenso werden Musikvideos mit Argwohn betrachtet. Die Bedenken gelten hier den sexuellen und gewalttätigen Inhalten von Songtexten, den in höchstem Maße sexualisierten, ans anzügliche grenzenden Tanzchoreografien sowie der Darstellung stereotyper Geschlechterrollen. Eltern berichten, dass der Konsum von Musikvideos Haltung und Benehmen ihrer Söhne Frauen und Mädchen gegenüber auf eine negative Art und Weise beeinflusse. In Deutschland sind Songtexte im Radio kaum reguliert und selbst die derbsten Ausdrücke entgehen einer Zensur, etwa »motherfucker« und »cocksucker«.

In Bezug auf Konsumprodukte werden jene als bedenklich erachtet, die suggerieren, dass Kinder sexuell reifer sind – in physiologischer, emotionaler oder psychologischer Hinsicht –, als ihr eigentliches Alter nahelegt.

Von Mädchenbekleidung und -accessoires war in diesem Zusammenhang ja schon die Rede. Am häufigsten wurden genannt: BHs (teilweise wattiert/gefüttert), Bikinis, kurze Röcke, Stöckelschuhe, Kleidungsstücke mit anzüglichen Sprüchen darauf bzw. mit Pornografie-Branding – das Übernehmen von Erwachsenenschnitten für Kinderkleidung – sowie die Verwendung von Stoffen und Designs, die Konnotationen mit der Sexualität Erwachsener aufweisen: schwarze Spitze, glitzernde Pailletten und Strass, Tier-Prints und tiefe Ausschnitte. *Victoria Secret's* String-Tangas gibt es für Tweens (das sind acht bis zwölf Jahre alte Kinder) und Teenager. *BHS* entwickelte eine Kleiderkollektion mit dem Namen »Little Miss Naughty«, die Push-up-BHs für Tweens beinhaltet, und *Topshop*, dessen Zielgruppe Teenager und junge Frauen sind, verkaufte einen Kapuzenpullover mit dem Schriftzug »pornstar«. Am umstrittensten aber waren sexualisierte BHs und Bikini-ähnliche Schwimmbekleidung. Sie wurden von vielen englischen Medien aufgegriffen und beherzt diskutiert.

Eine neuere Studie von Samantha Goodin, einer ehemaligen Stundentin des Kenyon College, und ihren Mitstreitern zeigt, dass bis zu 30 Prozent der im Internet erhältlichen Kleidung für junge Mädchen sehr geschlechtsbetont oder gar »sexy« ist. Nach Ansicht der Forscher hat diese Entwicklung erhebliche Auswirkungen auf die Selbstwahrnehmung der Mädchen, die als Folge schon in jungen Jahren eine sexuelle Identität annehmen.

Im Detail: Die Studie durchsuchte das Online-Angebot von 15 populären US-amerikanischen Modeketten im Hinblick darauf, wie groß das Angebot von sexy Kleidung für junge Mädchen ist (Kinder, nicht Jugendliche) und welche Merkmale diese Kleidungsstücke haben – etwa, ob sie ein sexualisiertes Körperteil betonen, Embleme aufweisen, die als sexy empfunden werden, oder mit sexuell anzüglichen Aufdrucken versehen sind. Auch nach traditionell kindlichen Accessoires wurde Ausschau gehalten, z. B. nach Punktmustern oder Schleifen. Von den insgesamt 5666 ausgewählten Kleidungsstücken hatten 69 Prozent ausschließlich kindliche Merkmale. Von den verbleibenden 31 Prozent wiesen rund vier Prozent ausschließlich sexualisierte Merkmale auf, knapp 25 Prozent sowohl sexualisierte als auch kindliche, und etwa vier Prozent zeigten keine der genannten Merkmale. Sexualisierte Elemente fanden sich am häufigsten bei Kleidungsstücken, die einen Körperteil besonders betonten, wie etwa Shirts oder Kleider, die durch einen bestimmten Schnitt Brüste vortäuschten, oder auffallend verzierte Hosentaschen, die die Aufmerksamkeit auf den Po lenkten:

»Unsere Studie macht deutlich, dass Mädchenkleidung oft in zweierlei Hinsicht sexualisiert ist. Die Kombination von stark geschlechtsbetonten mit kindlichen Merkmalen verdeckt häufig die Sexualisierung. Unsichere Eltern lassen sich vielleicht überreden, den Minirock im Leopardendruck zu kaufen, wenn er grell pink ist. Ein Kleidungsstück wirkt allerdings oft trotz Schleifen und Batikdruck noch sexy. Wir glauben, dass diese Art sich zu kleiden dazu beitragen könnte, dass sehr junge Mädchen in die Rolle eines Sexualobjekts gedrängt werden.«

Eines der immer wieder geäußerten Bedenken betrifft die Darstellung von Geschlechtsstereotypen. Die kommerzorientierte Medienlandschaft hat eine sehr beschränkte Auffassung davon, was es heißt, ein Junge oder ein Mädchen zu sein, und schreibt ganz genau vor, welche Art von Accessoires diese benötigen, um der jeweiligen Geschlechterrolle gerecht zu werden. Dies zeigt sich in den Farben: Rosa für Mädchen, Blau oder Camouflage für Jungen. Die Jungen haben insgesamt eine breitere Farbpalette zur Verfügung. Und es zeigt sich im Stil (superfeminine Kleidung für Mädchen, Sportbekleidung für Jungen) und bei den Spielsachen (Puppen, Plüschtiere, Schmink-Sets, Modeutensilien für Mädchen; Autos, Action-Figuren, Schusswaffen für Jungen). Oftmals überschneiden sich geschlechtsspezifische Spielsachen mit solchen, die sexualisierte Inhalte aufweisen (z. B. bestimmte Modepuppen) – vor allem für Mädchen.

Als ich klein war, war ich vom Spielzeug, mit dem mein Vater als kleiner Junge gespielt hatte, fasziniert. Ich las *Mickey-Mouse-* und *Donald-Duck*-Hefte (wobei mir Dagobert am nächsten war) sowie *Prinz-Eisenherz*-Bücher (ich liebte Ritter und verkleidete mich regelmäßig entsprechend). Ich identifizierte mich ganz selbstverständlich mit den männlichen Figuren, las Bücher über Mumien und die Gruselgeschichten der Gebrüder Grimm. Mein Vater brachte mir mit vier Jahren Schachspielen bei. Ich fuhr gerne Fahrrad, kletterte auf Bäume und baute *LEGO*-Häuser. Meine Großmutter dagegen versuchte aus mir eine »richtige Dame« zu machen. Wenn ich bei ihr zu Besuch war, kleidete sie mich von Kopf bis Fuß in Rosa und versuchte mir Stricken, Häkeln und Nähen beizubringen – was mir mehr als unangenehm war! Dabei war ich durchaus kein Wildfang, ich liebte Reiten und Ballett, Malen und Klavierspielen. Der springende Punkt ist: Ich hatte eine ganze Bandbreite an Möglichkeiten, mich zu kleiden, zu spielen, mich auszudrücken, und nutzte sie auch. Mein erstes Fahrrad war goldbraun – es hätte ein Jungen- oder auch ein Mädchenfahrrad sein können. Als ich als Teenager ein rosa Rad bekam (weil es das günstigste war), malte ich es grau, also neutral an. Ich probierte eine Reihe von Sportarten – von

Judo über Rudern bis hin zu Fußball. Mädchen schminkten sich nicht in Unter- und Mittelstufe, wie es heute vielerorts der Fall ist. Man trug Jeans und Pullover. Sicher, es sollte schon eine *Levis* sein, und auch bei den Pullovern gab es bestimmte Marken, die »in« waren, aber das war eher eine Vorliebe als eine Vorschrift. Und vor allen Dingen: Diese Kleidungsstücke waren in keiner Weise sexualisiert.

Die soziologische Forschung, die sich den Aneignungsprozessen von geschlechtsspezifischen Verhaltensweisen widmet, legt nahe, dass die Beziehung zwischen Geschlecht und Konsumkultur komplex ist und nicht im Sinne eines einfachen »Ursache und Wirkung«-Mechanismus verstanden werden sollte. Es ist ein weites, umstrittenes Feld. So wird vielfach die Vermutung geäußert, dass Mädchen und Jungen mit stereotypen Spielsachen spielen, weil sie diese als angemessen für ihr biologisches Geschlecht sehen. Wissenschaftler, die diese Richtung vertreten, argumentieren, dass es angeborene Geschlechtsunterschiede gibt, so dass die Tatsache, dass ein Spielzeug einem anderen vorgezogen wird, ebenso gut mit biologischen Ursachen wie mit Sozialisation begründet werden kann, dass jedenfalls eine »geschlechtstypische« Präferenz Zeichen einer normalen, gesunden Entwicklung der Geschlechtsidentität ist. Andere behaupten das komplette Gegenteil.

Biologisch betrachtet, ist sexuelle Begierde an das Einsetzen der Pubertät gekoppelt. Warum diese immer früher beginnt, ist wissenschaftlich noch nicht erwiesen. Die Erklärungen reichen von einem besseren Ernährungszustand, allgemein besserer Gesundheit bis hin zu Hormonen im Trinkwasser. Wie auch immer: Das Pubertätsalter fällt seit dem 19. Jahrhundert stetig. Für Mädchen, die typischerweise schneller reifen als Jungen, setzt die erste Menstruation seit 1850 um jeweils drei bis vier Monate pro

Dekade früher ein. Im Allgemeinen erreichen sie die Pubertät jetzt im Alter von acht bis dreizehn Jahren und haben in diesem Alter oft schon ausgeprägte Brüste entwickelt. Psychologen und Kinderärzte weisen jedoch darauf hin, dass die kognitive Reife der Kinder nicht Schritt hält mit diesen physiologischen Veränderungen, auch wenn in der Popkultur Sprüche kursieren wie »If there is grass on the field, play ball«.

Das Phänomen, dass Kinder durch die Medien früher mit »problematischen« Inhalten konfrontiert werden und somit früher erwachsen werden, nennen Vermarkter »age compression« oder auch »KGOY« – »kids getting older young«. Es geht mit dem Ziel einher, die Konsumenten so früh wie möglich für sich zu gewinnen. Dies ist der Grund, warum zunehmend unangemessene Inhalte wie Sex und Gewalt an Kinder gerichtet werden und warum die heutige Mode für Kleinkinder oftmals kaum von der von Teenagern zu unterscheiden ist. Der daraus resultierende Druck auf die Kids, erwachsen zu werden, ist mehrschichtig. Es ist zum einen der Druck, ein Sexualleben zu führen, bevor sie dazu bereit sind, und zum andern der kommerzielle Druck, eine große Spannbreite an Produkten und Dienstleistungen zu konsumieren, die nun auch für sie erhältlich sind.

Studien haben festgestellt, dass in den letzten Jahrzehnten sexuelle Anspielungen in Medien, die sich an Kinder richten, sowohl in ihrer Anzahl als auch in ihrer Eindeutigkeit zugenommen haben. Eine von neun Fernsehsendungen für Teenager beinhaltet Szenen, in denen Geschlechtsverkehr entweder dargestellt oder angedeutet wird. Levin und Kilbourne zufolge finden sich in über 80 Prozent der populären Fernsehshows für Teenager sexuelle Inhalte. Auch in Musikvideos, Büchern, Filmen, Cartoons, Videospielen und Songtexten, die zwar primär für Teenager gedacht sind, aber auch von jüngeren Kindern gesehen bzw. gehört werden, spielen sexuelle Aktivitäten keine untergeordnete Rolle.

Besonders von der Sexualisierung betroffen ist, wie auch bei der Pornografie, der weibliche Teil der Bevölkerung: »The American Psychological Association« kommt zu dem Ergebnis, »dass die Sexualisierung von Kindern und Frauen in der Tat überall vorhanden und zunehmend ist. Durch Cartoons, Musik, Kleidung, Werbung, Spielsachen und eine Reihe anderer Produkte und Bilder wird den Mädchen immer und immer wieder gesagt, dass ihr einziger Wert ihre Sexualität ist. Mit diesem kulturellen Mantra lebend, beginnen sie sich selbst zu objektifizieren: Sie beginnen sich so zu sehen, wie andere sie sehen, als Objekte der Begierde.« Sie betrachten ihren eigenen Körper – ihre Brüste, ihren Bauch, ihren Po – nicht nur aus ihrer Perspektive, sondern auch aus der Perspektive derjenigen, die ihn bewerten – ihre Freunde auf *Facebook* oder die Jungs auf Rating Sites wie *HOT or NOT*.

Ein weiterer Bereich, der die Sexualisierung von Kindern und Jugendlichen betrifft, ist die Vermischung von Kindern und Konsum. Der Markt für Waren und Dienste für Kinder ist riesig, und er wächst weiter. Es wird vermutet, dass er einen Wert von über 100 Milliarden Euro jährlich hat – diese Summe beinhaltet auch Kinderbetreuung und Bildungsangebote –, und es gibt Hinweise, dass neben ihrer eigenen Kaufkraft der Einfluss der Kinder auf die Ausgaben der Familie zunimmt. Es ist daher kaum verwunderlich, dass die Unternehmen heute die Kinder als Konsumenten direkt ansprechen. Eine ähnliche Entwicklung fand Anfang des 20. Jahrhunderts in Bezug auf die Frauen statt, dann in den 90er Jahren bei den Homosexuellen. Man erkannte: Um diese Bevölkerungsgruppe als Konsumenten zu gewinnen, muss ihnen mehr Handlungsmacht zugestanden werden. Selbst Unternehmen, die nicht offen Werbung an Kinder adressieren, legen zumindest schon einmal den Grundstein für eine erfolgreiche – das heißt profitable – Beziehung zu ihren zukünftigen

Konsumenten, indem sie ihre Marken sichtbar in der urbanen Landschaft platzieren. Und es funktioniert: Als mein ältester Sohn gerade zu sprechen anfing, war eines der ersten Symbole, die er registrierte, das »M« von *McDonald's* – und wir waren noch nie in einem *McDonald's* gewesen! Mit Eintritt in die Schule – in England mit vier bis fünf Jahren – erlebte mein Sohn den vollen Konsumdruck und kam alle paar Wochen mit einem neuen Wunsch nach Hause. Die Spielsachen werden so spezifisch vermarktet, dass sie teilweise nur ein paar Monate aktuell sind, bevor ein neuer Hype den alten ablöst. In der ersten Klasse hatten alle Jungen in seinem Jahrgang eine eigene, oftmals auch mehrere Spielkonsolen. Zwei Jahre später waren seine Freunde stolze Besitzer eigener Mobiltelefone und Tablets.

Kinder leben in einer von Medien durchsetzten Umwelt und werden mit einer unglaublichen Menge an Werbung bombardiert: wenn sie fernsehen, online sind, Handys nutzen oder Videospiele spielen. Sie werden von ihren Freunden beeinflusst und von dem, was in der Schule »angesagt« ist. Nach ihren eigenen Motivationen befragt, geben sie an, dass sie nicht aus der Reihe fallen wollen, cool aussehen wollen. Auch die Angst vor Hänseleien, wenn man nicht »mitschwimmt«, wird genannt. Da verwundert es nicht, dass Kinder mit als häufigsten Grund für eine Kaufentscheidung angaben, dass Freunde etwas Ähnliches mochten oder hatten. Der Druck, der von Gleichaltrigen ausgeht, ist ganz offensichtlich noch viel größer als der Druck, den Geschäfte oder Hersteller ausüben. Auch der Einfluss, den die Promis in den Medien haben, reicht nicht an den Einfluss der Peers heran!

Werbung und Marketingmethoden sind heute hochentwickelt und folglich oftmals schwer vom Inhalt zu unterscheiden. Ein Beispiel hierfür sind Advergames, also Videospiele, die ein Produkt, eine Organisation oder einen Standpunkt bewerben. Die Marketingstrategien sind vielfach über mehrere Medienkanäle miteinander verflochten, etwa Digital-Out-of-Home-Medien in Verbindung mit Augmented Reality Apps.

Die Möglichkeiten, Kinder davor zu schützen, sind beschränkt, dennoch gibt es Länder, die mittels Werbereglementierungen versuchen, dies zu leisten. Australien ist eines davon. Auch Kanada hat ein ausgeklügeltes System an Vorschriften für verantwortliches Werben. Im französischsprachigen Quebec ist Werbung, die sich an Kinder unter 13 Jahren richtet, gesetzlich verboten, während in den anderen fünf englischsprachigen Provinzen ein recht effektives System der Selbstregulierung besteht.

Altersbeschränkungen im Internet wiederum sind ziemlich wirkungslos, denn Kinder können ihr Alter verheimlichen, um Zugang zu Seiten zu bekommen, die ein Mindestalter verlangen, etwa Soziale Netzwerke oder Pornoseiten. Ein falsches Alter anzugeben, ist auf Netzwerken weit verbreitet: 2011 berichtete Ofcoms *UK Children's Media Literacy Report*, dass 80 Prozent aller Zwölf- bis 15-Jährigen ein Profil auf einem Sozialen Netzwerk haben. Auch unter den Acht- bis Zwölfjährigen haben zwei Drittel ein Profil auf einer Seite, die vom Nutzer verlangt, dass er 13 oder älter ist. 2009 lag die Zahl noch bei 25 Prozent. Um welche Inhalte es dort geht, wurde ja schon eingangs erwähnt.

Das ist problematisch, obwohl Eltern sagen, dass sie einigermaßen kompetent darin sind, ihren Kindern Wirkungsweisen von Werbung und Marketing der traditionellen Medien (Fernsehen, Radio, Werbeplakat, Print) zu erklären. Dazu kommen schließlich die vielen neueren Marketingmethoden wie Werbung per Telefon oder Text, die Benutzung der »like«- und »favourite«-Knöpfe auf Sozialen Netzwerken oder Internet-Werbung im Allgemeinen. Sie sind oftmals nicht als Marketingtool zu erkennen und werden auch nicht als solches kenntlich gemacht. Andere neue Werbeformen sind Peer-to-peer-Marketing, Markenbotschafter sowie Online Behavioural Advertising (OBA), bei dem die Online-Aktivitäten des Nutzers verfolgt werden und darauf basierend personalisierte Werbung verschickt wird.

Kommerzialisierung und Sexualisierung sind Themen, die die Medien oftmals aufgegriffen haben. Obwohl es mittlerweile in den wissenschaftlichen Reviews ausgewogene Darstellungen der verschiedenen Sichtweisen gibt, sind Kommerzialisierung und Sexualisierung immer noch Bereiche, in denen der Schaden nicht nachweisbar ist und Ansichten polarisiert sind. Doch Kinderschutzorganisationen, Schulen, Kinderpsychologen, Jugendarbeiter und Frauenorganisationen liefern eindrucksvolle Beispiele aus ihrer Praxis, die belegen, dass an negativen Auswirkungen auf Kinder und junge Leute kein Zweifel besteht.

Frauen werden im westlichen Kulturkreis oft als Objekt männlicher Begierde dargestellt und entsprechend behandelt. Am häufigsten werden sie in Männermagazinen als Sexualobjekte präsentiert, gefolgt von Modezeitschriften und Jugendzeitschriften. Wenn Mädchen und Frauen diese Botschaft verinnerlichen, führt die Objektifizierung zur Selbst-Objektifizierung. Sie sehen sich dann als Objekt, das ausschließlich unter dem Aspekt seiner – sexuellen – Attraktivität beurteilt wird. Die Feministin und Kulturtheoretikerin Rosalind Gill spricht hier von einem »selbstüberwachenden, selbstverliebten Blick«, der auf externe Einflüsse gar nicht mehr angewiesen ist.

Die Kulturwissenschaftlerin Irene Antoni-Komar schreibt über die Bedeutung des Körpers für Mädchen und Frauen: »Im Körper zu sein, seinen Körper zu leben, bedeutet für Mädchen und Frauen etwas grundlegend Verschiedenes, als dies für Jungen und Männer der Fall ist. Ein maßgeblicher Unterschied ist die Sexualisierung des weiblichen Körpers, welche mit der körperlichen Reifung verstärkt zum Tragen kommt.« Den Mädchen wird in der Pubertät vermittelt, dass »der Weg ihres Erfolgs in erster Linie über ihren Körper verläuft«. Und die Erziehungswissenschaftlerin Ulrike Prokop schreibt: »Für die Frau verschiebt sich das Autonomie-Thema auf ihre Körperlichkeit. Sie muss sich selbst ins Spiel bringen, ihren Körper, ihre Anziehungskraft, ihre Sexualität.« Die Schönheit ist also für Frauen eng mit Sexualität verbunden. Erfolg hängt für sie weniger mit Kompetenz und Leistungsstärke zusammen als mit Begehrtwerden und Attraktivität. Auch braucht der Mann in weitaus geringerem Maße als die Frau das Gegenüber als Bestätigung. Dadurch machen sich die Frauen von dem Mann abhängig, denn um Erfolg zu haben, versuchen sie dem männlichen Blick gefällig genug zu sein, um von ihm bestätigt zu werden. Die jungen Frauen lernen schon früh, sich mit dem Blick anderer zu betrachten, mit der für Antoni-Komar bedauernswerten Konsequenz, dass sie sich dabei selbst »aus den Augen verlieren«.

Doch nicht nur Männer haben einen großen Einfluss auf die jungen Frauen. Eltern äußern Besorgnis über die allgegenwärtigen Bilder von superschlanken und operierten Models und Prominenten. Sie befürchten, dass diese die Angst in ihnen schüren, dass ihre Körper nicht dem gängigen Schönheitsstandard entsprechen. Mangelndes Selbstbewusstsein wäre eine logische Folge.

Man sollte nun jedoch aus dem Ganzen nicht den Schluss ziehen, dass Mädchen vor dem Sex »gerettet« werden müssen, wie Panikmacher in Großbritannien und den USA glauben machen wollen. Die kindliche, insbesondere weibliche Sexualität wird extrem verleugnet, das steht fest. Diese Verleugnung beruht nach Meinung des Kommunikationswissenschaftlers Chuck Kleinhans auf dem durch Klasse und Bildung geformten Geschmack, nicht auf irgendwelchen objektiven Kriterien. So wird der gebildete, kulturinteressierte Bürger auf die im angloamerikanischen

Raum verbreiteten Beauty Pageants, also Schönheitswettbewerbe für Kinder, hinabschauen, die erst durch den Mord an JonBenét Ramsey einen hohen Bekanntheitsgrad in der breiten Öffentlichkeit erlangten. Er wird sie als »white trash«-Veranstaltungen bezeichnen, Veranstaltungen für die weiße Unterschicht, in denen gekünstelte Haarfrisuren, Make-up und Kleidung im Vordergrund stehen. Derselbe Bürger wird sich jedoch nicht unbedingt der gar nicht so unähnlichen sexuellen Untertöne im Eiskunstlauf, bei Gymnastik und Ballett bewusst sein.

Mädchen haben es besonders schwer. Im Zuge der sozialen Doppelmoral wird ein Junge als »toller Hecht« bezeichnet, wenn er sexuell ausschweifend ist. Die Sexualität der Mädchen dagegen wird verleugnet und unterdrückt. Ihre Begierden werden verurteilt. Sie lernen, wie wichtig es ist, sexy zu sein, zur gleichen Zeit wird ihnen vermittelt – von ihren Eltern, von fast jeder Religionsgemeinschaft und, in Amerika, von der »abstinence only«-Sexualerziehung in der Schule –, dass sie ihre Sexualität nicht leben dürfen.

Das ist die Ursache des Problems. Denn daran, dass Kinder Interesse an Sex zeigen, ist nichts Außergewöhnliches oder Skandalöses. Sie sind von Geburt an sexuelle Wesen, haben sexuelle Antriebe und Reaktionen, Gefühle und eine unglaubliche Wissbegierde. Diese Tatsache wurde in früheren Jahrhunderten ganz selbstverständlich hingenommen und später durch die Forschung von Sigmund Freud, Albert Kinsey und Havelock Ellis neu etabliert.

Es gilt also den Themenbereich »Kinder und Sexualität« differenziert zu betrachten und zwischen »gesunder Sexualität« und »Sexualisierung« zu unterscheiden. Laut der »American Psychological Association« liegt Sexualisierung vor, wenn der Wert eines Menschen unter Ausschluss aller anderen Charakteristika nur an seiner sexuellen Attraktivität und an seinem sexuellen

Verhalten gemessen wird und wenn physische Attraktivität mit sexueller Attraktivität gleichgesetzt wird. Sexualisierung kann auch bedeuten, dass eine Person sexuell objektifiziert wird – das heißt, nicht als eine Person gesehen wird, die zu eigenständiger Handlung und Entscheidungsfindung fähig ist, sondern zu einem Ding gemacht wird, das andere »gebrauchen« können. Schließlich liegt eine Sexualisierung vor, wenn jemandem Sexualität aufgezwungen wird.

Nehmen wir das Beispiel des berühmt-berüchtigten Fotoshootings der damals 15-jährigen Miley Cyrus für die Zeitschrift *Vanity Fair*: Auf den Fotos sitzt sie mit dem Rücken zum Betrachter. Ihren nackten Oberkörper bedeckt sie mit einem weißen Laken. Es gibt, Durham zufolge, verschiedene Perspektiven zu berücksichtigen: Mit 15 Jahren war das Mädchen in einer entscheidenden Phase der Pubertät, in einem Lebensstadium, in dem es bereits dabei war, seine Sexualität zu erkunden. Durham schlussfolgert daraus, dass die Entrüstung über den vermeintlichen »Verlust der Unschuld« gänzlich unangebracht war. Zur gleichen Zeit weist sie darauf hin, dass die sexuelle Entwicklung ein sensibler und bedeutsamer Vorgang ist, mit dem man sich am besten privat auseinandersetzt. Was also problematisch war, ist die öffentliche Ausbeutung ihres Körpers. Darüber hinaus gibt es die rechtliche Dimension zu berücksichtigen, da ähnliche Bilder von Mädchen als Kinderpornografie gelten und ihre Veröffentlichung folglich verboten ist. Wie schnell eine harmlos intendierte Abbildung zu Kinderpornografie werden kann, zeigt das Beispiel des »That's me!«-Features der Zeitschrift *Bravo*. Hierbei knipsen sich Jugendliche, nackt, mit dem Selbstauslöser und berichten über ihre ersten sexuellen Erfahrungen. Vor einigen Jahren waren die Jugendlichen 14 Jahre und älter, dann wurde das Mindestalter auf 16 Jahre erhöht. Diese Bilder sind nun auf Pornoseiten im Internet zu finden.

Es gibt zwei unterschiedliche Ansätze, wie Kindern geholfen werden kann, mit dem Druck, zu schnell erwachsen werden zu müssen, umzugehen. Der erste Ansatz legt nahe, dass wir versuchen sollten, Kinder gänzlich unschuldig und unwissend zu lassen, bis sie erwachsen sind. Dieser Position zufolge ist die Welt ein böser Ort, und Kinder sollten erst dann in ihn »entlassen« werden, wenn sie alt genug sind, sich darin zurechtzufinden. Ihr liegt die Annahme zugrunde, dass Kinder leicht auf Abwege geraten, so dass selbst ein flüchtiger Blick in die Erwachsenenwelt sie in das Erwachsensein treibt. Schlimmer noch, Verfechter dieses Ansatzes behaupten, dass die Kleidung, die die Kinder tragen, und die Art, in der sie sich geben, sie zu leichter Beute für Triebtäter und Pädophile machen können.

Der zweite Ansatz vertritt die Auffassung, dass wir die Welt als das, was sie ist, akzeptieren und den Kindern die Mittel an die Hand geben sollten, sie zu verstehen und ihren Weg gehen zu können. Im Gegensatz zu dem ersten Ansatz werden Kinder nicht als passive Empfänger von Botschaften gesehen, die das Verhalten der Erwachsenen lediglich nachahmen; vielmehr interagieren sie bereitwillig mit der kommerziellen und sexualisierten Welt und konsumieren, was diese zu bieten hat.

Bailey kommt zu dem Schluss, dass keiner dieser Ansätze – obwohl seiner Meinung nach beide durchaus nachvollziehbar sind – alleine wirksam sein kann. Er erkennt an, dass die Probleme, die durch die Kommerzialisierung und Sexualisierung der Kindheit entstanden sind, in der Beschaffenheit unserer Kultur liegen und dass Kinder sowohl Schutz als auch Wissen benötigen, das ihrem Alter, ihrer Auffassungsgabe und ihren Erfahrungen angemessen ist. Eltern haben hier naturgemäß die größte Verantwortung, aber auch Unternehmen, die Medien und ihre Regulatoren müssen sich akiv für den Schutz der Kinder einsetzen. Vor allem jedoch müsste eine wahrlich familienfreundliche

Gesellschaft dafür sorgen, dass keine künstlichen Barrieren zwischen den Altersgruppen errichtet und so die jüngeren Mitglieder von der Gesellschaft abgeschirmt werden. Stattdessen müsste sie gesunde Normen für Kinder und Erwachsene gleichermaßen vermitteln und bekräftigen. Doch die Schaffung einer wahrlich familienfreundlichen Gesellschaft, so meint er, liegt noch in weiter Zukunft. In der Zwischenzeit seien andere, einfacher realisierbare Ansätze gefragt. Ein Anfang wäre schon gemacht, wenn Eltern ihre eigene Ambivalenz gegenüber der Kommerzialisierung und Sexualisierung anerkennen würden: etwa, wenn sie nicht von den Familieneinstellungen am Computer Gebrauch machen und kein Computerspiel ab 18 Jahren für ein jüngeres Kind kaufen würden. Wenn sie ihr Kind vielmehr darin bestärken würden, dass es auch ohne die neueste Technologie und ohne die angesagteste Kleidung wertvoll ist.

Kinderpornografie

Wie unterscheiden sich nun sexualisierte Bilder von Kindern und Jugendlichen in den Medien von Kinderpornografie? Wie sehen sie eigentlich aus? Das ist keine einfache Frage, aber es gibt bestimmte Anhaltspunkte: Typisch für kinderpornografische Abbildungen ist, dass der Fokus auf dem Genitalbereich des Kindes liegt, das Setting ist sexuell, die Haltung des Kindes irgendwie unnatürlich, gestellt, die Kleidung oftmals unangemessen für sein Alter. Das Kind kann komplett bekleidet sein, teilweise bekleidet oder auch unbekleidet, es wirkt sexuell schüchtern oder aber auch bereitwillig. Darüber hinaus ist das Bild so konstruiert, dass es beim Betrachter eine sexuelle Reaktion hervorrufen kann. Alles also relativ subjektiv und unbestimmt. Sexualwissenschaftler und -therapeuten wissen: Es gibt nichts, was nicht irgendjemand erregend findet. Deswegen kann man nicht alles verbieten. Vielmehr verlagerte man den Fokus – von der Verfolgung von Kinderschändern zu der Überwachung und Kontrolle von Kindern und ihren Bildern. Die visuelle Repräsentation des sexualisierten Kindes wurde zum Mittelpunkt der kulturellen Auseinandersetzung. Die unbeabsichtigte Konsequenz dieser Besorgnis um »Schutz« und »Unschuld« der Kinder jedoch ist, dass noch mehr Aufmerksamkeit auf die Kinder gelenkt wird, insbesondere dadurch, dass man nach noch so kleinen Anzeichen sexuellen Verhaltens und sexueller Absichten Ausschau hält.

Paradoxerweise wurde zu genau der Zeit, als die rechtliche und soziale Überwachung der Sexualität der Kinder zugenommen hatte, der Status der Kindersexualität als Forschungsfrage in Amerika erheblich eingeschränkt, so dass es für Wissenschaftler geradezu unmöglich ist, Mittel für klinische Studien oder Umfragen zu beschaffen. In Deutschland gilt das noch sehr viel mehr. Die zunehmenden Einschränkungen im Bereich der Sexualerziehung verbieten es, ein Kind über sexuelle Aktivitäten zu befragen. Da es keinem erlaubt ist, Kinderpornografie zu besitzen oder zu erforschen, sind die einzigen Informationsquellen über Kinderpornografie die Polizei und Staatsanwaltschaften, pädophile Straftäter und die Opfer selbst.

Die Autorin und Journalistin Judith Levine ist der Meinung, dass – der Sensationsgier der Medien und der Panikmache zum Trotz – in den letzten 30 Jahren tatsächlich sehr wenig Kinderpornografie verfügbar war. Die meisten kinderpornografischen Seiten im Internet sind von der Polizei aufgestellte Fallen, aufbereitetes und digitalisiertes Bildmaterial aus alten Zeitschriften und Filmen. Die Bilder sind 30 bis 60 Jahre alt, im Ausland produziert, schlecht wiedergegeben und zum größten Teil ziemlich »brav«. Andere Bilder scheinen Aufnahmen von Sextouristen zu sein, die asiatische oder lateinamerikanische Länder besucht haben. Die 70er Jahre waren nicht nur die Hochzeit der Pornofilme, sondern auch der Kinderpornografie. Normalerweise wurden Teenager präsentiert, aber auch Kinder im Alter von acht bis zwölf, ja sogar von unter vier Jahren. Seit 1977 ist der Import und Verkauf solchen Materials in den Vereinigten Staaten verboten. Ende der 80er war die Regierung praktisch der einzige Hersteller und Vertreiber von Kinderpornografie.

Im Gegensatz zu Levine vermutet der Historiker Philip Jenkins eine wesentlich größere und substantiellere kinderpornografische Aktivität, und auch Untersuchungen der Penn State University bestätigen, dass Kinderpornografie im Internet in den letzten zehn Jahren deutlich zugenommen hat. Dies begründet Jenkins mit der Ausweitung des Internets Mitte der 90er, die eine weitläufigere Distribution von Fotos offenbar russischer und ukrainischer (und eine Zeit lang rumänischer) Mädchen erlaubte. Das Alter der Kinder lag im Bereich von etwa sechs Jahren bis zum Anfang der Pubertät. Geht man allein nach der Menge des Materials, das auf beschlagnahmten Computern gefunden wurde, verdoppelt sich die Menge an Kinderpornografie jährlich. »The National Center for Missing and Exploited Children« (NCMEC) hat mittlerweile über acht Millionen kinderpornografische Bilder identifiziert. Schätzungen zufolge bringt der Handel mit Kinderpornografie jährlich weltweit drei Milliarden Dollar ein – ein milliardenschwerer Industriezweig und einer der am schnellsten wachsenden kriminellen Bereiche des Internets und des organisierten Verbrechens.

2002 hat sich die »Free Speech Coalition«, die Berufsgenossenschaft der amerikanischen Erotik- und Pornobranche, erfolgreich dafür ausgesprochen, das Gesetz gegen Kinderpornografie dahingehend zu ändern, dass, sofern sie älter als 18 Jahre sind, Frauen dargestellt werden dürfen, die wie Kinder aussehen. Auch sind nur solche Bilder verboten, die eine *echte* Person unter 18 darstellen. Das hat der Pornoindustrie die Möglichkeit eröffnet, auf computergenerierte Bilder von Kindern auszuweichen oder auf Pornodarstellerinnen, die, obwohl volljährig, verkindlicht werden, um sie viel jünger wirken zu lassen.

»Lolita«, Kindfrau und Hauptfigur in Vladimir Nabokovs Skandalroman, ist ein nuancierter Charakter mit einer komplexen Sexualität: Sie ist sexuell neugierig, hat aber aufgrund ihrer Unreife keine Kontrolle über ihre Beziehung mit Humbert, die von Missbrauch und Manipulation geprägt ist. Den Namen kennt mittlerweile jeder. Er bezeichnet ganz allgemein ein sexuell interessiertes Mädchen im Alter von neun bis vierzehn Jahren, das eine erotisierende Wirkung auf Männer ausübt. »Lolita« hat sich als beliebtes Stichwort für die Suche nach Kinderpornografie im Internet etabliert. Ein Großteil der zahlungspflichtigen Pornoseiten aus den USA benutzt diesen Begriff, auch wenn die Darstellerinnen dort – sehr wahrscheinlich – bereits knapp 18 Jahre alt sind. Beliebte pornografische Produkte, die mit diesem Reiz der verbotenen kindlichen Sexualität spielen, sind *Hustlers Barely Legal* (auch hierzu gibt es im öffentlichen TV eine Sendung, die in ihrem Titel darauf anspielt, *Barely Legal Drivers* auf *BBC3* [2013]) und Max Hardcores *Cherry Poppers*. Hardcore geht in seinen Produktionen, was Gewalt und Alter der Darstellerinnen angeht, an die Grenze des Erträglichen, selbst für Pornoinsider. Später mehr dazu.

Im Vereinigten Königreich hingegen kriminalisiert »The Coroners and Justice Bill« alle pornografischen Bilder von unter 18-Jährigen, nicht-realistische Darstellungen mit eingeschlossen. Ebenfalls nicht erlaubt sind Bilder von Erwachsenen, die zwar älter als 18 sind, aber jünger wirken.

Wo jedoch in Amerika die Wahrscheinlichkeit einer Anklage aus dem Weg geräumt ist, schießen Webseiten mit verkindlichten Frauen wie Pilze aus dem Boden, und auf die können natürlich auch die Engländer zugreifen. Die Folge ist mehr und mehr »pseudo-child pornography« (PCP): Bilder von »Mädchen« mit teils sehr viel älteren Männern - Männern, die als Väter, Lehrer, Arbeitgeber, Sporttrainer oder als Kinderschänder dargestellt werden. Kleinhans beschreibt, wie im Zuge der Ausbreitung der PCP Ende der 90er Bilder von Teen-Popstar Britney Spears (damals selber ein Teenager), auf denen sie sowohl nackt als auch bei sexuellen Aktivitäten zu sehen war, weite Verbreitung fanden. Auch bei den japanischen Anime- und Manga-Bildern im Internet sind Darstellungen kindlicher Sexualität überaus häufig, ebenso wie bei beliebten Cartoon-Charakteren – so werden z. B. die *Simpsons*-Kinder bei sexueller Betätigung gezeigt. Seit 2004 wird in beschränktem Umfang computergenerierte Pornografie produziert, die neben Sex mit fiktionalen Charakteren wie etwa Computerspiel-Heldin Lara Croft, Situationen präsentiert, in die Kinder involviert sind.

Doch zurück zu den Mädchen aus Fleisch und Blut. Das Genre, in dem Frauen verkindlicht werden, wird von der Porno-Branche als »teen porn« oder »teen sex« bezeichnet. Obwohl diese Seiten zunehmend populär werden – 2006 gab es knapp 14 Millionen Suchanfragen für »teen sex« (dies ist ein Zuwachs von 61 Prozent in nur zwei Jahren) und sechs Millionen Suchanfragen für »teen porn« (ein Zuwachs von 34 Prozent in demselben Zeitraum) –, gibt es auch hier sehr wenig Forschungsaktivität, weder zu Inhalten noch zu Auswirkungen solcher Seiten auf Einstellung und Sexualverhalten ihrer Konsumenten.

Wie bereits erwähnt befindet sich die PCP in einer legalen Grauzone: Die Pornodarstellerinen sind typischerweise kleinbrüstige, zierliche Frauen mit jugendlichen, mehr oder weniger ungeschminkten Gesichtern. Die Darstellung von kindlichen Requisiten wie Stofftieren, Lutschern, Zöpfen, Schleifen, Söckchen, Zahnspangen und – natürlich – Schulmädchenuniformen ist elementar. Es ist eine weitverbreitete Praxis, den jungen Darstellerinnen das Schamhaar zu entfernen, so dass die äußeren Genitalien wie die eines vorpubertären Mädchens aussehen. Die Schamhaarentfernung hat viel von ihrer sinnstiftenden Macht verloren, seit sie auch in der regulären Pornografie alltäglich geworden ist, gehört aber weiterhin zu den entscheidenden Charakteristika der PCP. Besonders bemerkenswert ist, dass die jungen Frauen auf vielen dieser Webseiten als »sweetie«, »sweetheart«, »little darling«, »cutie pie«, »honey«, also mit Kosenamen bezeichnet werden, was in einem krassen Gegensatz zu den Beleidigungen steht, die Frauen auf den regulären Pornoseiten erfahren – »slut«, »whore«, »cumdumpster« und »cunt«.

Auf Seiten wie *Defloration, Bloody Virgins, First Time Sex* und *Real Virgins* wird der Kult um die Unschuld der Mädchen noch einen Schritt weiter getrieben. Hier wird der Verlust der Jungfräulichkeit zelebriert. Wer sich mit den Codes und Konventionen der Internetpornografie auskennt, wird erstaunt sein, dass in diesem Genre der Mann das Mädchen zärtlich fragt, ob sich der Sex okay anfühlt oder ob er wehtut. Dines weist jedoch klar darauf hin, dass dies nicht missverstanden werden sollte, denn was eigentlich gezeigt wird, sind Methoden, die den Verlust der Jungfräulichkeit belegen – durch einen vermeintlich konsensuellen Akt. Zum Schluss der Szene wird zum Beweis das Blut gezeigt. Für viele Pornografiekonsumenten ist der Link zu einer solchen Seite, der häufig auf regulären Pornoseiten zu finden ist, ein zu verlockendes Angebot. Es wird der Eindruck erweckt, als entfalte sich da im Gegensatz zu den Performances einer »Hure« etwas »Reelles« vor ihnen. Es ist unwahrscheinlich, dass die Mädchen schauspielern, wahrscheinlicher ist, dass dies nicht nur ihr erster Pornofilm ist, sondern, schlimmer noch, das erste Mal, dass sie Geschlechtsverkehr haben. Der Sadismus wird in der Beschreibung der Männer bzw. ihrer Geschlechtsorgane, die als »extra large« beschrieben werden und daher die Kraft haben, die noch nicht reifen Körperöffnungen der Mädchen zu »zerstören«, zu »zerreißen« und »aufzuschlitzen«, nur allzu evident. Auf vielen dieser Seiten paaren sich Teenager mit viel älteren Männern, wobei der Altersunterschied durch die Wahl der Namen der Webseiten noch hervorgehoben wird – *Old Farts Young Tarts, Old and Young Gang Bang, Old and Young Porn, Old Men Fucking.*

Besonders bedenklich ist die Art und Weise, wie der bereits erwähnte Produzent und Performer Max Hardcore mit den Mädchen umgeht. Der Name ist Programm: Die Techniken, die Hardcore in seinen Videos benutzt, um die jungen Frauen zu erniedrigen, sind mitunter die extremsten im Gonzo-Genre und selbst vielen Szene-Insidern und Fans zu hart. Bevor er in die Mädchen eindringt, dehnt er ihre Vagina mit seinen Fingern – diese Methode hat sich bei Vergewaltigern etabliert, damit die Vagina ihres Opfers weniger Schaden erfährt. Dann dehnt Hardcore ihren Anus. Während der Handlung wechselt er zwischen sanftem Reden (»good girl«) und der schroffen Aussage, dass sie eine »cunt« ist, eine »Fotze«. »Say it«, verlangt er, und sie wiederholt, ohne ihn anzuschauen: »I'm a little cunt.« Dieses Alternieren zwischen sanftem und beleidigendem Verhalten zieht sich durch die gesamte Darbietung – auch dies ist eine altbewährte Strategie von Pädophilen, um ihr Opfer einzuschüchtern, gleichzeitig zu verführen und folglich zu verwirren. Die letzte Einstellung besteht üblicherweise darin, dass Max Hardcore ein Foto von dem nackten und mit Samen bedeckten Mädchen macht, das für die Kamera lächelt. Dies ist eine sehr aussagekräftige Szene, da Studien zeigen, dass Kinderschänder ebenfalls oftmals Fotos von ihren Opfern machen, um den Missbrauch zu dokumentieren. Das hat verschiedene Gründe. Die Fotos dienen als Masturbationsvorlage, als Erpressungsmittel (dem Kind wird gedroht, dass die Fotos der Familie und Freunden gezeigt werden), als

Anschauungsmaterial für zukünftige Opfer und schlichtweg als Trophäe.

Manche Mädchen und junge Frauen werden während einer Missbrauchssituation gezwungen, Pornografie zu imitieren. Für die Soziologinnen Raquel Kennedy Bergen und Kathleen A. Bogle sind Fälle wie diese, Fälle, in denen pornografisches Material als »Anleitung zum Missbrauch« benutzt wird, jene Formen von Pornografie, die in besonderem Maße entmenschlichend, sexuell gewalttätig und sadistisch sind.

Ein weiteres geläufiges pornografisches Szenario mit jungen Frauen ist die Darstellung als Babysitter. Auch hier sind die Darstellerinnen jung, haben kleine Brüste und enthaarte Vulven, sind mit Schuluniformen, geflochtenen Zöpfen, Söckchen, Plüschtieren und Lutschern ausgestattet. Hier sind die Frauen nicht nur jünger als der Mann, sie befinden sich in seinem Haus und noch dazu in einem Arbeitsverhältnis – dies ist gleich in mehrfacher Hinsicht ein Machtgefälle. Da die männliche Sexualität in unserer Gesellschaft als triebhaft und autonom, mit einer Affinität zur Gewalt, aufgefasst wird, hat der (heterosexuelle) Mann die größte sexuelle Verfügungsgewalt. Die Asymmetrie zwischen Mann und Kind ist hier folglich am stärksten ausgeprägt.

Auch der Inzest ist ein beliebtes pornografisches Szenario. Dem inzestuösen Akt wird zugleich ein massiv pädophiler Charakter zugeschrieben, wodurch der Missbrauch gleich zwei Tabus überschreitet. Die Parteien, die den Inzest darstellen, machen deutlich, dass er die Folge eines unwilligen »Vaters« ist, der *endlich* den sexuellen Avancen seiner verführerischen und manipulativen »Tochter« erliegt. Eine Mutter ist selten anwesend. Dieser Mangel an Müttern ist in realen Fällen von Vater-Tochter-Inzest nicht ungewöhnlich. Die Psychologin Judith Herman fand in einer Studie heraus, dass über die Hälfte der misshandelten Mädchen, die sie interviewte, Mütter hatten, die im alltäglichen Familienleben abwesend waren, sei es durch Gleichgültigkeit, Krankheit oder Tod. Für einige der Väter weitete sich die Versorgung durch ihre Töchter (Haushalt, Kochen usw.) dahingehend aus, dass sie von ihnen auch sexuell »bedient« wurden. Sie machten sie gewissermaßen zu Ersatzfrauen.

Pädophilie und Kinderpornografie sind im allgemeinen Verständnis eine eindeutige Angelegenheit von Abhängigkeiten. Dabei gibt es, vergleichbar dem Kontinuum von »heterosexuell« zu »homosexuell«, ein Kontinuum von »nicht-pädophil« zu »pädophil«. Manche Männer sind ganz klar an einem der beiden Enden angesiedelt, aber viele befinden sich irgendwo entlang des Kontinuums. Darüber hinaus kann sich die Position auf dem Kontinuum ändern, denn sie hängt von den aktuellen Lebensumständen und Erlebnissen ab (genetische Fixierung, frühkindliche Prägung, sexuelle Neugier und Experimentierlust, etwa bei Übersättigung normentsprechender Varianten der Pornografie, und eine unterschiedliche Zugänglichkeit zu möglichen Sexualobjekten). Dines interviewte 2008 sieben Männer in einem Connecticuter Gefängnis, die wegen des Herunterladens von Kinderpornografie aus dem Internet inhaftiert waren. In drei Fällen kam sexueller Kindesmissbrauch hinzu. Nicht einer der Männer entsprach der gängigen Vorstellung eines Pädophilen. Alle sieben sagten, sie bevorzugten Sex mit erwachsenen Frauen, doch normale Pornografie sei für sie langweilig geworden. Fünf von ihnen hatten zunächst PCP-Seiten besucht, bevor sie zu Kinderpornografie übergingen. Dies bestärkt die Behauptung der feministischen Soziologinnen Diana Russell und Natalie J. Purcell, dass für Pädophile wie auch Nicht-Pädophile gleichermaßen PCP-Seiten als Brücke von der Erwachsenenpornografie zur eigentlichen Kinderpornografie fungieren können. Anders die Psychologen Ethel Quayle und Max Taylor: Sie fanden in ihrer Studie mit verurteilten Kinderschändern heraus, dass für manche Kinderpornografie ein Ersatz für eine Tat war, während andere sie als Vorlage und Stimulus nutzten. Zwischen 40 und 85 Prozent der verurteilten Konsumenten von Kinderpornografie haben selbst einen Missbrauch verübt. Auch wenn die Angaben weit auseinanderliegen, so ist die Verbindung doch nicht abzustreiten.

Auf den letzten Seiten ging es um tatsächliche Pornografie. Was hat die Sexualisierung damit zu tun? Welche Verbindung besteht zwischen Sexualisierung und Kinderpornografie bzw. -missbrauch?

Über die Jahre konnten wir beobachten, dass sich das Auftreten von Mädchen und die Art, wie sie sich kleiden und stylen, radikal verändert haben – im Vereinigten Königreich und in den USA noch stärker als in Deutschland. Die Mädchenkleidung imitiert dort die sexualisierte Kleidung der Frauen dermaßen, dass Kommunikationswissenschaftlerin Mardia Bishop sie als »porn fashion« bezeichnet. Das fällt auch den Kinderschändern auf: Chris, einer der Männer, die Dines im Gefängnis von Connecticut interviewte, sagte, dass er aufgehört habe, zur örtlichen Einkaufspassage zu gehen, weil ihn die Mädchen dort erregten und er nicht aufhören könne, sie anzuschauen. Ein anderer Mann, Greg, fügte hinzu, er reagiere auf die sexy Art, wie sich die Mädchen kleideten, und sie würden ja gar nicht ahnen, was sie durch ihre Kleidung provozieren. Beide Männer bezogen sich auf vorpubertäre Mädchen, nicht etwa Teenager. Ein anderer betonte, dass die sexualisierten Bilder der Popkultur, denen seine Stieftochter in jungen Jahren ausgesetzt war, sowie die um Sex kreisenden Gespräche, die solche Bilder in ihrer Clique auslösten, eine frühzeitige sexuelle Neugier förderten, die es ihm einfach machte, sie »rumzukriegen«.

Interessanterweise ging die Diskussion um Pädophilie in den

80er Jahren in die umgekehrte Richtung. Die grüne »Schwup«, die Bundesarbeitsgemeinschaft »Schwule und Päderasten«, forderte, »jede sexuelle Handlung, die unter den Beteiligten gewaltfrei ausgeübt wird, muss straffrei sein«, weil einvernehmliche Sexualität eine Kommunikationsform zwischen Menschen sämtlicher Altersgruppen, Geschlechts-, Religions- oder Rassenzugehörigkeiten sei. Diese Sexualität sei »vor jeglicher Einschränkung zu schützen«. 1988 schrieb der Politiker der Grünen Volker Beck, dass »eine Entkriminalisierung der Pädosexualität [...] dringend erforderlich ist, weil sie im Widerspruch zu rechtsstaatlichen Grundsätzen aufrechterhalten wird«. Zwanzig Jahre später jedoch wird ein neuer Paragraf des StGB, der § 176 für »schweren sexuellen Missbrauch«, vorgeschlagen.

Die 70er waren die Zeit der freien Liebe, in Deutschland sah es also für einen Moment so aus, als würde die Pädosexualität gesellschaftlich anerkannt. Entsprechend lax waren auch die Ermittlungen gegen Kindesmissbrauch. Doch nun ist das Bewusstsein dafür geschärft: Im Oktober 2012 wurde in Großbritannien die sogenannte Operation Yewtree eingeleitet. Auslöser waren die nach dem Tode des englischen Entertainers Jimmy Saville erhobenen Anschuldigungen von über 450 Opfern, überwiegend Frauen, die als Teenager von Saville missbraucht bzw., in 31 Fällen, vergewaltigt worden waren. Dies führte zur Aufdeckung weiterer prominenter Missbrauchsfälle. Gegen zwölf Prominente wird im Rahmen der Yewtree-Operation ermittelt, u. a. gegen den verurteilten Pädophilen Gary Glitter, die Comedians Freddie Starr und Jim Davidson, den Moderator Rolf Harris sowie den DJ Dave Lee Travis. Es drängt sich die Frage auf, warum so viele berühmte Entertainer in den 70ern und 80ern in Kindesmissbrauch verwickelt waren. Die Antwort ist schlicht: weil es damals akzeptiert war.

Allgemein wird differenziert zwischen leichten Formen des

Missbrauchs (Exhibitionismus und Voyeurismus), wenig intensiven Missbrauchshandlungen (Anfassen der Genitalien eines Kindes, sexualisierte Küsse), intensivem Missbrauch (Berühren/Zeigen der Genitalien bei Masturbation) und sehr intensivem Missbrauch (Penetration und anale, orale oder vaginale Vergewaltigung). In der Realität kommen die leichten Formen am häufigsten vor, vor allem Exhibitionismus. Folgeschäden, sowohl psychischer als auch körperlicher Art, hängen vom Alter des Kindes und von der Schwere des Missbrauchs ab. Entsprechend kann man bei der visuellen Dokumentierung der Taten verschiedene Kategorien unterscheiden: Bilder, die Nacktheit oder erotisches Posieren ohne sexuelle Aktivität darstellen; sexuelle Aktivitäten zwischen Kindern; nicht-penetrative sexuelle Aktivitäten zwischen Kindern oder Masturbation eines einzelnen Kindes; nicht-penetrative sexuelle Aktivitäten zwischen Erwachsenen und Kindern; penetrative sexuelle Aktivitäten zwischen Erwachsenen und Kindern; schließlich die Darstellung von Sadismus oder Zoophilie. Die meisten Bilder fallen in die erste Kategorie. Strafbar sind allerdings auch die sogenannten »gewaltlosen pädophilen Akte«, jene sexuellen Handlungen zwischen Erwachsenen und Kindern, die (scheinbar) ohne irgendwelche Zwänge erfolgen.

Das hat laut dem Diplompsychologen Michael Zander einen guten Grund, denn auch wenn bei einem pädosexuellen Akt keine offensichtliche Gewalt erkennbar ist, so kann man noch lange nicht daraus schließen, dass er auf Freiwilligkeit beruht. Sollte es tatsächlich »gewalt- und herrschaftsfreie« Fälle geben, rechtfertigen sie nicht die Risiken, die eine Lockerung des Sexualstrafrechts mit sich bringen würde. Schließlich dürfen auch subtilere Formen von Druck und Erpressung nicht außer Acht gelassen werden, sie spielen eine nicht unerhebliche Rolle bei der »Überzeugungsarbeit«. Ein Pädophiler, Marco, bestätigt: »Das Kind kann nicht überblicken, worauf es sich einlässt.«

Dass allerdings bereits der Konsum digitalisierter Bilder unter Strafe steht, ist nach Meinung des Psychiaters Erich Wulff nicht nachvollziehbar. Digitale kinderpornografische Bilder mögen moralisch abstoßend sein, aber das Betrachten ist kein Verbrechen. Wulff ist daher der Auffassung, dass pädophile Neigungen im Konsum digitaler Bilder ein legales Betätigungsfeld finden könnten, und er schließt nicht aus, dass sich die Pädophilie vielleicht in dieser Form in die Reihe der Neosexualitäten eingliedern lässt. Dem Einwand, dass der Konsum zu realen sexuellen Handlungen führen könnte, setzt er entgegen, dass schon in den 50ern hinsichtlich der Freigabe von Nacktfotos befürchtet wurde, dass dadurch die Zahl der Vergewaltigungen steigen würde – was jedoch nicht geschah. Der Sexualwissenschaftler Klaus M. Beier gibt zu bedenken, »dass niemand sich seine sexuelle Präferenzstruktur aussuchen kann, weshalb es auch verfehlt wäre, sie als solche einer moralischen Bewertung zu unterziehen.« Man darf auch nicht vergessen, dass Homosexualität früher strafbar war. Heute ist sie fast schon normal geworden.

Viele Eltern reagieren zu Recht mit Angst auf die Veränderungen, die durch die Medialisierung der Gesellschaft entstanden sind, und sie versuchen ihre Kinder vor dem Internet und vor sexuellen Gefahren zu schützen. Kinder werden als »von Natur aus« unschuldig betrachtet. Seit Beginn der Reagan-Regierung gab es in den USA eine regelrechte Panikmache, was sexuelle Übergriffe auf Kinder und Jugendliche betraf. Die bekannte Werbeanzeige der *Coppertone*-Sonnencreme – das Bild eines kleinen Mädchens, dem ein verspielter Welpe die Schwimmhose herunterzieht und dabei sein Gesäß entblößt – wurde 50 Jahre lang verwendet und als »unschuldig« eingestuft. Heute würde eine solche Abbildung als »pädophil« gelten und wäre undenkbar. Auch hinsichtlich des Konsums von Pornografie wird angenommen, dass Kinder und Jugendliche einen bislang empirisch nicht nachgewiesenen Schaden nehmen. Pornografierezeption von Kindern wird als massiver Verstoß gegen die angenommene kindliche Asexualität aufgefasst.

In Bezug auf die Bilder von Kindern stellt sich die Frage: Wann überschreitet die Abbildung eine Grenze? Ist bloße Nacktheit strafbar? Ist sexuelle Zweideutigkeit gesetzeswidrig, und falls ja, was macht Zweideutigkeit aus? Produktion und Verkauf sowie, zu einem geringeren Ausmaß, der Besitz von tatsächlicher Kinderpornografie ist in fast allen westlichen Ländern verboten. In Deutschland kann auch virtuelle Kinderpornografie mit bis zu fünf Jahren Gefängnis bestraft werden. Eine deutsche Staatsanwaltschaft ermittelt gegen *Second Life*, weil dort im Rahmen des Spiels virtuelle Kinderpornografie produziert worden sein soll. Offensichtlich ist Fantasie schwer zu regulieren, und Kleinhans stellt in diesem Zusammenhang die Frage, ob sexuelle Rollenspiele unter Erwachsenen auch schon eine Grenze überschreiten, etwa, wenn einer von ihnen bei »Vater/Tochter«-Rollenspielen ein Kind spielt.

Angesichts der unglaublichen Zahl von tatsächlichen Fällen von Kindesmissbrauch scheint die Überprüfung von PCP-Bildern natürlich weniger dringlich. Die beteiligten Frauen sind mindestens 18 Jahre alt, und daher liegt, rein rechtlich gesehen, kein Verbrechen vor. Dennoch sollte man sich die Frage stellen, was PCP und Kinderpornografie möglicherweise gemeinsam haben. Immerhin zielen beide darauf ab, Männer mit Bildern sexualisierter »Kinder« zu erregen.

Die Grenzen zwischen Legalität und Illegalität sind verschwommen – wie verschwommen, zeigen einige »berühmte« Fälle, in die Prominente involviert sind: Auf dem Sex Tape des Sängers R. Kelly ist zu sehen, wie – vermutlich – R. Kelly mit einem – vermutlich – minderjährigen Mädchen Sex hat. Wie alt es zu dem Zeitpunkt tatsächlich war, ist nicht bekannt, da auch seine Identität nicht hundertprozentig geklärt ist. Nach jahrelangen Prozessen wurde der Sänger letztendlich für unschuldig befunden. Rockmusiker Peter Townshend (The Who) bekam eine offizielle Abmahnung von Scotland Yard, nachdem er für die Recherche eines Artikels im Internet eine Seite über Kinderpornografie aufgesucht hatte. Schauspieler Paul Reubens (»Pee Wee Herman«) wurde wegen des Besitzes von Kinderpornografie angeklagt, die Anklage wurde später jedoch wieder fallengelassen. Es handelte sich um Bilder aus Illustrierten für Männer aus den 50ern und 60ern. In Rob Lowes Fall handelte es sich, ähnlich wie bei R. Kelly, um ein Sex Tape mit einer 14- bis 16-Jährigen. Diese Fälle zeigen, wie komplex und unterschiedlich – oftmals auch grenzwertig – der Tatbestand aussehen kann.

Schließlich gilt es zu bedenken, dass viele Anklagen und Verurteilungen die Konsumenten betreffen, nicht aber die Produzenten. Dies ergibt aber strenggenommen keinen Sinn: Sie verhindern weder die Bilder, die die Produzenten initiierten, noch stoppen sie den sexuellen Missbrauch von Kindern. Der echte Missbrauch wird meistens nicht festgehalten und mittels Bildmedien in Umlauf gebracht. Er hinterlässt seine Spuren nur auf den Körpern der Opfer und in ihren Köpfen.

Die breite Masse und ihre Nähe zu Pornodarstellern

Zeichen in unserem Alltag, die auf Pornografie verweisen, häufen sich. Überall sind sie zu finden: in der Musik, im Fernsehen, in der Mode. Anton merkt an: »Jedes Indiz für sich ist sicher harmlos, aber in der Zusammenschau weiß ich nicht, warum sich ein normaler Mensch wie ein Pornostar gerieren muss.« Die breite Masse und die Pornodarsteller nähern sich einander immer mehr an – in dem, wie wir uns anziehen, wie wir reden, wie wir uns sexuell verhalten. Englische Frauen, die »auf die Piste gehen«, sehen aus wie Prostituierte, während die wirklichen Prostituierten auf der Reeperbahn in Jeans, Steppjacken und Moonboots daherkommen. Unsere Identitäten haben sich dermaßen angeglichen, dass das, was einst marginalisiert und stigmatisiert war, zur Norm geworden ist. Wir gehen ins Fitnessstudio oder nehmen chirurgische Hilfe in Anspruch – die Brustvergrößerung ist bei Frauen mit Abstand der beliebteste Eingriff –, um unsere Körper so in Form zu bringen, wie wir sie von Pornostars kennen. Wir ahmen ihren Modestil nach, selbst ihre Sprache (»fuck patois«) sowie ihre anonyme, unverbindliche Art, (Gelegenheits-)Sex zu haben. Auch »sexy« Piercings (etwa in Bauchnabel, Zunge, Genitalien und Brustwarzen) haben ihren Ursprung in der Pornografie. Und auch die mittlerweile für viele alltäglich gewordene Entfernung der Schamhaare gehört in diese Szene. *We are all prostitutes*, lautet der treffende Titel eines House-Songs, und die stetige Zunahme an Amateurpornografie bestätigt diesen Eindruck durchaus: Ein Drittel der produzierten Hardcorevideos in den USA sind Amateurvideos, die entsprechenden Vertriebsfirmen sind eine »demokratische Drehscheibe für medialen Sex – Hardcore von normalen Leuten für normale Leute«, wie das der Journalist und Schriftsteller Peter Glaser genannt hat.

Aber ist denn die gegenwärtige Sexualisierung überhaupt so neu? Gab es nicht schon in den späten 60ern eine sexuelle Revolution? Mag sein, doch die Grundvoraussetzungen waren gänzlich andere. Eine junge Frau meint: »Die Leute sagen, dass diese Art von Verhalten in den 1960ern begann, aber ich bin mir da nicht sicher. Ich habe den Eindruck, dass das Ideal des befreiten Sex in den 1960ern war, seinen Körper wirklich zu lieben und zu schätzen und stolz auf ihn zu sein. Jetzt haben wir bei jungen Mädchen diese toxische Mischung zu glauben, sexuell aktiv sein zu müssen, aber zugleich sehr kritisch ihrem Körper gegenüber zu sein. Also haben sie viel Sex, aber ohne Spaß oder Stolz.«

Verkehrte Welt: Den höchsten Status haben heute diejenigen englischen Mädchen, die vor Erreichen der Volljährigkeit die meisten Sexualpartner gehabt haben. Promiskuität wird bei Jungen und Mädchen gleichermaßen toleriert. Das könnte man durchaus positiv sehen, wäre da nicht die Erwartungshaltung der Jungen, dass die Mädchen wie Pornodarstellerinnen aussehen und handeln sollen. Die *National Survey of Sexual Attitudes and Lifestyles* verfolgt die Veränderungen seit 1990: Die durchschnittliche Zahl an Sexualpartnern stieg bei Männern von 8,6 auf 12,7 (2000) und bei Frauen von 3,7 auf 6,5. Zehn Jahre später ist die Zahl für Frauen weiter gestiegen, auf 7,7, die für Männer hingegen leicht gefallen, auf 11,7. (Männer, die täglich Pornografie konsumieren, hatten, einer anderen Studie zufolge, im Schnitt fünf (!) Mal so viele Sexualpartner wie Nichtkonsumenten – das könnte ein Hinweis auf die Auswirkung der Pornografie auf das realweltliche Sexualverhalten sein.)

1970 waren 53 Prozent der Männer und 79 Prozent der Frauen der Meinung, dass ein One-Night-Stand nicht in Ordnung sei. Zehn Jahre später waren nur noch ein Drittel der Männer und die Hälfte der Frauen dieser Meinung. Jetzt vermutet Walter eine Minderung um weitere 30 Prozent. 2009 arbeitete die NSPCC, die National Society for the Prevention of Cruelty to Children, mit Forschern der University of Bristol zusammen. Die Studie brachte Bestürzendes über die sexuellen Erfahrungen junger Frauen zu Tage: 90 Prozent der Jugendlichen im Alter zwischen 13 und 17 Jahren hatten Erfahrungen mit einer intimen Beziehung. Ein Drittel dieser Mädchen war schon einmal der sexuellen Gewalt eines Partners ausgesetzt gewesen. In einer Studie aus dem Jahr 2000 sagten 80 Prozent der Mädchen, die schon früh – mit 13 oder 14 Jahren – Sex gehabt hatten, dass sie ihn bereuten, verglichen mit 50 Prozent 1990. Und schaut man noch weiter zurück, etwa auf Kinseys Studie in den späten 40ern und frühen 50ern: Da gaben 69 Prozent der noch unverheirateten Frauen, die Sex gehabt hatten, an, dass sie ihn nicht bereuten.

Was speziell in England mit der Sexualisierung einhergeht, ist eine Kultur der Angst, die dazu führt, dass Eltern Probleme damit haben, ihre Kinder altersangemessene Aktivitäten ausüben zu lassen, die es ihnen ermöglichen würden, sich selbstständig und selbstverantwortlich zu entwickeln. Das Stichwort hierzu lautet »Helicopter Parenting«: Der Begriff bezeichnet den Erziehungsstil überfürsorglicher Eltern, die sich ständig in unmittelbarer Nähe zu ihrem Nachwuchs aufhalten, um ihn zu beschützen. Es ist üblich, ja sogar ein unausgesprochenes Gesetz, seine Kinder nicht alleine zur Grundschule gehen zu lassen – also immerhin sieben Jahre lang –, sondern an der Hand bis in die Klasse zu begleiten. Die Lehrer stehen nachmittags an der Tür und schicken die Schüler einzeln aus dem Gebäude, wenn sie die dazugehörigen Eltern sichten. Später werden die Kinder von den höheren Schulen mit dem Auto abgeholt, weil öffentliche Verkehrsmittel als zu gefährlich eingestuft werden. Der Radius, in dem Kinder sich ohne Aufsicht bewegen dürfen, ist in wenigen Jahrzehnten von 20 auf vier Kilometer geschrumpft. Eine Studie des britischen Innenministeriums kommt zu dem Ergebnis, dass ein Drittel aller Kinder unter zehn Jahren nie ohne Aufsicht im Freien spielt. Erst im Alter von durchschnittlich 14 Jahren werden Kinder von ihren Eltern erstmals – kurz – alleine gelassen (in Deutschland im Alter von ca. acht Jahren). So verlagert sich das Spielen im Zuge dieser Entwicklung von den »gefährlichen« Außen- auf »sichere« Innenräume, das heißt im Klartext vor die Glotze bzw. Spielkonsole. Die »beschützten« Kinder sitzen nun den ganzen Tag in ihren Zimmern mit ihren Laptops, Tablets und Smartphones, und ihre Eltern haben keine Ahnung, was sie sich anschauen oder mit wem sie chatten.

Pornografie im kulturellen Mainstream manifestiert sich auch im Verhalten von Menschen, die zunehmend »Hookup Sex« praktizieren. Der Begriff bezeichnet im englischsprachigen Raum die heutige unverbindliche Art, Gelegenheitssex zu haben – jene flüchtigen sexuellen Begegnungen, in denen es keine Erwartung an eine Beziehung, an Intimität oder eine tiefe Verbindung gibt (sehr vergleichbar also mit Porn Sex). Eine Umfrage des Soziologen Michael Kimmel unter 7000 Studenten ergab, dass drei Viertel von ihnen bis zum Abschluss ihrer College-Karriere im Schnitt fast sieben Hookups hatten. Je mehr sexuelle Partner ein Mann hat, desto mehr entspricht er dem idealisierten, hypermaskulinen Bild von Männlichkeit. Ähnlich »aktive« Frauen hingegen werden in vielen Ländern als Schlampe abgestempelt.

Die wachsende Nähe zwischen Pornodarsteller und jedermann kann man auch an der Ausbreitung, Zugänglichkeit und Produktion von Amateurpornografie festmachen. Aus ästhetischer Sicht ließ die technische Qualität lange zu wünschen übrig. Grobkörnige Bilder, schlechte Beleuchtung und wackelige Kameraführung waren über viele Jahre hinweg der Standard des Genres. Die Amateurpornografie überschnitt sich dabei oftmals mit anderen Produktionskategorien wie der Gonzo-Pornografie, in denen der Filmregisseur zugleich Darsteller sein kann.

Eine weitere Pornografiegattung, die der Amateurpornografie sehr ähnlich ist, ist Reality Porn: Die Definition dieses Genres ist schlicht »reale Paare haben realen Sex«, doch das ist nicht die ganze Wahrheit: Reality Porn ist keine wahre Amateurpornografie, denn er umfasst auch professionell produzierte Pornografie, welche den Stil der Amateurpornografie nachahmt. Reality Porn wird von den etablierten Pornostudios seit mehr als 20 Jahren produziert. Seine Beliebtheit wuchs jedoch erheblich zu Beginn des ersten Jahrzehnts der 2000er Jahre. Ein Beispiel ist die bereits erwähnte *Girls-Gone-Wild*-Serie. Wer von Reality Porn spricht, kommt nicht um Harry S. Morgan herum. Er war der erste Pornograf, über den in der *Zeit* berichtet wurde, und auch der *Spiegel* schrieb über ihn. Morgan war Vorreiter, zeigte in seinen Produktionen Sexualpraktiken wie »Faustfick« oder »Natursekt«, über die man damals nicht öffentlich sprach. Er war es auch, der das Reality-Porn-Casting-Format entwickelte, etwa *Junge Debütantinnen*. In der Serie *Happy Video Privat* besucht er die unterschiedlichsten Paare zu Hause. Alt, jung, dick, dünn – seine Produktionen beweisen: Pornografie muss nicht immer durchgestylt und hochgezüchtet sein. Authentizität ist wichtig.

Diese, vermengt mit kreativem Anspruch, steht wiederum für Alternative Porn. Alternative Porn zeigt den Sex nicht zwangsläufig direkt, wie es etwa in den Fetisch-Videos der Fall ist, die ebenfalls zu dem Alt-Porn-Genre gehören. Alternative Porn zeigt häufig Angehörige von Subkulturen wie Goths, Punks oder Raver und wird oftmals von kleinen unabhängigen Webseiten und Filmemachern produziert. Vielfach weisen die Models Bodymodifikationen wie Tattoos, Piercings oder Scarifications auf oder temporäre Modifikationen wie grell gefärbte Haare. Überschneidungen der Genres findet man auch in Produktionen, in denen professionelle Pornodarsteller und Amateure zusammenkommen – etwa in der Serie mit Pornodarsteller Till Krämer, der mit weiblichen Fans schläft (*Machs mit Till*).

In den 80er Jahren kam es durch die Polaroidkamera zu einer ersten, zaghaften (und kurzlebigen) Welle der Amateurpornografie. Der Begriff »realcore« beschreibt jene frühe digitale Amateurpornografie, die aus einer Kombination von billigen Digitalkameras und dem World Wide Web Ende der 90er erwuchs. Um 2007 hatten die digitalen Kameras ihre filmbasierten Vorgänger abgelöst und machten mit mehr als 122 Millionen verkauften Einheiten mehr oder weniger den gesamten Markt aus. Im selben Jahr begrüßten Pornoproduzenten die Ankunft des Apple iPhone, des ersten Mobiltelefons, das erfolgreich das Web-Surfing-Erlebnis am PC in ein mobiles Format übertragen konnte. Video-Hosting-Dienste und Tube-Seiten bieten seit den 2000ern gratis von Benutzern hochgeladene Amateurpornografie an, ein großer Teil der vermeintlichen Amateurproduktionen sind allerdings illegal hochgeladene, von professionellen Pornoseiten oder DVDs bezogene Clips. Mittlerweile sind diese Tube-Seiten zu einer ernsthaften Konkurrenz für zahlungspflichtige Seiten geworden und werden von vielen im Pornografie-Business als eine große Bedrohung empfunden. Ende 2009 listet Google zu dem Stichwort »free porn« mehr als 74 Millionen Treffer auf. Tube-Seiten wie *PornHub, Youporn, RedTube* oder *Xtube* sind inzwischen die am meisten besuchten Webseiten im Internet. Bei vielen davon gibt es eine Suchfunktion, wo man seinen Präferenzen entsprechend Suchbegriffe eingeben kann. *Youporn* ist 2007 auf Platz 25 der meistgenutzen Webseiten in Deutschland, vor ihr befinden sich die sozialen Netzwerke *Myspace* und *SchülerVZ*. Konkurrent *PornHub* ist auf Platz 53. Die Inhalte sind relativ einheitlich: In den größtenteils in Kalifornien produzierten Clips läuft der Sex nach einem vorgegebenen Schema ab: oral, vaginal, dann anal. Zum Schluss: die Ejakulation ins Gesicht der Frau.

Auch unter den Promis scheint die Produktion von Amateurpornografie verbreitet zu sein. Eines der bekanntesten Beipiele ist wohl das Sex Tape von Paris Hilton. War sie zuvor nur »die reiche Tochter«, verhalf ihr das Video *1 Night in Paris* (2004) zu augenblicklichem Promi-Status inklusive lukrativer Werbekampagnen. Die einstündige Vollversion des Sex Tapes, nachgeschnitten und umfunktioniert als »Amateur«-Pornografie, erhielt die *AVN*-Auszeichnung für »Best Renting Title of the Year« und »Best Selling Title of the Year«. Der Wertewandel ist erstaunlich, vergleicht man den Fall Hiltons mit ähnlichen Beispielen aus der Vergangenheit, bei denen Prominente mit den

Folgen der Enthüllung ihrer pornografischen Heimproduktionen und ähnlichen Aktivitäten zu kämpfen hatten: 1983 wurde Vanessa Williams der »Miss America«-Titel wieder aberkannt, nachdem herauskam, dass sie für *Penthouse* gemodelt hatte. Auch der Bekanntheitsgrad der Amateur Sex Tapes der 90er – wie *Pam and Tommy Lee: Hardcore and Uncensored* (1997) und, weniger stark ausgeprägt, *Tonya and Jeff's Wedding Night* (1994) – wurde kaum von ihren eher unfreiwilligen Darstellern begrüßt. Damals musste sich ihr Image nach einem Ausflug in die Pornografie erst erholen. Heute schießt die Popularität dadurch eher in die Höhe. Die Journalistin und Autorin Ariel Levy beschreibt den Wandel treffend: Damals war die Bloßstellung in einer pornografischen Produktion etwas, wovor man ein Comeback brauchte, heute ist die Pornografie selbst das Comeback. Sex Tapes können Karrieren fördern und aus Bekanntheit Berühmtheit machen. Das hat Paris Hilton bewiesen. Mithilfe des Films hat sie es geschafft, eine sehr erfolgreiche und höchst wandelbare Markenpräsenz zu etablieren. Das gelang ihr nicht zuletzt deshalb, weil sie, wie die politische Aktivistin Naomi Wolf ganz treffend erkannt hat, ein leerer »signifier« ist, auf den man absolut alles projizieren kann.

Hilton wird nur deshalb nicht als »Schlampe« abgestempelt, weil sie unglaublich reich ist: Reichtum fungiert, Dines Beobachtungen zufolge, als eine Art Reinigungsmittel, das augenblicklich den Dreck beseitigt. An den meisten Mädchen und Frauen jedoch, vor allem jenen aus der Arbeiterklasse, klebt der Dreck wie Teer. Teilweise sogar, wenn sie berühmt sind – wie etwa Britney Spears. Sie arbeitete für ihre späteren Videos mit dem gestandenen Pornoregisseur Gregory Dark zusammen, zu dessen Filmen *The Devil in Miss Jones* und *Let Me Tell Ya 'Bout Black Chicks* zählen. Mit ihren öffentlichen Ausrastern und Paparazzi-Fotos »unten ohne« tat sich Britney Spears keinen Gefallen: Dieses Verhalten trug nur zu ihrer öffentlichen Demütigung bei. Paradoxerweise wird sie auf der einen Seite an den Pranger gestellt, weil sie sich gar so »trashig« gibt, auf der anderen Seite wird, oder vielmehr wurde, sie für ihre Hotness auf ein Podest gehoben. Auch Anna Nicole Smith war ein Promi, der für sein »schlampiges« Verhalten gleichermaßen geliebt und gehasst wurde.

So wie nun jedermann mittels Sex Tapes, Porno-Look oder promiskuitivem Verhalten seine Persönlichkeit pornifizieren kann, definieren sich auch die Pornodarsteller neu – als Schauspieler, Moderatoren und Medienpersönlichkeiten. Medien-Unternehmen profitieren vom Bedeutungswandel der pornografischen Bilder, die sich an eine immer größer werdende Zahl von Produkten außerhalb der Pornoindustrie heften. In diesem Sinne ist die Pornifizierung eine Medienstrategie.

Wie bereits erwähnt, setzen Bands und Rapper ganz gezielt Pornodarstellerinnen ein, um den Wert ihres Produktes zu steigern. Mainstream-Unternehmen profitieren beständig und diskret von der Pornoindustrie. Doch keines dieser Unternehmen, ja, überhaupt kein Unternehmen, das in die Pornoindustrie investiert, ist Dines zufolge bereit, offen über seine Verbindungen zur Pornografie zu sprechen.

Ein anderes Kennzeichen der Übernahme pornografischer Normen und Verhaltensweisen in den kulturellen Mainstream ist die Entfernung des Schamhaars. In bestimmten geografischen Regionen bzw. Kulturkreisen, etwa im Mittelmeerraum, ist es schon lange üblich, auch in Südamerika. Diese Praktik reicht zurück bis zu Kleopatra. In Deutschland gibt es keine Geschichte der Schamhaarentfernung, doch die Zeiten, in denen sie hierzulande unüblich war, sind vorbei. Der Wandel vollzog sich parallel zu der Ausbreitung der Pornografie. Und der ist bemerkenswert: Noch 2003 stellt Pastötter in seiner Dissertation fest, dass rasierte Genitalien »wohl nicht als die Regel in der Normalbevölkerung betrachtet werden können«. Dies hat sich augenscheinlich geändert. Die Befragung des *ProSieben-Sexreports 2008* ergab: Je häufiger Menschen Pornos sehen, desto eher rasieren sie sich im Schambereich. Und so sieht es mit den Vorlieben aus: Einer Umfrage der Männer- und Lifestylezeitschrift *GQ* aus dem Jahr 2005 zufolge bevorzugt die Hälfte der Männer bei Frauen einen haarlosen Genitalbereich, ein Drittel einen schmalen Strich (»Landing Strip«) und elf Prozent ein Dreieck auf dem Venushügel. »Individuelle« Muster werden von sechs Prozent der Männer geschätzt und acht Prozent mögen eine natürliche Schambehaarung. Bei den Frauen selbst präferieren über zwei Drittel einen vollständig enthaarten Intimbereich, 27 Prozent bevorzugen gestutzt und nur drei Prozent bleiben bei natürlicher Schambehaarung. In einer Umfrage von 2010 äußerten bereits 65 Prozent der befragten Männer und Frauen, dass sie einen haarlosen Intimbereich bevorzugen, Wildwuchs ist indiskutabel und wird von 75 Prozent »komplett abgelehnt«. Und das geht munter so weiter. 2011 ergab eine von »TNS Infratest« durchgeführte Studie, dass 83 Prozent der Männer einen haarfreien Intimbereich bei Frauen wünschen und umgekehrt 64 Prozent der Frauen bei Männern. Das ist erstaunlich, denn vor ein paar Jahren noch war die Schamhaarentfernung unter Männern wenig verbreitet. Nun hat, so scheint es, die beständige Prägung durch die Pornografie (auch bei Jugendlichen) eine Änderung herbeigeführt: Aus der *Bravo-Studie* geht hervor, dass 24 Prozent der Jungen im Jahr 2006 die Schamhaarrasur praktizierten, während es 2009 schon 41 Prozent waren. Bei den Mädchen entfernten sich 2006 54 Prozent das Schamhaar, 2009 bereits 65 Prozent.

Laut einer 2010 durchgeführten kanadischen Studie ist es für Gynäkologen in städtischen Regionen inzwischen »ungewöhnlich«, bei unter 30-jährigen Frauen überhaupt Schamhaare vorzufinden. Mit zunehmendem Alter sieht das schon anders aus:

Der Anteil der Frauen, die sich die Schamhaare komplett entfernen, fällt von 60 Prozent bei 18- bis 24-Jährigen auf zehn Prozent bei den über 50-Jährigen. Und natürlich hat der Anblick der nackten Genitalien Folgen: Es kommen Dinge zum Vorschein, die vorher durch Haare verdeckt waren. Kein Wunder, dass sich immer mehr Frauen nun Schönheitsoperationen an Vulva und Vagina wünschen.

Kurioserweise hat sich mittlerweile aufgrund der Tatsache, dass in der modernen Pornografie im Prinzip nur Darsteller mit enthaartem Genitalbereich vorkommen, für Liebhaber von Schamhaaren ein fetischistischer Nischenmarkt herausgebildet, bei dem Frauen mit natürlicher Schambehaarung gezeigt werden. Bis in die frühen 90er noch gehörten vollständig rasierte Schambereiche zur Fetischpornografie! Hierzu später mehr.

ÜBER DIE PORNOGRAFIE

»Ich kenne sie, wenn ich sie sehe«: Wie wird Pornografie definiert?

Der Begriff »Pornografie« ist wissenschaftlich wenig präzise definiert oder überhaupt untersucht. Die Anzahl der Fachrichtungen, die Interesse an einer Teilnahme am Pornografie-Diskurs zeigen, ist begrenzt: Bis heute kommen an dem Thema interessierte Wissenschaftler zumeist aus den Bereichen Psychologie, Soziologie und Kommunikationswissenschaft. Diese Disziplinen versuchen auf objektiven Wegen, die Pornografie zu verstehen. Die Herangehensweisen in den naturwissenschaftlichen und sozial- bzw. geisteswissenschaftlichen Forschungsbereichen sind jedoch vollkommen unterschiedlich. Befasst sich die Geisteswissenschaft mit der visuellen Repräsentation der Sexualität, so befasst sich die Naturwissenschaft mit der Sexualität per se. Darüber hinaus haben die Geistes- bzw. Kulturwissenschaften im Gegensatz zur naturwissenschaftlichen Forschungsrichtung nicht so starre und rasterartige Messmethoden, was zu ganz anderen Ergebnissen führt. So richtig »wohl«, so der Psychologe Michael Ross, fühlen sich mit dem Thema Sexualität hauptsächlich Mediziner.

Diese Forschungsträgheit erstaunt, denn mit keinem Aspekt des menschlichen Verhaltens hat man sich mit größerem Eifer auseinandergesetzt – mehr diskutiert, Bücher geschrieben, Bilder gemalt – als mit der Sexualität und, damit verbunden, mit der Pornografie: Angefangen bei Zeichnungen primitiver Völker haben die Menschen durch alle Entwicklungsstufen der Zivilisationen hindurch bis hinein in die Moderne Zeichen ihrer sexuellen Betätigungen hinterlassen. Die Menge an Literatur ist gewaltig, und auch andere Quellen sind schier unerschöpflich. Doch selbst Kunstexperten können sich für das Thema nicht so recht erwärmen, wenngleich sie der Pornografie, deren Schwerpunkt ja auf dem Visuellen und der Konstruiertheit liegt, immerhin eine gewisse Verwandtschaft zum eigenen Fach einräumen.

Viele verurteilen Pornos, ohne sie wirklich zu kennen, sie wollen, so Faulstich, gar nicht erst wissen, welche Subgenres und »Spezialitäten« es heute gibt, erst recht nicht, welche »Perversionen«. Deswegen haben so viele noch den niedlichen softpornografischen *Playboy*-Bunny vor Augen. Schmidt hat eine Erklärung für diese Reaktion: Pornografie ruft eine Vielzahl von Gefühlen hervor, unter anderem auch Abwehrreaktionen: Scham aufgrund der dargestellten Intimität, Ärger und Angst, weil möglicherweise eigene uneingestandene Fantasien entdeckt werden.

Die Forschung zu Sexualität und Pornografie bedurfte immer schon einer Rechtfertigung. Sowohl bei Richard von Krafft-Ebing (1886) als auch bei dem Soziologen Helmut Schelsky (1955) finden sich ausdrückliche Entschuldigungen, das Thema Sexualität aufgenommen zu haben, denn bereits die Auseinandersetzung mit Pornografie gerät leicht unter Pornografieverdacht. Auch heute noch fällt der Rechtfertigungszwang im Rahmen der wissenschaftlichen Lehre auf (hervorgerufen vielleicht von der Angst, die Boulevardpresse könne titeln: »Professor zeigt seinen Studenten Pornos«). Dabei wird Pornografie, zumindest im amerikanischen Raum, mittlerweile als ganz »normaler« Forschungsgegenstand angesehen.

In den 90ern gab es eine erste Welle von akademischen Studien zur Pornografie. Zur selben Zeit wurde sie in die Lehrpläne der Filmwissenschaften sowie in die Frauenforschung und die Kulturwissenschaften, überwiegend in den USA und einigen skandinavischen Ländern, aufgenommen. Angeregt von feministischen Debatten entwickelten sich daraufhin die Gender Studies, Cultural Studies sowie Queer Studies, welche sich mit nicht-heterosexueller Sexualität auseinandersetzen. Und auf dieser Grundlage wiederum etablierte sich schließlich der Bereich der Porn Studies als eigenständiges Forschungsgebiet, ebenfalls überwiegend an amerikanischen Universitäten. Die Inhalte der heutigen Forschung sind so vielfältig wie die beteiligten Disziplinen.

In Anbetracht der Tatsache, dass unsere gesamte Kultur von sexistischen und pornografischen Stereotypen durchdrungen ist, verwundert es nicht, dass es keine klare Abgrenzung zwischen Erotik und Pornografie gibt. In unserer Gesellschaft ist die Auffassung darüber, was erotisch und was pornografisch ist, sehr inkonsistent und ändert sich laufend – je nach Zeitgeist und je nachdem, was in der Populärkultur gerade angesagt ist. Auch Faulstich räumt ein: »Die Skala von erotisch bis sexuell bis pornografisch hat Grauzonen und Überlappungen und muss im historischen Kontext gesehen werden.« So gelten etwa die Sexualdarstellungen der alten Griechen, Ägypter und Inder nicht als Pornografie, weil sie sich in ihrer Funktion grundlegend von den heutigen pornografischen Darstellungen unterscheiden. Während die Pornografie in allen Gesellschaften als Ausdruck sexueller Fantasien verstanden wird, ist die heutige westliche Pornografie in Bezug auf ihre Inhalte und auch ihre Warenförmigkeit ein Ausdruck des Kapitalismus.

Differenzierter schreibt Faulstich der frühzeitlichen Pornografie eine kultische Funktion zu: Die antike habe eine didaktische, die mittelalterliche eine manipulative und ideologische und die Pornografie des Bürgertums eine Protestfunktion. Die

Funktion der Pornografie ab Mitte des 19. Jahrhunderts ist noch nicht herausgearbeitet, und das, obwohl bereits eine neue Phase, mit ebenfalls unklarer Funktion, begonnen hat. Kentler misst den frühen sexuellen Darstellungen eine allgemein religiöse oder speziell kultische Bedeutung bei, aber auch weltlich-volkstümliche oder scherzhafte »Unzüchtigkeiten« finden sich häufig. Die Bilder stellten Alltagsszenen dar und hatten eine grundlegend andere Funktion als heute (ähnlich der Funktionsverschiebung auch anderer kultureller Bereiche, wie etwa der Kunst). Die Pornografie war belehrend und diente daher vielmehr der Aufklärung als der Erregung. Auch wurde sie nicht als Mittel zur sexuellen Befriedigung benutzt, sondern war eine dekorative Nebensächlichkeit.

Auch innerhalb einer Zeitepoche kann die Pornografie die verschiedensten Funktionen erfüllen. Bleiben wir mal bei der Pornografie der Moderne. Nach Pastötter hat sie zum einen eine Identifikationsfunktion, das heißt, der Konsument findet sich in der Pornografie wieder, dann eine Traumfunktion (man taucht ein in sexuelle Fantasien) und schließlich eine sexuelle Funktion, denn Pornografie erzeugt natürlich sexuelle Erregung. Damit zusammen hängt die Entlastungsfunktion, das Lösen psychischer Spannungen. Weniger bekannt dagegen ist die Bildungsfunktion: Pornografie vermittelt Wissen über gewisse Bereiche der Sexualität. Und eine Unterhaltungsfunktion muss man der Pornografie auch zugestehen.

Im pornografischen Diskurs stellt das Unvermögen, Einigkeit über eine Definition zu erzielen, das größte Problem dar. Nach Faulstich gilt es nicht nur zwischen »Pornografie« und »Erotik« zu unterschieden, sondern auch zwischen »Sexualität«, »Porno« und der »Diskussion von Sexualität und Pornografie«. Er kritisiert, dass die meisten Beiträge einseitig und bewertend seien, zudem werde Fantasie mit realem sexuellen Verhalten verwechselt. Pornografie sei zwar, grob formuliert, »die explizit detaillierte Darstellung sexueller Handlung«, aber »Pornografie« sei nicht gleich »Pornografie«, sondern umfasse viele verschiedene Dinge. Nicht einmal einem Genre sei sie eindeutig zuzuordnen: Allein beim Film gibt es diverse Typologien, die nicht immer scharf voneinander abzugrenzen sind.

Ein Definitionsversuch erweist sich also als schwierig. Selbst offizielle, staatlich beauftragte Forschungsunternehmen wie etwa die *Meese-Commission* lieferten, so Faulstich, keine wissenschaftlich brauchbaren Erkenntnisse, da sie voreingenommen und ungenau seien und die Einzelergebnisse der Studien zugunsten einer Anti-Porno-Aussage verbögen. So viel aber lässt sich zumindest sagen: Bei dem Begriff »Pornografie« schwingen die verschiedensten Konnotationen mit – von der Gewalt gegen Frauen über die Stütze des kapitalistischen Systems bis hin zu der Masturbationsvorlage, kurz: »Pornografie« wird als ästhetisches Werturteil gebraucht. Werte aber wandeln sich von Kultur zu Kultur und von Epoche zu Epoche.

Die Verknüpfung des Pornografie-Begriffs mit dem Begriff »Obszönität« – selbst ein historisch ganz unterschiedlich gebrauchter Terminus – verrät, dass Pornografie eng mit der Überschreitung sozialer Normen verbunden ist. Daher ist es ein gängiger Ansatz, Pornografie von anderen Formen sexueller Darstellung abzugrenzen. Dabei wird auf Unterschiede in Bezug auf Inhalt, Gestaltung und Wirkung auf den Rezipienten geschaut.

Die Begriffe »Sex« (neutral), »Pornografie« (negativ) und »Erotik« (positiv) werden häufig synonym verwendet. Die Wahl der Begrifflichkeiten ist geradezu willkürlich. Oft wird bei der expliziten Darstellung des Geschlechtsverkehrs und der Genitalien auf den Begriff »Pornografie« zurückgegriffen, während »Erotik« am ehesten gefühlsbetonte Assoziationen auslöst. Der Medien- und Kommunikationswissenschaftler Hans-Bernd Brosius verwendet aus »ökonomischen Gründen« die Bezeichnung »Sex« als Oberbegriff für die unterschiedlichen Terminologien. Diese Lösung ist recht typisch für Autoren und Forscher. Eine andere Möglichkeit ist es, eine eigene Definition zu entwickeln, was zwar dazu beiträgt, dass noch mehr Definitionen von Pornografie in Umlauf gebracht werden, aber vor allem für wissenschaftliche Arbeiten oftmals die praktikabelste Lösung ist.

Schauen wir uns nun zunächst die gängigen Definitionen an. Da das Merkmal »pornografisch« so unbestimmt ist, ist es für Lautmann nicht weiter verwunderlich, dass »so auffällig viele Abhandlungen mit Begriffsgeschichten, lexikalischen Lesefrüchten oder Definitionsversuchen« beginnen. Der Schriftsteller Dulan Barber merkte bereits 1972 an, dass Pornografie ein subjektiver Begriff geworden sei, »unterschiedslos für alles, was die Grenzen des Bekannten und Erwarteten überschreitet«. Und auch der Psychologe Herbert Selg meint: Der »Blick auf Brockhaus und entsprechende Gesetze in der Bundesrepublik Deutschland macht deutlich, dass eine griffige, juristisch verbindliche Definition von Pornografie nicht erreichbar scheint«.

Aber was gilt denn offiziell für Deutschland? Seit 1977 ist hier gültig, was der Strafrechts-Sonderausschuss des Deutschen Bundestages festgelegt hat, nämlich dass unter den Begriff Pornografie jene Darstellungen fallen, »die 1. zum Ausdruck bringen, dass sie ausschließlich oder überwiegend auf die Erregung eines sexuellen Reizes beim Betrachter abzielen und dabei 2. die im Einklang mit allgemeinen gesetzlichen Wertvorstellungen gezogenen Grenzen des sexuellen Anstands eindeutig überschreiten«. Nacktheit oder die Darstellung des sexuellen Akts ist also nicht zwangsläufig pornografisch, sondern erst dann, »wenn unter Ausklammerung aller sonstigen menschlichen Bezüge sexuelle Bezüge in grob aufdringlicher Weise geschildert werden und der Mensch zum bloßen auswechselbaren Objekt geschlechtlicher Begierde degradiert wird«. Die Subjektivität bzw. Relativität des Pornografiebegriffs wird hier evident. Der amerikanische Psychoanalytiker Robert J. Stoller bringt es auf den Punkt: »Ohne die vom Betrachter hinzugefügten Fantasien ist eine Darstellung nicht pornografisch, denn nichts ist pornografisch per se.«

»In fast jeder Diskussion wird festgestellt, dass es keine klare und schon gar keine allgemeingültige Definition von Pornografie gibt. Jede Diskussion definiert jedoch ihr Thema, das sie mit Pornografie bezeichnet, auf ihre Weise – wenn nicht ausdrücklich, so durch den Diskussionszusammenhang«, resümiert die Autorin und Lehrerin Susanne Kappeler und ist damit auf derselben Linie wie McNair, der lakonisch konstatiert, dass es im Prinzip genauso viele Definitionen wie Autoren zu dem Thema gibt. Hall und Bishop gehen sogar noch einen Schritt weiter. Die Pornografie liege, so behaupten sie, wie die Schönheit im Auge des Betrachters. »Ich kenne sie, wenn ich sie sehe« ist eine der gängigen Definitionen im deutschsprachigen Raum; eine andere lautet: »Pornografie ist, was sie ist.« Weiter führt dieser Ansatz nicht.

Wir können jedoch versuchen, die Definitionen ein wenig zu strukturieren. So gibt es 1.) Definitionen, die sich nur auf Inhalt und Funktion des Materials beziehen (sexuelle Deutlichkeit bzw. sexuelle Erregung); 2.) Definitionen, die sich auf obszöne und anstößige Eigenschaften beziehen, üblicherweise von einer religiösen Perspektive aus betrachtet; 3.) Definitionen, die das Demütigende und Ausbeuterische – üblicherweise gegenüber Frauen und Kindern – im Fokus haben. Ähnlich schreibt Faulstich, dass Pornografie folgende Faktoren beinhalte: sexuelle Erregung, Tabuverletzung und Verzerrung.

Die Hardcorepornografie verletzt gleich alle im Sexuellen

verorteten Tabus: das voyeuristische Tabu (den sexuellen Handlungen anderer darf nicht beigewohnt werden), das prostitutive Tabu (sexuelle Lust darf nicht kommerzialisiert werden), das masturbatorische Tabu (Pornografie dient der Erregung) und schließlich das exhibitionistische Tabu (die Darsteller stellen sich zur Schau). Doch es kommen noch weitere Tabus dazu: das emanzipatorische (Pornografie enthält männliche und weibliche Stereotype), das ästhetische (Pornografie liegt außerhalb der gängigen Vorstellungen von Ästhetik und betont das Animalische), das zivilisatorische (das Prinzip der Leistung und der Kontrolle werden durch das Lustprinzip ersetzt) und das »natürliche« (Pornografie, als gespielte Sexualität, ist nicht authentisch).

Heute ist Pornografie, mehr denn je, nicht eine Sache, sondern vielmehr ein ganzes Spektrum an Möglichkeiten. Als Folge der Ausdifferenzierung der Pornografie in den 60ern und 70ern löste das Wort »porn« den Begriff »pornography« ab. Für Sarracino und Scott verhalten sich die beiden Bezeichnungen zueinander wie das Enkelkind zum Großvater. »Porn« teile mehr oder weniger denselben »Genpool« wie »pornography«, aber es habe ein jüngeres und hipperes Image und sei abwechslungsreicher. Die neue Bezeichnung ist zudem nicht so verpönt wie ihr Vorgänger. Pornography ist ein »dreckiges« Wort, weshalb es – speziell von der Pornoindustrie und Journalisten – auch oftmals mit dem Begriff »adult entertainment« umschrieben wird. Mit »erotica« wiederum wird es gern umschrieben, um das Kunstvolle vom Kunstlosen abzugrenzen, das Schöne vom Hässlichen. Wer weiß: Vielleicht ist der Pornografiebegriff, so unbestimmt er heute schon ist, gerade dabei, sich aufzulösen.

Wie alles begann: Die Anfänge der Pornografie

Lautmann schreibt in seiner *Soziologie der Sexualität*, dass Pornografie »eine nur der bürgerlichen Gesellschaft eigene spezifische sexuelle Ausdrucksweise« ist, die sich in zwei Punkten grundlegend von sexualbezogenen Darstellungen früherer Zeiten und anderer Kulturen unterscheidet. Erstens habe sie heute Warencharakter, während sie früher Alltagsszenen darstellte. Zweitens treibe die heutige Pornografie die visuelle Fixierung voran, während sie in früheren Zeiten in das alltägliche Leben eingegliedert und vor dem frühen 19. Jahrhundert keine eigenständige Kategorie war, die sich von anderen abgrenzte.

Es ist nachgewiesen, dass die bildliche Darstellung von unbekleideten Menschen, von Geschlechtsorganen und sexuellen Handlungen schon immer und bei nahezu allen Völkern existierte. Abbildungen von Kopulationen wurden bereits in den Steinzeithöhlen von Lascaux gefunden. Doch herrscht bei diesen frühen Formen sexueller Darstellungen Uneinigkeit hinsichtlich der Funktion: Ist sie pornografisch oder schamanistisch? Im Gegensatz zu Faulstich ist Müller der Auffassung, dass eine eindeutige Zuweisung der Funktion kaum möglich ist.

Ein frühes Beispiel von Pornografie aus anderen Kulturen ist das *Kamasutra*, das auf das zweite Jahrhundert v. Chr. in Indien zurückgeht. Ovids *Ars Amatoria*, gut 100 Jahre später, wird von Montgomery Hyde als möglicherweise erstes pornografisches Werk aus dem alten Rom genannt. Die östliche Kultur blickt auf eine lange Tradition erotischer Malerei zurück. In Japan etwa fanden im 13. Jahrhundert die aus China stammenden »Shunga«-Darstellungen Verbreitung, die sich bis zum späten 19. Jahrhundert, als die Fotografie auf den Plan trat und mit ihnen konkurrierte, großer Beliebtheit erfreuten. Besonders populär waren sie im 18. Jahrhundert, einer Ära, die als »mid-Edo period« bekannt ist. Diese Zeit war in Japan von großen sozialen und technologischen Veränderungen geprägt. Die Shunga-Bilder sollten denjenigen Männern, die bei dem Wettstreit um eine Prostituierte verloren hatten, ein Trost sein: Wenn sie schon nicht das Mädchen kaufen konnten, so zumindest die Fantasie. Teil der Fantasie ist, dass sie eine Frau beeindrucken, die viele andere Männer hat und hatte. Doch nicht nur die Shunga-Bilder, sondern alle künstlerischen Produktionen sind voller pornografischer Inhalte. Jeder bekannte japanische Künstler hat im Laufe seiner Karriere die Sexualität mindestens einmal thematisiert. In China erreichte die erotische Kunst ihren Höhepunkt im letzten Drittel der Ming Dynastie, also in der ersten Hälfte des 17. Jahrhunderts.

In der Antike waren weibliche Kulte und sakrale Prostitution verbreitet. Die alten Griechen bemalten ihre Keramik mit sexuellen Szenen – unter anderem mit den wohl ersten Darstellungen gleichgeschlechtlicher Beziehungen und Päderastie; und es gibt zahllose sexuell freizügige Gemälde auf den Wänden der Ruinen in Pompeji. In Rom wurde eine große Menge an pornografischer Literatur produziert. Werke von Ovid oder Catull haben teilweise sehr eindeutige sexuelle Inhalte, aber weder für die alten Griechen noch für die Römer waren sie pornografisch oder unmoralisch. (Dies änderte sich später mit dem Christentum.) Die Moche von Peru sind ein weiteres altes Volk, das um dieselbe Zeit sexuelle Szenen auf Töpferwaren aufbrachten.

Im Mittelalter waren sexuelle Anspielungen auch bzw. gerade im religiösen Kontext verbreitet. Das *Stundenbuch* ist voll mit kleinen Insider-Witzen, die heute noch große Entrüstung auslösen würden. Oft wurden Gesäße gezeigt, bei denen der Anus betont war. Latten, Vogelschnäbel, Schwerter, Pfeile und Pflanzen dienten als Ersatz für den Phallus. Auch Anspielungen auf Oralsex waren häufig. Die Leute gaben bis etwa 100 Jahre nach Erfindung der Druckerpresse, Mitte des 16. Jahrhunderts, personalisierte religiöse Bücher bei Mönchen in Auftrag. Die Beweggründe waren gar nicht so fromm: Zu einem nicht unerheblichen Teil wollte man sich zunächst an den anzüglichen Bildern erfreuen.

Im 16. Jahrhundert begannen die Leute sexuelles Material allmählich mehr mit den niederen Klassen und mit »Gesindel« in Verbindung zu bringen. Das lag daran, dass die erotischen Werke in großer Stückzahl produziert wurden und so erschwinglicher wurden. Pornografie, wie Literatur im Allgemeinen, wurde also gewissermaßen demokratisiert. Aber sowie mehr Menschen Zugang zu ihr erhielten, verschlechterte sich ihr Image. *I Modi* (»Die Stellungen«) etwa wurde 1529 in dem *Index Librorum Prohibitorum* gelistet. Später wurde durch das Verschwinden der Nacktheit aus dem Alltag die erotische Reizwirkung der Pornografie entfacht und geschürt und Abbildungen sexueller Handlungen nahmen wieder stark zu. Mit der Ausbreitung des Christentums ging die Sexualfeindlichkeit einher, und die Entwicklung der Pornografie nahm ihren Lauf.

Das Wort »pornograph« taucht erstmals 1769 in *Le Pornographe*, einer Schrift von Restif de la Bretonnes, auf. Im 18. Jahrhundert wurden in Paris pornografische Theaterstücke aufgeführt, im 19. Jahrhundert hatten pornografische Produktionen Hochblüte: Die damaligen Zeitschriften, vor allem in Frankreich, können als die Vorläufer der heutigen Herrenmagazine gesehen werden. Bereits zu Beginn des Jahrhunderts, als die Kinematografen von Jahrmarkt zu Jahrmarkt reisten, war Pornografie in der Filmgeschichte präsent. Bis 1840 hatte sich die Bezeichnung pornografisch »zur allgemeinen Klassifikation obszöner – und das bedeutete nun moralisch-sittlich, nicht politisch-religiös verwerflicher – Schriften und Bilder in Frankreich« (Hentschel, 2001) durchgesetzt. Die Fotografie war ein großer Schritt in Richtung Realismus. Denn anders als bei einem Gemälde oder einer

Zeichnung von Personen, die Sex haben, war hier erforderlich, dass die Personen auch tatsächlich Sex hatten – eine ganz neue Art von Voyeurismus, welche vorher nicht möglich gewesen war.

So richtig breitete sich die Pornografie jedoch erst mit der Entwicklung des Druckverfahrens aus: Das vergleichsweise günstige Verfahren im 18. Jahrhundert machte pornografische Texte und Bilder weithin verfügbar, doch die weit verbreitete Unfähigkeit zu lesen schränkte den Konsum von Pornografie noch ein. 1857 verabschiedete England ein Gesetz, das Verkauf und Verbreitung von »obszönem« sexuellen Material verbot. Im Laufe desselben Jahres tauchte das Wort »pornography« zum ersten Mal im *Oxford English Dictionary* auf. Doch bis zum Viktorianischen Zeitalter existierte das Konzept der Pornografie, wie wir es heute kennen, nicht. Die prüde Einstellung zur Sexualität (die Viktorianer unterdrückten und leugneten sie in der Öffentlichkeit vehement, doch angeblich ging es hinter verschlossener Tür umso wilder zu) führte zu einem wahren Boom an pornografischen Produktionen. Das vorherrschende Prinzip war Scham. Sie schafft Distanz, verhindert eine Identifikation des Betrachters mit den abgebildeten Personen und legitimiert so letztendlich den Konsum. Es ist ein über lange Jahre bewährtes Konzept, das sich allerdings später mit Aufkommen des *Playboy* änderte: Indem die Frauen als erreichbar dargestellt wurden, baute man statt Distanz nun bewusst Nähe zum Konsumenten auf. Doch dazu später mehr.

Um 1900 erfreuten sich dann erotische Kunst- und pornografische Fotopostkarten großer Beliebtheit. In Zeiten, in denen es noch kein Fernsehen oder Internet gab, war es mit diesen Karten möglich, pornografische Bilder über Nationalgrenzen hinweg zu verschicken. Auch bzw. gerade im Viktorianischen England waren sie sehr populär. In Frankreich, Portugal und den USA fanden sie ebenfalls weite Verbreitung. Die drei größten Herstellungszentren zu dieser Zeit waren Paris, Wien und Bukarest.

In Frankreich stieg in der zweiten Hälfte des 19. Jahrhunderts die Herstellung pornografischen Materials um das Siebenfache, nicht ohne Folgen: Man sprach von Unkontrollierbarkeit, Überschwemmung und kulturellem Untergang, und es wurde eine Zensur gefordert. Es sollte noch einige Jahre dauern, bis diese in Kraft traten.

Es war die Fotografie im 19. Jahrhundert – genauer gesagt, die kostengünstigen und massenproduzierten Postkarten in den 1880ern und 1890ern –, die Pornografie nun auch der Arbeiterklasse zugänglich machte, die bereits als bevorzugtes Objekt pornografischer Repräsentation bekannt war. Die ersten, für heutige Verhältnisse brav anmutenden Filme sich entkleidender Frauen gab es um 1896, etwa Eugène Pirous *Le Coucher de la Marie*, überwiegend in Frankreich. Die ersten Kinosäle öffneten ihre Pforten. Als erster pornografischer deutscher Film wird *Am Abend* (1910) genannt, welcher in Bezug auf Deutlichkeit und dargestellte Praktiken der heutigen Pornografie gar nicht unähnlich ist. *A Free Ride*, von dem angenommen wird, dass er von 1915 stammt, wird gemeinhin als der erste amerikanische Pornofilm angesehen. Die technische Entwicklung der Medien führte dazu, dass spätestens nach dem Ersten Weltkrieg der pornografische Film zur Pornografie in der Fotografie in Konkurrenz trat.

Filmhistoriker betrachten Frankreich als Ursprungsland des »stag films«, der den überwiegenden Teil des Hardcore-Marktes von 1908 bis 1967 ausmachte. In den 20ern war er auch in den USA etabliert. Im Laufe der Jahre entstanden Variationen wie die »nudie cuties« in den 1950ern, umfangreiches »aufklärerisches« Material kam in den späten 60er Jahren dazu. Belege für die Verbreitung früher pornografischer Filme sind praktisch um den ganzen Globus zu finden.

Parallel zu dieser Entwicklung entstand in der zweiten Hälfte des 19. Jahrhunderts eine eigenständige Sexualwissenschaft.

Zunächst mangelte es noch an empirischen Erkenntnissen, und die ungleich verteilten sexuellen Möglichkeiten von Mann und Frau wurden in der Forschung übergangen. Doch ein Wandel kam durch die Psychoanalyse Freuds und, einige Jahrzehnte später, in den 50er Jahren, durch die detaillierte Beschreibung des Sexualverhaltens der Amerikaner durch den Sexualforscher Kinsey. Seine Sammlung liefert uns eine doppelte Erkenntnis: Einerseits illustriert sie über einen langen Zeitraum hinweg (über 100 Jahre) ein gleichbleibendes Interesse an der Pornografie, zugleich liefert sie Hinweise auf eine Spezialisierung innerhalb der Pornografie, die von Anfang an bestand.

Im 20. Jahrhundert schreitet die Ausbreitung der Pornografie mit der Entwicklung der Printmedien und des Films in großen Schritten voran. In den 20ern wurden in den USA Porno-Comics vertrieben, und Pin-up-Kalender und -Magazine wie *Esquire* erfreuten sich großer Beliebtheit. Die Pin-ups hatten den Zweck, die Soldaten zu motivieren, sie daran zu »erinnern«, wofür sie kämpften. Ebenfalls beliebt zu dieser Zeit war die »Burlesque« und das, wofür sie bekannt ist, der inszenierte Striptease. Im Zweiten Weltkrieg loderte der Trend erneut auf, als die Heerscharen an jungen Männern nach Unterhaltung verlangten. Dies dauerte bis Ende der 50er Jahre fort.

Der Freizügigkeit im Film wurde jedoch, zumindest in den USA, bald ein Ende gemacht: Mit dem »Hays Code« von 1930 wurde alles unterbunden, was im geringsten Maße erotisch war. Selbst wie sich die Paare im Film zu küssen hatten, war vorgeschrieben. Unter dem Einfluss des damaligen erzkonservativen US-Senators McCarthy wurde der Puritanismus der Amerikaner weiter gestärkt. Die Konsequenz war, dass Pornofilme eine Zeit lang illegal waren. Doch das tat den pornografischen Produktionen wie Alex De Renzys 8-mm-Kurzfilm *Smart Aleck* (1951), welche heimlich vertrieben wurden, keinen Abbruch. »Echte«

Pornohefte gab es nach Einschätzung von Faulstich spätestens seit dem Zweiten Weltkrieg.

In dieser Zeit wurden viele Frauen zwangsläufig in Männerdomänen gedrängt – sie mussten arbeiten, um die Arbeitskraft der Männer zu ersetzen, welche in den Krieg gezogen waren. Eine große Zahl von Frauen blieb jedoch auch nach dem Krieg berufstätig, was für viele Männer einer sozialen und sexuellen Entmannung gleichkam. Eine düstere Realität des Amerikas der 50er Jahre sind deshalb ein ausgeprägter Sexismus und Rassismus, die durch den Puritanismus geschürt wurden und sich gegenseitig bedingten. Sexismus operiert nämlich nicht in einem Vakuum, sondern interagiert mit einer Vielzahl von Einflüssen, die unser Leben formen, wie Rasse, Klasse, Alter, Behinderung (»Intersektionalität«). Die Bevölkerung der 50er und frühen 60er Jahre hatte die schlimmste wirtschaftliche Krise überstanden, dazu noch zwei Weltkriege, nun wollte sie die Chance wahrnehmen, in Saus und Braus zu leben. Wie in der *Life*-Werbung zu lesen war: »after total war came total living«. Amerikanische TV-Serien wie *Mad Men* thematisieren diese Ära und ihre Besonderheiten.

Der Erfolg des *Playboy* spiegelte das neue Konsumdenken. Beide standen für das Ende öffentlicher Entsagungen. Der *Playboy* debütierte 1953, gut 20 Jahre nach dem Männermagazin *Esquire*, und präsentierte eine ganz andere Art der Sexualität: Die Mädchen, die darin abgebildet waren, sahen aus »wie du und ich«, wenn auch perfekter. Die negativen Assoziationen, die der früheren Pornografie anhafteten, waren nicht mehr so ausgeprägt, im Gegenteil: Der Betrachter sollte sich mit den Inhalten des Magazins – hübsche, natürliche Mädchen, vermengt mit Lifestyle-Informationen zu Gadgets, Sportautos und Ähnlichem – identifizieren und dabei zu der Erkenntnis kommen: »Das bin ich!« oder »So will ich sein!« Der *Playboy* trieb damit in erheblichem Maße die Akzeptanz der Pornografie voran.

Marilyn Monroe zierte die erste Ausgabe des *Playboy* als Covergirl. Ihr Kultstatus steigerte die Beliebtheit der Zeitschrift bei ihrer Kernzielgruppe, dem jugendlichen, konsumfreudigen Mann. Der Konsum sexualisierter Produkte (wie ja auch der *Playboy* eines war) erlaubte den Männern der 50er, sich sowohl maskulin als auch kauffreudig zu erleben – eine neue Erfahrung, galt doch das Einkaufen bis dahin als feminine Tätigkeit. In den 50er Jahren wurde die Familie als elementarstes Organ der Gesellschaft emporgehoben. Gerade jetzt erreichte der *Playboy* die Zeitungsstände. Mit ihm konnte man(n) die Freuden der Frau genießen, ohne gefühlsmäßig involviert zu sein. So wurde der *Playboy* zu einer Anleitung für Männer, die Playboys sein wollten. Allerdings ähnelte der *Playboy*-Leser der 50er in keiner Weise diesem idealtypischen Playboy. Die meisten Leser waren zu einer Zeit aufgewachsen, die von materieller Entbehrung gekennzeichnet war, und waren Konsum auf hohem Niveau nicht gewohnt. Ein Teil des unmittelbaren Erfolgs des *Playboy* ist auf den Mangel an Konkurrenz zurückzuführen; die Industrie der Männerzeitschriften war von Blättern dominiert, die sich auf »blood, guts and fighting«, also Blut, Schneid und Kampf spezialisiert hatten. Schon nach dem Krieg verbuchte er rekordverdächtige Umsätze, und während der 50er und 60er Jahre gewann der *Playboy* weiterhin an Leserschaft – und Werbeeinnahmen. Ende der 60er hatten die Auflagenzahlen ein bisher unerreichtes Hoch von 4,5 Millionen erreicht.

Das grüne Licht, das die Behörden dem *Playboy* durch ihre Duldung implizit erteilten, dehnte sich auf Russ Meyers *The Immoral Mr. Teas* (1959) aus, den ersten softpornografischen Film, der an den Zensoren vorbeikam und es in die Kinos schaffte. Meyers Produktionen waren typisch für den Nachkriegs-Boom von Amateurfilmen, der eine komplett neue Kategorie von alternativen, halbprofessionellen Produktionen hervorbrachte: das

»B«-Movie – Billigproduktionen von Hollywood-Outsidern, von denen viele militärisch ausgebildet waren und die von der kriegsbewährten Technologie Gebrauch machten.

Zu Beginn der 60er splittete sich das B-Movie in Sub-Genres auf, welche kollektiv als »exploitation films« bekannt waren, da sie oftmals blutrünstige und sensationslüsterne Thematiken ausschöpften, insbesondere die altbewährte Kombination Sex und Gewalt. Die Nachfrage des Publikums an softpornografischem Material war groß und es entstanden eine ganze Reihe legaler »nudies«: Pseudo-Dokumentationen, die unter dem Vorwand der Aufklärung gedreht wurden. Sie beinhalteten freizügige Szenen – ohne strafrechtliche Konsequenzen. Meyer kreierte mit seiner Serie von Folge-Hits nach dem Schema von *The Immoral Mr. Teas* – *Wild Gals of the Naked West* (1962), *Faster Pussycat! Kill! Kill!* (1965) und *Vixen!* (1968) – ein Subgenre des Exploitation-Films: das Sexploitation Genre.

Ein weiterer Trend zu dieser Zeit waren die an ein männliches Publikum gerichteten Entertainment Comics. Diese Heftchen waren sehr stereotyp und frauenfeindlich. Sie ermutigten die Leser, auf Frauen herabzuschauen und Genugtuung in Anbetracht der Konsequenzen ihres moralischen Versagens zu empfinden. Die Aussage: Frauen haben die für sie vorgesehene Rolle (Unterordnung in der Ehe, Bestimmung als Mutter) einzunehmen und anzuerkennen. Die erzählerische und visuelle Behandlung von Frauen in den »Men's adventure magazines« war noch extremer. Ein Beispiel dafür sind die Nazi-Comics mit ihren gewaltbehafteten Inhalten. Dies erfuhr später noch einmal ein Comeback, in Form der überwiegend in Italien produzierten Naziploitation-Filme, die in den 60er bis 80er Jahren ihre Blütezeit hatten. Andere Formen zeigten sich in Gestalt der bereits erwähnten »Aufklärungs«filme, deren Themen, neben der Sexualität, andere die Gesellschaft bedrohende Gefahren waren, etwa Drogenabhängigkeit oder Hinterhofabtreibungen. Weitere Filme des Naziploitation-Genres, wie *Love Camp 7, SS Hell Camp* und, der populärste, *Ilsa: She Wolf of the SS*, blieben erstaunlich unbemerkt – aufgrund des Aufhebens, das zu der Zeit um Pornofilme gemacht wurde.

Goldene 70er, Couture Porn und Porn 2.0

Seit den frühen 60ern herrschte in Westeuropa und den USA ein wahrer Porno-Boom. Der Verleger und Pornograf Al Goldstein verhalf der Pornografie in den amerikanischen Mainstream. Sarracino und Scott bezeichnen ihn als einen der Anführer der sexuellen Revolution der 60er und 70er – als einen »ambassador of smut«, einen Botschafter des Drecks. Ende der 60er Jahre eroberten pornografisch angehauchte Popsongs wie *Je t'aime … moi non plus* von Jane Birkin und Serge Gainsbourg die Charts. Nach und nach wurden die Grenzen dessen, was erlaubt war, wieder ausgeweitet.

Das Aufkommen der Polaroidkamera tat das Seine dazu, denn es förderte die »private« Fotografie, wenn auch noch nicht in dem Ausmaß wie später in den 80ern. Das Unternehmen wusste um die Benutzung seiner Kameras für sexuelle Zwecke, sowohl von Amateuren als auch von Profis, und brachte 1966 ein neues Model heraus, das »the Swinger« genannt wurde. Der Begriff entstand in den späten 50ern und wurde ursprünglich benutzt, um eine sexuell befreite Person zu beschreiben. Bis zu den 70ern hatte sich die Bedeutung des Wortes dahingehend gewandelt, dass es eine Person bezeichnete, die promiskuitiv ist oder Partnertausch betreibt.

Die 60er und vor allem die 70er Jahre gelten als die »goldene Ära« der Pornografie: Zum ersten Mal stand ihr ein größeres

Budget zur Verfügung, außerdem erfuhr sie eine wachsende Akzeptanz in der Bevölkerung. Als erster »echter« 70-minütiger Pornofilm gilt Bill Oscos *Mona: The Virgin Nymph* (1970). 1971 erschien dann der erste allgemein erhältliche schwule pornografische Film *Boys in the Sand*. Wirkliche Hardcore-Pornografie gelangte erst 1972 in Umlauf, als in den USA die Veröffentlichung expliziten Materials legalisiert wurde. Auch in den Zeitschriftenmarkt kam Bewegung: Die unmittelbare Konkurrenz des *Playboy*, die Zeitschrift *Penthouse*, brachte im August 1971 ihr erstes Ausklappfoto mit einem vollkommen nackten Model heraus; im Januar 1972 zog der *Playboy* nach.

Die sexuelle Offenheit der 70er hatte zur Folge, dass die Pornografie auch in Deutschland und anderen Ländern entkriminalisiert wurde. Forciert durch die Freigabe der Pornografie zunächst in Dänemark und Schweden gab es eine Liberalisierungswelle, die trotz gelegentlicher konservativer Gegenbewegungen bis heute noch nicht zum Stillstand gekommen ist. Das Kreditunternehmen Merrill Lynch schätzt, dass die Hälfte aller Verkäufe von Videokassetten in den späten 70ern pornografische Inhalte hatten, der Prozentsatz des Genres blieb konstant, bis Mainstream-Filme Mitte der 80er wieder aufholten. Nach einer Studie des Medienwissenschaftlers John Tierney waren bei den in den Jahren 1978 und 1979 verkauften Videokassetten sogar mehr als 75 Prozent pornografisch.

Viele deutsche Schauspieler haben ihre Karriere mit den »Blanke-Busen-Filmen« der 70er begonnen, doch zugeben wollen das die wenigsten – den meisten sind diese »Jugendsünden« peinlich. Lange vor der Zeit der Porn Stars waren Pornodarsteller nicht wirklich bekannt. Ende der 70er wurden die Inhalte härter und richteten sich nicht mehr an ein breites Publikum. Die Filme wurden billiger und liebloser hergestellt, so konnte man Kosten sparen. In Amerika erfuhr die Pornografie zu einem großen Teil aufgrund der steigenden Popularität europäischer Softcore- und Aufklärungsfilme in den Schmuddelkinos Verbreitung.

Die wachsende Popularität und Zugänglichkeit von Hardcore-Pornofilmen manifestierte sich auf dramatische Weise in *Deep Throat* (1972), dessen Hardcore-Sex den »nudie-cutie« völlig in den Schatten stellt. *Deep Throat* hatte alle Zutaten eines Hollywood-Films und präsentierte darüber hinaus auch noch reichlich expliziten Sex. Filme wie dieser wurden nun im regulären Programmkino gezeigt. Der ausschlaggebende Unterschied war: Die Darstellerin Linda Lovelace spielte sich selbst und wurde somit zu »einer von uns« – die Distanz der Gesellschaft zur Pornografie bröckelte folglich gewaltig. (In Großbritannien jedoch wurde *Deep Throat* in seiner ungeschnittenen Form bis zum Jahr 2000 nicht genehmigt und öffentlich erst im Juni 2005 gezeigt!) Lovelace und Marilyn Chambers aus Jim Mitchells *Behind the Green Door* (1972) waren die ersten Pornodarstellerinnen, die im Mainstream Ruhm erlangten, auch wenn, wie im Fall von Jenna Jameson, ihr Privatleben oftmals alles andere als ruhmreich war. Innerhalb von drei Jahren wurden eine ganze Reihe von Pornofilmen – etwa *Boys in the Sand* (1971), *Behind the Green Door* (1972), *The Devil in Miss Jones* (1973) oder *Score* (1972) – im amerikanischen Mainstream-Kino gezeigt. Der Erfolg dieser Filme führte dazu, dass die Zuschauer auch öffentlich über Sexualität redeten.

Interessanterweise waren in den 70ern, auf der Höhe der ersten Porn-Chic-Welle, die Grenzen zwischen der Pornografie und dem splatter-lastigen Horror-Genre fließend: Sie wurden in denselben Kinos gezeigt, einige der Darsteller waren in beiden Bereichen tätig, und oftmals wurden die Filme auch von denselben Personen finanziert und vertrieben. *Bryanston Pictures* etwa nutzte den massiven Gewinn, den *Deep Throat* einbrachte, um Tobe Hoopers *The Texas Chain Saw Massacre* und John Carpenters *Dark Star* zu produzieren. Pornofilme waren zudem eine Möglichkeit für unerfahrene Horrorfilm-Regisseure ohne »Vitamin B«, Erfahrungen in der Filmbranche zu sammeln. Ein Grund für diese Verbindung von Porno- und Horrorfilmen war vielleicht die Tatsache, dass sowohl der pornografische Film als auch der Horrorfilm den »Körpergenres« zugeschrieben wurden, Genres, die einerseits den Körper ihrer Figuren in den Mittelpunkt stellen, andererseits dem Körper des Rezipienten Reaktionen entlocken wollen – etwa Herzrasen, Tränen oder sexuelle Erregung. Dass dem amerikanischen Forscher Alan McKee zufolge die Menge an offen aggressiven Inhalten in der Pornografie ebenfalls in den 70ern und frühen 80ern ihren Höhepunkt erreichte, ist eine interessante Koinzidenz.

Die altmodischen Frisuren, die Kleidung (falls vorhanden!) und die Kulissen der Pornografie der 70er Jahre verleihen den Filmen mit heutigen Augen betrachtet einen »groovy retro-gloss«. Pornografie-Historiografien charakterisieren die Pornografie dieser Zeit als eine Ära sexueller, sogar künstlerischer Erkundungen, noch unberührt von der erst bevorstehenden Aids-Pandemie. Es kam damals zu einer Annäherung von unabhängigen Filmemachern und Pornografen: Die künstlerische Avantgarde sah Pornografie als ein Mittel, die sexuelle Einstellung der Gesellschaft zu kritisieren, während die Pornografen eine Möglichkeit witterten, das liberale Mainstream-Publikum durch kunstvolle Filme für sich zu gewinnen. Dieses Zusammenlaufen von Pornofilmen und herkömmlicher Filmindustrie ist von zentraler Bedeutung bei der Entstehung des »golden age« der Pornografie.

Die Filme der 70er waren reich an Gags und Comedy – Kassenschlager *Deep Throat* von Gerard Damiano (1972) handelt bekanntlich von einer Frau, die ihre Klitoris im Hals hat, und auch schon in Meyers bahnbrechendem Film *The Immoral Mr. Teas* (1959) herrscht ein cartoonhafter, scherzhafter Ton vor. Zwischen 1910 und 1970 wurden Pornofilme hauptsächlich in den amerikanischen Männer-Clubs gezeigt, die ein beliebter Treffpunkt waren. Es ging vorrangig um eine nahezu wissenschaftliche Neugierde, die weder verheiratete noch unverheiratete Männer befriedigen konnten. Deshalb lag das Hauptaugenmerk der damaligen Produktionen auf der Realität, der Authentizität der dargestellten Sexualität. Das Stilmittel des Humors diente dabei nicht so sehr der Unterhaltung als vielmehr der Auflockerung, um das, was gezeigt wurde, überhaupt erträglich zu machen. Auch heute noch sind viele Pornofilme mit absurden Witzen und witzigen Kommentaren gespickt, wie schon ein Blick auf die Titellisten deutlich macht.

In der Zeit von 1970 bis in den Anfang der 80er Jahre, als der pornografische Film gesellschaftsfähig wurde, sah es für kurze Zeit sogar so aus, als könne er ein neuer, eigenständiger Bestandteil des Mainstream werden. Die elaborierten Handlungen, die Pornofilme damals noch aufwiesen, waren eine öffentlich akzeptable Entschuldigung für das hohe Ansehen, welches sie genossen. Die Filme gaben den Zuschauern alles, wonach sie sich sehnten – sie waren gewagt, aufregend und provokativ und hatten den Reiz des Untergrunds, eine absolute Neuheit. Für kurze Zeit stand »Pornografie« für Entdeckung, Neugier und Veränderung. So einflussreich war die sich ausbreitende Pornografie, dass sie es schlussendlich schaffte, die Zensurgesetze neu zu definieren: Die »First Amendment«, die Redefreiheit, wurde auf den Bereich des Films ausgeweitet. Es war eine großartige Zeit für die Pornografie — doch das änderte sich radikal. Zumindest vorübergehend.

Pornografie-Historiografien stellen die 70er als ein Jahrzehnt der Party dar; die 80er enden, um bei der Metapher zu bleiben, mit einem Kater. Sie standen in Amerika unter dem Einfluss der konservativen Gegenbewegung der Reagan-Ära. Gekennzeichnet durch die Verbreitung von Aids, Kokain, Gewalt und materieller Gier, scheint das Ende des Porno-Optimismus gekommen: »the party is over«.

Zunächst wurde Mitte der 80er größerer Wert auf die Qualität der pornografischen Produktionen gelegt, und der Edel-Pornofilm mit attraktiven Menschen in niveauvoller Umgebung erfreute sich großer Beliebtheit. Mit Einführung des privaten Fernsehens wurden dann in Deutschland Softpornos aus den 60ern und 70ern sowie Stripshows gesendet und, etwas später, Serien zur Sexualität (z. B. *Liebe Sünde*, 1993–2000). Ab Mitte der 80er rollte, als Reaktion auf die sexuelle Liberalisierung, die erste Welle der Pornodebatte an. Mit dem Amtsantritt von Ronald Reagan erlitt die amerikanische Pornoindustrie einen gewaltigen Rückschlag. In dem Bestreben, in New York City »aufzuräumen«, schloss zunächst Bürgermeister Ed Koch, später dann Rudy Giuliani eine große Anzahl der Porno-Kinos der Stadt. Die Pornoindustrie sah sich gezwungen, neue Methoden der Verbreitung zu finden. Das Video Home System (VHS) kam da wie gerufen, wenngleich es vorerst vorbei war mit den glorreichen Zeiten der Pornoindustrie: Pornografie wurde nun zunehmend privat, d. h. zu Hause konsumiert. Die Handlung der Filme wurde durch Schnellvorlauf zu den »entscheidenden« Stellen übersprungen. Daher überwiegt seit Mitte der 80er Jahre bis heute die Funktion der sexuellen Erregung. Mittlerweile sehen die Amerikaner das sehr pragmatisch, Sexualtherapeuten empfehlen Pornografie als »visuelles Viagra«.

Regisseure und Darsteller sahen keine große Notwendigkeit mehr, Sorgfalt auf die Produktionen zu verwenden, und so litt die Qualität der Filme merklich. Dies trug laut Paul Pearlman, einem ehemaligen Produzenten von Untergrund-Pornografie, zu dem Niedergang der Pornografie bei. Auch Damiano beklagt den Untergang von Kunst und Handwerk zugunsten der Vorherrschaft finanziellen Profits.

Schon in den frühen 80er Jahren zeichnet sich San Fernando Valley deutlich als Porno-Hochburg ab. 90 Prozent aller US-Pornofilme werden in dieser Region produziert. Es ist das Hollywood der Pornografie, eine zentrale Instanz wie der Vatikan für die römisch-katholische Kirche. Diese Zentralisierung der Pornoindustrie ist ein Hinweis auf ihre ausgeprägte Kommerzialisierung. In Osteuropa kristallisiert sich Budapest als Sex-Hauptstadt heraus, auch Deutschland hat eine verhältnismäßig große Porno-Szene vorzuweisen (während diese in Großbritannien geradezu nicht existent ist).

Anfang der 90er Jahre setzt sich das Phänomen des Edel-Pornos fort und es wird vorübergehend mehr Wert auf Ästhetik gelegt. Computergenerierte Pornofilme sorgen für Preise bei Festivals, den kreativen Avantgardismus von Regisseuren wie Kris Kramski bezeichnen manche gar als eine Art von Anti-Pornografie. Originalität und Pornografie scheinen plötzlich vereinbar. Die Produktionen bewegen sich in einem Grenzbereich zwischen Kunst, Pornografie und Mainstream-Kino. Dabei geht erwartungsgemäß die Trennschärfe zwischen den Bereichen verloren. Der Wunsch, die Pornografie in gewissem Sinne zu »entpornografisieren«, ist in vielen High-End-Pornofilmen gegenwärtig (auch als »Couture Porn« bezeichnet). Sarracino und Scott prognostizieren für die Zukunft, dass die Grenze zwischen Pornos und Mainstream-Filmen immer mehr verschwimmen wird, ja sich vielleicht sogar gänzlich aufhebt.

Ebenfalls in den 90ern nähert sich der *Playboy* dermaßen an den kulturellen Mainstream an, dass er anfängt, sich mit *Sports Illustrated, Rolling Stone, Esquire* und *GQ*, also Lifestyle-Magazinen, zu vergleichen. Er vermarktet sich als ein Heft, das zeigt, wie Männer in den 90ern leben – die Themen umfassen Unterhaltung, Mode, Autos, Sport, Weltgeschehen, Szene, Leute, die etwas bewegen, Männer, für die Frauen schwärmen. Der Konkurrent *Penthouse* hingegen ist mit seinem Fokus auf weibliche Genitalien, simulierten Geschlechtsverkehr, sexuelle Gewalt und Gruppensex härter und hat damit nur einen Fuß im akzeptablen Softcore-Markt. Der andere steht im Hardcorebereich.

Hugh Hefner ist wahrscheinlich der erste Pornograf in Amerika, der im Mainstream Promi-Status erreicht hat. Flynt (der auch der Urheber von der Teen-Sex-Reihe *Barely Legal* ist) wird die Rolle des Perversen zugeschrieben, der, so behauptet man, im Alter von acht Jahren seine Jungfräulichkeit an ein Huhn auf der Farm seiner Großmutter verloren hat. Dines bringt die Rollenzuschreibung der beiden Pornogiganten auf den Punkt: Hefner wird gefeiert und Flynt dämonisiert.

Darüber hinaus sind die 90er durch die Verbreitung und Etablierung neuer Medien wie das Internet gekennzeichnet, was die Zugriffsmöglichkeiten auf Pornografie ungemein erleichtert und die Ausbreitung beschleunigt. Pornografische Werke für den PC sind für Faulstich schon 1994 nicht mehr überschaubar, so groß ist das Angebot. Paul Perlman, ein ehemaliger Produzent von Untergrund-Pornografie, ist der Meinung, die Pornografie habe nun zwar den Massenreiz der 70er, aber es fehle der kreative Antrieb, der dieser Zeit eigen war.

Bald war die Pornografie so akzeptiert, dass sie auch in Mainstream-Hollywood-Produktionen Eingang fand: In *Larry Flynt – Die nackte Wahrheit* (1996) spielt Woody Harrelson den Herausgeber des *Hustler*. »Seriöse« Regisseure wie Joel Schumacher (*Batman und Robin*) und Ron Howard (*Apollo 13*) wagen sich an das pikante Thema: Schumacher gewann für seinen Ausflug ins Porno-Milieu Nicolas Cage und Joaquin Phoenix als Darsteller in *8 mm* (1999), und Howard drehte die bereits erwähnte Filmbiografie der Pornodarstellerin Linda Lovelace: *Inside Deep Throat* (2005).

In den Mainstream-Medien schon seit den 70ern und 80ern

populär, erfreuen sich nun auch in der Pornoindustrie Parodien großer Beliebtheit, z.B. *Who's Nailin' Paylin* (2008), mit einer Sarah-Palin-Doppelgängerin. Der *Playboy* stärkt seinen öffentlichen Auftritt mit der Reality-TV-Serie *The Girls Next Door/The Girls of the Playboy Mansion* (2005–2010), in der die *Playboy*-Angestellten als eine große Familie dargestellt werden und das Business als ein Unternehmen wie jedes andere auch.

Auch wenn man noch nie zuvor in seinem Leben pornografische Bilder gesehen hat, was angesichts der Verbreitung unwahrscheinlich ist, so hat man bereits aus der Pornografie Nutzen gezogen. Wie das? Wenn man Suchmaschinen wie Google und Yahoo!, Online-Händler wie Amazon und eBay sowie Video- und Foto-Tausch-Seiten wie YouTube und Flickr benutzt, hat man bereits direkt von dem Einfluss der Pornografie profitiert, sowohl auf die Struktur des Internets bezogen als auch auf spezifische technologische und Geschäftsinnovationen, denn zwischen technischem Fortschritt und Pornografie besteht ein enger Zusammenhang: Die Pornoindustrie war eine der ersten Industrien, die intensiv von den neuen Technologien Gebrauch machte und so ihre Verbreitung förderte. Das war schon früher so: bei der Druckerpresse, dann später bei der Fotografie und eben auch bei den neueren Medien – zunächst Video, dann Satelliten-TV, DVD und schließlich Internet. Manche Autoren gehen sogar so weit zu behaupten, dass die Pornografie der entscheidende Faktor in dem Format-Kampf zwischen HD-DVD und Blu-ray-Disc war. 2005 fingen einige Porno-Produzenten an, Filme in »HD« (High-Definition) zu drehen. Die Technologie habe, so der Journalist und Autor Patchen Brass, zu viel Schärfe für die verschwommenen pornografischen Fantasien mit sich gebracht, doch sie sei deshalb auch eine große Chance für die Pornoindustrie, denn sie mache die Rückkehr zur alten Filmschule erforderlich: Die HD-Kamera benötigt die gleichen

Dreh-Voraussetzungen wie eine 35-mm-Kamera – vernünftige Regieführung, gute Beleuchtung und eine klassische Kameraeinstellung.

Das vielleicht berüchtigtste Beispiel für den Einfluss der Pornografieindustrie auf den Mainstream ist Sonys folgenschwere Entscheidung, Pornografie von seinen Betamax-Titeln auszuschließen (etwa 50 Prozent der ersten Beta-Ausleihen um 1978/1979, als die ersten Videoverleihe aufkamen, waren Pornos), und die daraus resultierende Popularität von VHS, wodurch die weitläufige Distribution pornografischer Filme möglich wurde. Kürzlich gab es zwischen Blu-ray und HD-DVD (»high-def format war«) einen ähnlichen Kampf. Weil Blu-ray sich gegen die Distribution der Pornografie entschieden hatte, wurde befürchtet, dass ihm ein ähnliches Schicksal wie Betamax drohen würde. Doch der Entschluss wurde rückgängig gemacht, und beide Formate lassen nun pornografische Inhalte zu.

Die Entwicklung von Mini-Kameras und kabellosen technischen Geräten ermöglichte nun auch die Verbreitung von Voyeur-Pornografie. Manche technischen Errungenschaften wie Video-Streaming, interaktive Kommunikation und bestimmte Anwendungsmöglichkeiten fürs Mobiltelefon wurden, so behaupten Kommentatoren, überhaupt erst zum Zweck der Verbreitung von Pornografie entwickelt. Interaktive TV-Dienste – etwa jene, die es den Zuschauern ermöglichen, bestimmte Kameraeinstellungen auszuwählen – seien ebenfalls das Ergebnis einer von der Pornografieindustrie in Auftrag gegebenen Produktentwicklung. Dass pornografische Unternehmen extrem konkurrenzbetont sind, ist angeblich auch der Grund, warum sich das Internet innerhalb eines Jahrzehnts von einem Tummelplatz für Computerfreaks zu einem Macher von Milliardären entwickelte.

1993 hatte eine Usenet-Gruppe in der »alt«-Hierarchie 3,3 Millionen Teilnehmer angesammelt – das waren acht Prozent der gesamten Usenet-Leserschaft: Diese Gruppe hieß »alt.sex«. *Wall-Street-Journal*-Journalist Lewis Perdue führte eine Untersuchung der Chaträume der späten 90er durch. Er kam zu dem Schluss, dass 82 Prozent der Chat-Aktivität auf AOL mit Sex zu tun hatte (»dirty talk« und Bildertausch), in der Hoffnung, dass dies im wirklichen Leben zu einem sexuellen Abenteuer führt.

1995 ging die Webseite der Pornodarstellerin Danni Ashe online, welche schnell zu einer der verkehrsreichsten Seiten im Internet wurde. Die Webseite trug zur Entwicklung einer Marketingstrategie bei, die der Schlüssel von Seiten wie Amazon ist. Ein Jahr später richtete die damals 20-jährige Studentin Jennifer Ringley in ihrem Zimmer im Studentenwohnheim eine Kamera ein und ließ sie für die nächsten sieben Jahre laufen. Zu ihren Höchstzeiten konnte *JenniCam* 100 Millionen Hits in der Woche verbuchen. Bald machten es ihr andere cam-girls nach. Im Juni 1999 wurde dann Napster von zwei computerbegeisterten Freunden ins Leben gerufen. Napster ermöglicht Usern, untereinander Dokumente zu tauschen, in erster Linie Musik, weswegen es auf Druck der Musikindustrie zu einem kostenpflichtigen Musikdownload-Anbieter abgewandelt wurde. 2009 stellte das Unternehmen eine View Software vor, die es iPhone-Benutzern erlaubte, 3-D-Fotos und Videos anzuschauen. Das pornografische Unternehmen Pink Visual war eines der ersten Unternehmen, das sich diese Technologie aneignete und Inhalte mit ihr produzierte. So eng ist die Verbindung von Pornografie und den technologischen Innovationen, dass der Autor und Stratege Peter Nowack behauptet, »Porn Star« im Lebenslauf eines Schauspielers würde wohl kaum zu einer Rolle in einem Film mit einer Hollywood-Größe führen, bei »Porn Webmaster« würde er jedoch mit offenen Armen von Unternehmen in Empfang genommen, die nach innovativen IT-Mitarbeitern suchen!

Was das Ansehen von Pornografie angeht, so glaubt Perlman

eine positive Entwicklung zu beobachten: 40 Jahre nach dem »golden age« bemerkten Filmemacher eine Neubelebung der Pornoindustrie – Hoffnung auf eine Wiederkehr ihrer Legitimität. In der Tat ist in der gegenwärtigen wirtschaftlichen Krise die Pornografie einer der wenigen stabilen Märkte geblieben. Der Autor Justin Hockyard wendet ein, dass das Internet zwar dazu beigetragen hat, dass wir offener über Pornografie reden können, auf der anderen Seite habe es aber ein vormals legitimes Genre abgewertet.

Faulstich findet es schwierig, ein Resümee zu ziehen: Man könne nicht sagen, ob Art und Ausmaß der Pornografie zugenommen hätten, da die Erforschung, von Tabus behindert, »absolut unzureichend« sei. Dazu kämen epochenabhängige Eigenschaften wie die Tatsache, dass bis ins 18. Jahrhundert nur wenige Menschen lesen und schreiben konnten; so sei die Verbreitung notwendigerweise beschränkt gewesen. All diese Umstände erschweren seiner Meinung nach die quantitative Einschätzung, auch wenn für Pastötter die Zahlen für sich sprechen: Bis in die 90er produzierten die USA 2000 neue Filme jährlich, 2005 waren es bereits 13.000 pro Jahr. Danach gibt es wegen der Verbreitung des Internets keine Zahlen mehr. Wovon man Faulstichs Meinung nach jedoch ausgehen kann, ist, dass Pornografie kein modernes Phänomen ist. Zwei Dinge haben sich allerdings grundlegend verändert. Durch mehr Zugänglichkeit gibt es absolut gesehen mehr pornografische Produkte, und durch die neuen Medien wird der Pornografie mehr Öffentlichkeit gewährt.

Die Entwicklungen in den Einzelmedien bestätigen ihn in der Annahme, dass Pornografie zu einem »medienübergreifenden Kulturphänomen« herangewachsen ist. Aufgrund technischer Innovationen bieten neue Medien wie der Computer zweifelsohne neue Abrufmöglichkeiten, etwa im Internet. Der Kommunikationswissenschaftler Steven McDermott berichtet, dass seinen Beobachtungen zufolge 66 Prozent der Teenager beim Surfen im Internet – ungewollt – mit Pornografie in Kontakt kommen, etwa durch Dialogfenster. Die größten Lieferanten von Internet-Pornografie sind jedoch die Mobiltelefone, außerdem bieten sie auch eine hervorragende Möglichkeit zum Austauschen pornografischer Bilder und Videoclips.

Alles in allem ist die Bedeutung freizügiger Abbildungen trotz oder gerade wegen ihrer Verbreitung gesunken – ein Trend, der sich nach Meinung der Kunsthistoriker Michael Köhler und Gisela Barche in Zukunft noch verstärken wird. Zugleich hat dies dazu beigetragen, dass die Pornografie nun als chic und trendy angesehen wird, was in einem kompletten Gegensatz zu ihrer früheren Bedeutung steht.

Die neuesten Entwicklungen in der Pornoindustrie gehen dahin, dass die Pornografie auch politisch eingesetzt wird, etwa um den Regenwald zu retten (»Fuck for Forest«). Und sie wird interaktiver. Zu Bild und Ton kommen interaktive Berührungen hinzu: »Tele-« bzw. »cyberdildonics« benutzen haptische Interfaces (z.B. Simulator, HighJoy). Das bedeutet, ein Mann in Frankreich kann mit einer Frau in den USA Sex haben. Wie mit allen Formen der Kommunikation, die nicht unmittelbar sind, hat teledildonics ebenso das Potential, Leute zusammenzubringen wie sie auseinanderzutreiben.

Was ist Pornografie heute?

Bevor wir uns den Inhalten der Pornografie näher widmen, werfen wir einen Blick auf die Sexualität des Menschen. Das hilft, die pornografischen Inhalte besser einschätzen zu können, etwa im Hinblick auf die Gewaltproblematik. Pastötter verfasste 2008 für *Pro 7* den sogenannten *Sex Report*, welcher die Erfahrungen von 55.992 Befragungspersonen berücksichtigt. Demnach hatten die Deutschen im Schnitt 139 Mal im Jahr Sex, 61 Prozent der Männer und 50 Prozent der Frauen wünschen sich mehr Sex. 39 Prozent der Frauen und 37 Prozent der Männer waren schon einmal untreu. Nur fünf Prozent haben Partnertausch betrieben. Ein Drittel der Männer und acht Prozent der Frauen gucken dieser Umfrage zufolge täglich Pornos.

So weit die grobe Statistik. In Bezug auf sexuelle Praktiken liefern Kinseys frühe umfassende Untersuchungen wohl die ausführlichsten Daten. Darin zeigt sich etwa, dass die Brust bei etwa dem gleichen Prozentsatz von Männern und Frauen ausgesprochen sensibel ist. Erotische Reaktionen auf Bisse kamen gleichermaßen bei Frauen und Männern vor. In der gegenwärtigen Pornografie wird hingegen vorrangig die Stimulation weiblicher Brüste gezeigt, selten die der männlichen Brust. Das liegt daran, dass üblicherweise die Frau die Empfängerin aggressiver Handlungen ist.

Pastötter will auch einen weiteren Mythos entlarven, den der vermeintlich sanfteren Sexualität der Frau, der überhaupt erst im bürgerlichen Zeitalter geschaffen worden sei. Vorher wurde den Frauen oft sogar sexuelle Unersättlichkeit nachgesagt. Es ist eine weit verbreitete Meinung, dass Frauen sexuell langsamer reagieren als Männer. Kinseys Untersuchungen vermitteln ein anderes Bild: Seine Daten über Masturbation stützen diese Anschauung nicht. Demnach ist die Reaktion des Mannes durchschnittlich nur um wenige Sekunden schneller als die der Frau. Dass ein anderer Eindruck entsteht, führt Kinsey auf »Unzulänglichkeiten der üblichen Koitus-Techniken« zurück.

Eines der herausragenden Ergebnisse seiner Untersuchungen war die Entwicklung einer Skala der Homosexualität im Alltagsverständnis. Dort ist Schwulsein eine Entweder-oder-Angelegenheit (wie auch die Pädosexualität). Kinsey zufolge sind 75 Prozent der Bevölkerung ausschließlich heterosexuell, acht Prozent ausschließlich homosexuell, einige wenige asexuell und der Rest bisexuell.

Die Frequenz der »Tierkontakte«, also im Klartext Zoophilie, war in Kinseys Erhebung niedrig (acht Prozent der Männer und drei Prozent der Frauen haben sie schon einmal praktiziert); in etwa der Hälfte der Fälle handelte es sich um ein einziges Erlebnis. In der ländlichen Bevölkerung kamen Tierkontakte in manchen Regionen allerdings bei bis zu 20 Prozent der Befragten vor, dabei eher bei Männern als bei Frauen. Angesichts der Seltenheit der tatsächlichen sexuellen Kontakte zwischen Frauen und Tieren ist es interessant, dass sie überhaupt in der menschlichen Vorstellung so eine große Rolle spielen. In der griechischen und römischen Mythologie wimmelt es nur so von Sodomie – der Minotaurus, Leda und der Schwan, Europa und der Stier ... Im alten Rom gab es Tier-Bordelle. Vermutlich haftet der Vorstellung von Frau-Tier-Sexualität eine ähnliche (männliche) Faszination an, wie es bei der Girl-on-girl-Pornografie der Fall ist. Vielleicht geht es auch wie in der interrassischen Pornografie bei der Kombination schwarzer Mann/weiße Frau um Degradierung. Auf jeden Fall geht es um das Befriedigen männlicher Fantasien, nicht weiblicher.

Die Menschen haben immer schon Sexualakte dargestellt. Sie finden sich bereits in Höhlenmalereien und mesopotamischen Reliefs, in hinduistischen Tempelschnitzereien und japanischen Holzschnitten, in den Erzeugnissen der Gutenberg-Presse, ganz zu schweigen von den Fotografien, Postkarten und anderen Medien der neueren Zeit und Gegenwart. Damit sind sie für Betrachter zugänglich. Aber das ist per definitionem noch keine Pornografie und völlig harmlos im Vergleich zu den Möglichkeiten, die das Internet heute bietet.

Zur Kategorisierung pornografischer Inhalte im Internet gibt es bisher praktisch keine Untersuchungen. Das ist bedauerlich, denn die Ergebnisse der bisherigen Publikumsforschung können nicht einfach auf das Internetumfeld übertragen werden. Erstens gibt es hier viel extremeres, sexuell gewalttätigeres Material als in pornografischen Videos oder Zeitschriften. Zweitens regt das Medium aufgrund seiner interaktiven Möglichkeiten die Betrachter dazu an, ihre eigenen Geschichten, Bilder und Videos zu posten und auch miteinander zu chatten – es liegt also nahe, dass das Internet die Nutzer mehr beeinflusst, als andere Medien es tun. Darüber hinaus können sie spielend einfach Bilder kopieren und verschicken sowie Links zu härterem und gewalttätigerem Material setzen. Und dass das Material härter wird, steht mittlerweile für nahezu alle Wissenschaftler außer Frage.

Eine der wenigen Forscherinnen, die die Inhalte der im Internet verfügbaren Pornografie zumindest unsystematisch analysiert haben, ist Dines. Sie begann ihre Suche wie auch der Pornokonsument mit dem Wort »porn« bei Google und klickte dann auf einige Links, die auf der ersten Seite angezeigt waren.

Zu den gängigen Topoi in der populären Pornografie gehören nach wie vor Verführung, Defloration, Inzest, die Profanisierung des Wertvollen und Geheiligten, ewige Lust und Omnipotenz, homosexuelle Kontakte unter Frauen, Flagellation und »rassisierter« Sex. Beliebte Sexualpraktiken sind neben dem Standard (vaginal) auch anal, jede Menge oral, Penetration einer Frau von drei oder mehr Männern zugleich, würgen (und, in extremeren Fällen, erbrechen), ass-to-mouth und Bukkake. Beim Bukkake ejakulieren viele Männer, teilweise über hundert, nacheinander auf eine Frau. Diese Praktik wird von der Gerichtspsychologin Karen Franklin als symbolische Gruppenvergewaltigung bezeichnet. In einigen Clips ejakulieren die Männer in eine Tasse und die Frauen trinken dann die Samen-Mixtur. Sehr beliebt ist auch Gangbang, eine Spielart des Gruppensex, bei der Pornokonsumenten mit ihren Pornstars Sex haben können (auf den entsprechenden Webseiten werden die Männer über Dreh-Locations informiert). Wie im richtigen Leben gilt auch bei der Pornografie: Je mehr Männer eine Darstellerin »hatte«, desto geringer ihr Wert.

Dies ist nur ein erster Eindruck von dem, was man findet, wenn man nur einigermaßen mit dem Computer umgehen kann. Dem Porno-Neuling mögen die beschriebenen Praktiken extrem erscheinen, doch sie sind durchaus repräsentativ für die populäre Online-Pornografie, in der der Trend zur Degradierung nicht zu übersehen ist. Hier herrscht ohne Zweifel Forschungsbedarf.

Eine grobe Charakterisierung des aktuellen Angebots an DVDs nimmt die feministische Journalistin und Autorin Debbie Nathan vor. Sie kommt zu dem Schluss, dass auch hier eine der umfangreichsten Kategorien die »Gonzo«-Pornografie ist. In diesem Genre wird der Sex »wall-to-wall« praktiziert, das heißt, eine Sexszene folgt der anderen, man macht sich gar nicht erst die Mühe, eine Handlung darzustellen. Die Darsteller zeigen, dass sie gefilmt werden – indem sie in die Kamera schauen oder den Betrachter direkt ansprechen. Ein anderes beliebtes Genre ist »Pro-Am« (*Pro*fessional, *Am*ateur), bei dem ein oder zwei professionelle Darsteller zusammen mit – angeblich zumindest – Amateuren agieren. »Feature«-Filme sind eine eher harmlose Variante. Sie haben eine Handlung und zeigen oftmals weiße, heterosexuelle Paare beim (Standard-)Sex, der als »Vanilla« bezeichnet wird, also sinngemäß: Blümchensex. Das ist Sex, der landläufig praktiziert und allgemein akzeptiert wird. Die »All Girl«-Kategorie dagegen, der Name sagt es schon, zeigt Frauen, die Sex miteinander haben. »Young« ist ebenfalls ein sehr beliebtes Genre. Die Mädchen, die hier zu sehen sind, sind oft nicht älter als 18 (das Mindestalter, um in einem Porno mitspielen zu können). Häufig tragen sie Schuluniformen, Zöpfe und andere kindliche Accessoires.

Die Menge an sexuell gewalttätigem Material im Internet nimmt zu, und es werden Bedenken über die leichte Zugänglichkeit laut. Man muss sich vergegenwärtigen: Vor dem Aufkommen des Internets wurde Kinder- und Gewaltpornografie größtenteils innerhalb illegaler Netzwerke weitergereicht, und es war unwahrscheinlich, dass jemandem, der nur ein geringfügiges Interesse an solchem Material hatte, der also nicht aktiv danach suchte, dies zufällig irgendwo begegnete. Heute kann jeder auf solche Bilder von zu Hause aus zugreifen, und viele haben es auch aus Versehen bereits getan. Das Internet fördert die Entwicklung und Ausweitung von Subkulturen mit abweichenden sexuellen Vorlieben, denn hier steht ihnen ein anonymer Raum zur Verfügung, in dem die Konsumenten ihren Fantasien freien Lauf lassen können.

Dem Internet haftete schon früh der Ruf an, ein Ort von Schmutz und Schund zu sein, voll von Pornosüchtigen – spätestens seit dem berüchtigten *Times*-Artikel von 1995, der großzügig 83,5 Prozent aller Bilder im Internet als pornografisch charakterisierte. Die meisten Schätzungen gehen davon aus, dass ein bis fünf Prozent aller Webseiten pornografisch sind, andere Quellen wiederum – etwa jene, die mit Filter Software assoziiert werden – nennen bis zu zwölf Prozent. Dem Servicedienst Alexa.com zufolge, der Daten über Webseitenzugriffe sammelt, sind mindestens fünf der Top-100-Webseiten pornografisch. 2006 gingen 25 Prozent der täglichen Suchanfragen (das sind immerhin 68 Millionen) in Richtung Pornografie. Andere Untersuchungen ergaben, dass Besuche auf Pornoseiten zwischen 20 und 40 Prozent des gesamten Internetverkehrs ausmachen, übertroffen nur von der alles umfassenden Kategorie »Computer und Internet«. Heute ist Deutschland die Nummer eins, was die Anzahl von Website-Aufrufen angeht, die auf Pornoseiten führen: 12,37 Prozent aller Aufrufe sind es laut Statista.

Mittlerweile ist allerdings das Internetangebot so groß, dass bei den DVDs von einem Umsatzrückgang von 40 Prozent gesprochen wird. Die Anzahl an Videotheken in Deutschland ist im Laufe der letzten Jahre von über 4000 auf 1500 zurückgegangen. Dieser Rückgang hat 2006 begonnen, in jenem Jahr, in dem *Youporn* gegründet wurde – kein Zufall! Da ein einmal gesehenes Internet-Video deutlich weniger Gewinn bringt, wird hier auf Masse gesetzt. Aus diesem Grund sind seitens der Pornoindustrie wirklich effektive Filter gar nicht gewünscht.

Zum wahren Ausmaß der Gewinne der Pornografieindustrie existieren nur Schätzungen, doch diese sind überwältigend: Werbeblöcke, Telefonsex, Kabelfernsehen – diese Bereiche kassierten schon 1998 100 Millionen Mark und verbuchten im Folgejahr prozentual ein dreistelliges Umsatzplus. 1970 noch belief sich der Gesamtwert der Hardcore-Pornografie in den Vereinigten Staaten auf nicht mehr als 10 Millionen Dollar. 2001 wird er (inklusive Video, Pay-per-view, Internet und Zeitschriften) bereits auf 2,6 Milliarden bis 3,9 Milliarden Dollar angesetzt, während der weltweite Pornografiemarkt auf kolossale 97 Milliarden Dollar geschätzt wird – das ist drei Mal mehr als der Umsatz des kompletten Internethandels in Deutschland oder auch als der gesamte Ertrag der größten Internet-Unternehmen wie Google, Apple, Amazon, eBay oder Yahoo. Doch natürlich liegt der tatsächliche Profit des Business im Dunkeln, da Mainstream-Unternehmen nicht gewillt sind, ihre Beteiligung zuzugeben.

Ein erstaunlich beliebter Ort für den Konsum pornografischer Filme ist sowohl in Deutschland als auch in den USA das Hotel. Gäste gaben 1996 allein in deutschen Hotels jährlich 60 Millionen Mark für den Konsum von Pornofilmen aus. Auch hier ist allerdings die finanzielle Größenordnung schwer einzuschätzen – wie die großen Unternehmen behalten auch die Hotels dieses kleine Geheimnis für sich. Aber sie haben recht: Was sagen diese Zahlen schon aus? Suchmaschinen schließen prinzipiell Pornografie von den veröffentlichten Listungen aus. Dies hat zur Folge, dass Internet-Pornografie zugleich überall und nirgends zu sein scheint.

Was die Zielgruppe betrifft, so scheinen viele Produzenten nicht so sehr Singles als vielmehr Paare vor Augen zu haben. Dies kann man zumindest aus der Tatsache schließen, dass etwa gleich viele Frauen wie Männer in den Filmen auftreten. Schon der Filmwissenschaftler Stephen Robert Prince, der 32 pornografische Filme untersuchte, die zwischen 1972 und 1985 auf den Markt kamen, konnte ein einseitiges »Benutzen« des Sexualpartners nicht feststellen. Die klassische »Männerfantasie« – ein »Pascha« und »Haremsbesitzer« zu sein und Sex mit vielen Frauen gleichzeitig zu haben – wird auch Pastötters Beobachtungen zufolge im pornografischen Film dieser Zeit selten bedient. Dass in der heutigen Gonzo-Pornografie nur selten Szenen mit vielen Frauen und einem Mann zu finden sind, liegt wiederum eher daran, dass durch eine zahlenmäßige Überlegenheit der Frauen die Dominanz des Mannes gefährdet wäre. Eine ganz extreme Variante ist der Bukkake, wo auf eine Frau Dutzende Männer kommen. Von ihnen ist oftmals noch nicht einmal das Gesicht zu erkennen.

In den 90ern verbreitete sich der »lesbian chic«, die Darstellung weiblicher Homosexualität in der Werbung – vorzugsweise für Düfte und Mode, vor allem für Designer- und Luxusmarken –, der bis heute im Trend liegt. Dennoch sind derartige Bilder nicht Ausdruck »authentischer« weiblicher Sexualität, sondern aus einem männlichen Blickwinkel konstruierte Fantasien. Laut Literatur- und Filmwissenschaftlerin Linda Dittmar ist die Entstehung des lesbian chic als eine Reaktion auf den neuen durchsetzungsfähigen Frauentyp zu deuten, als ein Versuch der Männer – Designer, Werbefachleute, Journalisten und Pornografen –, diesen neuen starken Typ Frau zu »neutralisieren«. Direkter geht es in der Popmusik seit der Gründung der russischen Mädchen-Band t.A.T.u. Ende der 90er zu: Die beiden Sängerinnen stellen sich als lesbisches Liebespaar dar und es bleibt nicht nur bei Andeutungen. Heute bringen Katy Perry oder Lady Gaga selbstbewusst lesbische Que(e)rverweise in die Popmusik.

In der Pornografie wird dieses Genre als »girl-on-girl« bezeichnet. Die Abbildung bzw. der Film richtet sich an den männlichen Betrachter. Meist sind Frauen dargestellt, die konventionell feminin erscheinen – langes, sorgfältig gestyltes Haar, viel Make-up und chirurgisch vergrößerte Brüste. »Lesbische« Szenen dienen hier als metaphorisches Vorspiel oder zum Aufwärmen, bevor der männliche Darsteller die Szene betritt und die Frauen endlich »erlöst«. Aus diesem Grund ist die gleichgeschlechtliche Liebe unter Frauen für den männlichen Betrachter nur attraktiv, wenn die Frauen nicht wirklich lesbisch sind.

Sowohl in der Werbung als auch in der Pornografie reicht die Darstellung von Intimität und sexuellen Handlungen unter Frauen alleine nicht aus, um sie als lesbisch oder bisexuell zu kennzeichnen, da dieses Verhalten als natürlich dargestellt wird, als inhärenter Teil weiblicher Sexualität (zumindest der Porno-Sexualität). Eine bisexuelle Frau trägt das Versprechen endlosen sexuellen Vergnügens: Sie wird nie »Migräne« haben oder sich einem Mann verweigern, der ihre Bedürfnisse doch so vollkommen erfüllt. Hier ist die weibliche Sexualität etwas, das erregend ist, aber auch gezähmt werden muss. Das spricht Männer aus zweierlei Gründen an. Zum einen wird Sex objektiviert, zum anderen der Anschein erweckt, als sei es leicht, Frauen zum Sex zu bewegen.

Während bisexuelle Frauen den pornografischen Typus der unersättlichen weiblichen Sexualität stützen, stellen bisexuelle Männer eine Herausforderung für die normative Heterosexualität dar: In der Pornografie sind männliche Homosexualität und Heterosexualität strikt voneinander getrennt. Andere Männer attraktiv zu finden, geschweige denn Sex mit ihnen zu haben, kennzeichnet einen Mann automatisch als schwul.

Wie bereits erwähnt besteht der Reiz der Pornografie für den Konsumenten oftmals in der Herabwürdigung der gezeigten Personen. Die Sexualisierung vermeintlich »minderwertiger« Körper – Frauen, dunkelhäutige Darsteller, Darsteller aus dem Arbeitermilieu – hebt die Überlegenheit derer, die sich von solchen Körpern distanzieren, hervor. Lynne Segal, Professorin für Psychologie und Geschlechterforschung, nennt dies als Grund dafür, warum ein nacktes, erotisiertes Zurschaustellen insbesondere des weißen männlichen Körpers außerhalb des Bereiches der Pornografie so tabu ist.

Herabwürdigung steckt letztlich auch hinter dem »Cumshot«, dem gut sichtbaren Ejakulieren außerhalb des Körpers der Frau (üblicherweise in das Gesicht der Darstellerin, häufig in den Mund). Das Paar berührt sich dabei kaum: Während der Mann sich selbst befriedigt, wartet die Frau mit offenem Mund auf seinen Höhepunkt. Immer häufiger wird der »Internal Cumshot« gezeigt: Bei diesem sogenannten »Cream Pie« ist in Großaufnahme zu sehen, wie das Ejakulat aus der Körperöffnung austritt. Noch weiter geht das »cum swapping« bzw. »snowballing«, eine Praktik, bei der das Ejakulat mit dem Mund weitergereicht wird – fast ausschließlich von Frau zu Frau. Dabei geht es in erster Linie darum, die Frau mit dem Ejakulat zu markieren und zu degradieren. In diese Kategorie gehört auch die Darstellung von Männern, die zu Fotos von Frauen (oft sind es ihre Exfreundinnen, Models oder Schauspielerinnen) masturbieren. Auf das Foto dieser Frau zu ejakulieren erlaubt dem Mann, sie als seinen Besitz zu kennzeichnen.

Pornografie ist körperlich harte Arbeit. Aufgrund des enormen psychischen Drucks schaffen es tatsächlich nur zwei von 100 Männern, vor der Kamera Sex zu haben. Frauen hingegen müssen mehr ertragen und wegstecken – und haben entsprechend häufig auch mit Drogenproblemen oder Neurosen zu kämpfen. Frauen, so die Meinung eines Pornodarstellers, kommen mit dem Pornobusiness nicht so gut klar wie ihre männlichen Kollegen. Der viele Sex sei eher was für Männer. Die Bezahlung fällt sehr unterschiedlich aus. Ron Jeremy, selbst aus der Szene, über die Gage: »Typen bekommen im Durchschnitt 200 bis 400 Dollar pro Szene oder 100 bis 200 Dollar, wenn sie neu sind. Im Schnitt verdienen sie 40.000 Dollar pro Jahr. Eine Frau verdient, zusammen mit dem, was noch so nebenbei läuft, wie Stripshows und Auftritte, 100.000 bis 250.000 Dollar im Jahr.« Die Männer verdienen zwar weniger Geld pro gedrehter Szene, dafür dauern ihre Karrieren länger als die der Frauen, denn die Altersgrenze nach oben ist nicht so festgelegt. Frauen gelten sehr schnell als nicht mehr »frisch«.

Es erstaunt nicht, dass es in der männlich-orientierten Pornoindustrie nur wenige Frauen gibt, die als Produzentinnen tätig sind. Ausnahmen sind Candida Royalle, eine ehemalige Darstellerin, die als Pionierin der Frauenpornografie gilt, sowie Veronica Hart, Nina Hartley und Joanna Angel, Mitbegründerin der Punk-Porn-Webseite BurningAngel.com. Aber nicht alle Frauen produzieren das gleiche frauenfreundliche Material (Candida Royalle etwa verzichtet auf Cumshot-Szenen), auch hier gibt es eine enorme Ausdifferenzierung. Eine Frau, die sich Mason nennt, produziert Pornos, in denen die Darstellerinnen sehr heftigen Sex haben und z. B. an ihren Haaren durch die Gegend geschleift werden. Mason sagt, die Vorbilder hierfür kommen aus ihren eigenen Fantasien. Tristan Taormino hingegen findet sich auf der anderen Seite des Spektrums. Die selbsterklärte Feministin zeigt Frauen, die Männer mit Dildos penetrieren. Auch die bereits erwähnte Rakel Liekki produziert selbstbestimmte Pornografie und arbeitet mit anderen Pornodarstellerinnen zusammen. Sie repräsentiert quasi den »Fair Trade«-Bereich der Pornoindustrie.

Die Amateur-Pornografie wächst rasant und gehört im Internet zu den Kategorien mit den höchsten Steigerungsraten. Mit dieser Art von Pornografie haben Kritiker die größten Schwierigkeiten: Die traditionelle Pornografie lebt in vielen Fällen von der finanziellen Not der Darstellerinnen, die zu den sexuellen, mit Prostitution gleichzusetzenden Darbietungen gewissermaßen gezwungen sind, um zu überleben. In der Amateur-Pornografie hingegen ist das nicht der Fall. Auch werden die Frauen hier nicht von Männern unter Druck gesetzt, sondern haben oftmals einen Anteil am Geschäft oder führen es sogar alleine – etwa als »cam-girls«. Dunia Montenegro ist eine solche Frau, die zu der wachsenden Zahl an Darstellerinnen gehört, die für sich selbst arbeiten und mit ihrer Arbeit zufrieden sind, weil sie nicht ausgebeutet werden. Der Bereich der Sexarbeit im Netz, zu dem auch die Dienste der cam-girls zählen, wird immer größer. Die Einstiegshürden sind in der Regel gering und der Job kann semiprofessionell betrieben werden. Sexarbeit verliert so immer mehr das Image des Unnormalen. Auch viele Studentinnen finden sich mittlerweile in dem Gewerbe.

Aber auch diejenigen, die als »Angestellte« arbeiten, schätzen mitunter die flexible Arbeitszeit, die Freiheiten, die Verdienstmöglichkeiten und den Spaß. Und seit der Einführung des »AIM testing protocol« (*A*dult *I*ndustry *M*edical Testprotokoll) haben Pornodarsteller und -darstellerinnen weniger Geschlechtskrankheiten als die Durchschnittsbevölkerung. In der deutschen Pornoszene gab es noch keinen Fall von HIV.

Wo hören Kunst, Literatur und Werbung auf, wo fängt Pornografie an?

Dass Werbung immer sexualisierter wird, vor allem in den Bereichen Kosmetik und Modefotografie, liegt zu einem nicht unerheblichen Teil an ihrer Verbindung zu Kunst und Surrealismus.

Surrealisten beschäftigten sich gern mit Phänomenen, die nicht in die gesellschaftlich sanktionierten Normen passten – Geisteskrankheit, Kriminalität, Suizid und eben auch Erotik, Sexualität und (vor allem) Perversionen.

In ihrem Buch *The Beauty Myth* (1991) vergleicht Wolf die Werbebilder aus Frauenzeitschriften mit pornografischen Bildern und findet, von dem Grad an Deutlichkeit abgesehen, sehr wenige Unterschiede. Bereits vor mehr als 20 Jahren! Seither haben sich Werbung und Pornografie immer mehr angenähert und es entstehen immer weitere Schnittmengen. Von Trennschärfe kann nicht mehr wirklich gesprochen werden. Die Frauenforscherin Rosemary Betterton zeigt dies exemplarisch, indem sie eine Softporndarstellung einer *Slix*-Werbung (Badebekleidung) gegenüberstellt: »Das *Slix*-Model schaut über die Kamera hinweg. Sie ist uns nicht zugewandt, ihr Mund ist weniger ein Schmollmund als ein Ausdruck entspannter Mattigkeit. Wie das pornografische Model ist sie sich ihrer Zurschaustellung bewusst. Sie streicht ihr Haar zurück, scheinbar wegen der Hitze, nicht aus Leidenschaft. Im Vergleich zum Porno-Model sind ihre Beine geschlossen. Der Mund des Werbe-Models und ihre Beine bieten keinen Einlass. Der Körper ist von sandiger Farbe. Das nackte Model ist eingeölt, was dazu führt, dass es so aussieht, als ob es transpiriere – dies weckt Assoziationen von sexueller Aktivität. Der Unterschied zwischen dem pornografischen Bild und der Modeaufnahme ist die Art der Anrede. Die Anrede des Werbemodels entsteht durch die Spannung zwischen Attraktivität und Unzugänglichkeit. Die Werbeabbildung kreiert Abstand zwischen Bild und Publikum. Im Vergleich dazu wirkt die Sexualität des Nacktmodels einladend.«

Für eine Modekampagne der *Benetton*-Tochter *Sisley* brachte Terry Richardson 2001 in brisanter Mischung Models, Bauernhof und Tiere zusammen. In Anlehnung an einen Cumshot spritzt auf einem der Bilder dem Model direkt aus dem Kuheuter Milch in den Mund. Der Blick des Models unterscheidet sich dabei in keiner Weise von dem eines weiblichen Porno-Models. Er ist, ganz wie in einer klassischen Porno-Produktion, auf den imaginären Betrachter gerichtet. Genauso eindeutig sind Richardsons Arbeiten für das Herrenparfum *Tom Ford*. Auf den Fotos werden ausschließlich Genital- und Analregionen der weiblichen und männlichen Models »ins Visier« genommen, d.h. die entscheidenden Bereiche werden von strategisch geschickt platzierten *Tom-Ford*-Parfumflaschen bedeckt. *Shai*, eine französische Bekleidungsfirma, warb 2006 mit interaktiven hardcore-pornografischen Videoclips im Internet. Es gab drei Versionen – Mann/Frau, Mann/Mann und Frau/Frau. Längst ist die Aussage von Ivo Kranzfelder, Professor für Kunstgeschichte, überholt, dass die Werbung gefällig sein will und die Modefotografie, die zwar eher mal an die Grenzen des Geschmacks und gelegentlich auch darüber hinausgeht, keine obszönen Darstellungen toleriert. Ein gewisser, »gesellschaftlich akzeptierter Grad von Perversion« sei zulässig, doch Bilder, die Geschlechtsorgane darstellen, seien tabu. Das stimmt heute so nicht mehr.

Die Pornografie ist zum Zwecke des Tabubruchs natürlich besonders geeignet, weil sie private sexuelle Sehnsüchte mit all ihren tabubrechenden, transgressiven Eigenschaften repräsentiert. Kinnick fragt, ob es in dem, was die Mainstream-Medien zeigen, ein Limit geben wird bzw. welches Maß an Sexualisierung die Bevölkerung wohl zu dulden bereit ist. Es ist erwiesen, dass die Dauerberieselung mit sexuellen Stimuli zu einer allmählichen Desensibilisierung führt. Darstellungen, die schocken oder zumindest provozieren müssten, werden nach einer gewissen Zeit gar nicht mehr wahrgenommen.

Aber es geht nicht nur um Provokation. Aufgrund der Flut von sexuellen Botschaften verliert die Erotik ihren Reiz. Früher setzte der Anblick eines weiblichen Knöchels die Männerwelt in Verzückung, heute bedarf es mehr als eines gelüfteten Rockzipfels. Eine Studie aus den 70er Jahren ergab, dass Jugendliche neben den einschlägigen Hard- und Softcorepublikationen folgende Printmedien als Masturbationsvorlage benutzten: *Quick, Neue Revue, Twen, Bravo*, den *Neckermann-Katalog, Pardon, Spontan* und *Konkret*. Das würde heute die wenigsten in Erregung versetzen. Mit der Tabuverletzung verhält es sich nach Meinung des Kunstwissenschaftlers Thomas Zaunschirm ähnlich wie mit den sexuellen Reizen. Sie kann nicht beliebig oft wiederholt werden. Irgendwann ist sie erschöpft. Anders formuliert: Werbung, die ihre Aura dadurch erwirbt, dass sie Tabus verletzt, stumpft den Zuschauer ab und schwächt zugleich das verletzte Tabu.

Wie bei der Pornografie geht es bei der Werbung nicht um eine künstlerische Würdigung des Produktes, also darum, wie etwas gemacht wird. Hier geht es einzig und alleine darum, dass es wirkt. Im Fall der Pornografie heißt das: dass sie erregt. Doch die Prozesse, die im Mainstream ablaufen, sind dieselben: Es gilt die Aufmerksamkeit der Zuschauer zu erlangen – notfalls durch immer stärkere Reize. Wenn die Betrachter sich an die sexuellen Inhalte gewöhnt haben, bedarf es noch erregenderer Bilder (analog: mehr Hardcore in der Pornoindustrie). In beiden Fällen geht es also darum, immer wieder Grenzen zu überschreiten und mit noch eindeutigerem Sex zu reagieren. Dieser Prozess ist zirkulär. Die neuesten Entwicklungen im TV gehen dahin, die Themen »Sexualität« und »Pornografie« mit etwas Schockierendem oder Bizarrem zu verknüpfen. In Großbritannien etwa gibt es zunehmend Serien wie *Shameless, Little Britain* oder *The Inbetweeners*, die eine beeindruckende Bandbreite an Perversionen und Tabubrüchen in ihren Storylines aufweisen (etwa Behinderten- und Greisensex, Exkremente und Erbrochenes, Pädophilie und Inzest).

Eine spezielle Form des Tabubruchs ist die Vermischung von Religiösem und Sex. Zwischen dem Sakralen und dem Sexuellen bestehen diverse Verbindungen. Aufgrund ihrer Spannungen – alle Erlösungsreligionen reglementieren Sexualität – besteht zwischen den beiden Bereichen eine Konkurrenz, die Lautmann als »wechselseitig anregend« charakterisiert. Hier finden sich Themen wie »Begehren«, »Lust und Verbot«, »Verführung« genauso wie etwa, um ein frühes Beispiel zu nennen, in den Romanen der »Schwarzen Romantik« – z. B. in Gregory Matthew Lewis Roman *Der Mönch* (1799). Pornografen wie de Sade und Georges Batailles waren, so die Journalistin und Autorin Bettina Bremme, geradezu ergriffen vom Gedanken des Sakrilegs – dies manifestiere sich in Schriften, in denen Priester, Mönche und Nonnen vergewaltigt und Kirchen geschändet werden. Das Sakrileg kommt sowohl in der Werbung als auch in der Pornografie vor. Seit Anfang der »Noughties« ist das Motto des britischen Unternehmens *GHD* (»*G*ood *H*air *D*ay«): »a new religion for hair«, und seine Werbekampagnen bringen stets Sex und Religion zusammen. Seine Offensive Anfang 2008 wurde von der *ASA* (»*A*dvertising *S*tandards *A*uthority«) unterbunden. Ansonsten sind religiöse Inhalte in der Modefotografie eher spärlich vorhanden und werden in den wenigen existierenden Fällen eher für scherzhafte Aussagen benutzt. Traditionellerweise bestimmte die Religion über Werte und Normen der Gesellschaft, während die Pornografie ganz am Rande des Mainstream lag. Nun ist es geradezu umgekehrt: Die Pornografie gibt den Maßstab vor, während die Religion an Bedeutung verliert.

Selbst religiöse Institutionen stehen unter dem Einfluss der Pornifizierung: Seit ein paar Jahren wird ein katholischer Kalender herausgegeben, der *Calendario Romano*, der zum Teil sehr sinnliche Fotografien junger, gutaussehender Priester beinhaltet. Die Männer sind zwar bekleidet, aber eine eindeutige erotische

Komponente ist den Bildern nicht abzusprechen – so sieht man etwa, wie eine weibliche Hand einem jungen Priester ein Stück Brot reicht. Es scheint, als werde hier bewusst mit der Spannung zwischen Religion und Sexualität kokettiert, um den Absatz der Kalender zu steigern. Ist es ein Zufall, dass 37 Prozent der Pastoren in den USA sagen, dass Porno-Webseiten für sie ein »ständiges Problem« sind?

Das Etikett »pornografisch« wird häufig auch zugkräftig im Zusammenhang mit bestimmten literarischen Werken verwendet, um die Leser neugierig zu machen und zum Kauf anzuregen. Immer häufiger integrieren diese Werke pornografische Elemente und werten sich, so paradox es vielleicht klingen mag, durch die Pornografie auf, während pornografische Produkte wiederum eine Verbesserung ihrer Qualität in Bezug auf künstlerische Ausführung, Handlung, Charakterdarstellung und Originalität erfahren. 2012 sorgte der Roman *50 Shades of Grey* für Furore, vor allem deshalb, weil in den freizügigen erotischen Szenen BDSM-Praktiken geschildert wurden. Die Trilogie wurde 20 Millionen Mal in 37 Ländern weltweit verkauft und hat damit selbst die Harry-Potter-Serie übertroffen. Als »mummy porn« bezeichnet, soll er in Großbritannien sogar zu einem Baby-Boom geführt haben.

Ein äußerst populäres Genre an der Schnittstelle von Literatur und Pornografie sind erotische Memoiren. Obwohl Menschen schon seit Jahrhunderten von den fiktionalen und faktischen Memoiren von Prostituierten fasziniert waren, gibt es heute einen neuen Schwung an solchen Publikationen, die eine bemerkenswerte Verschiebung hinsichtlich der Art der Darstellung aufzeigen: nämlich glorifizierend. Beispiele hierfür sind *Diary of a Manhattan Call Girl* (2001) von Tracy Quan, *The Intimate Adventures of a London Call Girl* (2005) von Belle de Jour und *Miss S's Confessions of a Working Girl* (2006). Aber auch die zahlreichen schlüpfrigen

Geständnisse von ganz normalen Frauen stehen diesen Erzählungen in puncto Feizügigkeit in nichts nach – von *Round-heeled Woman, My Late-Life Adventures in Sex and Romance* (2004) der 67-jährigen Jane Juska zu *One Hundred Strokes of the Brush Before Bed* (2004) von Melissa P, die damals gerade mal 16 Jahre alt war. Zunehmend findet man solche Berichte in Blogform: etwa das preisgekrönte *Girl with a One-track Mind* (2006), welches ein Jahr später als Buch veröffentlicht wurde. Die Folge dieser Entwicklung: Ähnlich wie in anderen kulturellen Bereichen nähern sich, so Kappeler, das »niedrige« Pornografische und das »erhabene« Literarische wechselseitig an.

Forscher schließen nicht aus, dass das Lesen solcher Bücher zur Popularität von Berufen im Sex-Business beiträgt. Striptease-Tänzerin zu sein ist heute für viele Frauen eine ernsthafte Berufsoption. Lap-dancing-Clubs kamen ursprünglich aus den USA, der erste Club im Vereinigten Königreich eröffnete 1995 in London; heute gibt es mehr als 300 davon. Studien zufolge haben die Tänzerinnen jedoch ein risikoreicheres Leben als Pornodarstellerinnen. Probleme mit Alkohol, Drogen und Medikamenten sind weit verbreitet. Viele leiden unter gravierenden Persönlichkeitsstörungen und Depressionen. Die Grenzen zur Prostitution sind fließend: Um sich gegen die Konkurrentinnen durchzusetzen, bieten etliche von ihnen auch Sex mit den Kunden an (was offiziell verboten ist). Und auch der Stangentanz wird immer beliebter. Viele Frauen sagen, er verleihe ihnen Macht. Mit der wachsenden Akzeptanz der Pornografie im Mainstream – Prince Harry, Simon Cowell, Christian Slater waren alle Besucher einschlägiger Etablissements – dringt das Gewerbe in den Unterhaltungsmarkt ein und schneidet seine Marketingkampagnen konkret auf dieses Publikum zu.

Prostitution ist nicht nur eines der ältesten Gewerbe der Welt, sondern auch eines der beständigsten und erfolgreichsten: Nach

Aussagen von »Hydra«, einer Selbsthilfeorganisation von Prostituierten, gingen Ende der 90er jeden Tag ca. 1,2 Millionen deutsche Männer zu einer Prostituierten. Sie waren typischerweise um die 30 bis 40 Jahre alt und in einer festen Beziehung bzw. verheiratet. Knapp 20 Prozent der Männer in Deutschland nahmen regelmäßig die Dienste einer Prostituierten in Anspruch, die zu 50 Prozent aus dem Ausland stammten. Der Umsatz belief sich damals auf 12,5 Milliarden DM.

Eine Studie belegt, dass sich im Vereinigten Königreich im Laufe der 90er Jahre die Anzahl der Männer verdoppelte, die käuflichen Sex suchten. Die Männer waren häufig Singles, lebten in London und waren im Alter von 25 bis 34 Jahren. Die Autorin des Berichtes, Helen Ward, brachte das Phänomen mit der allgemeinen Akzeptanz der Sex-Industrie in Verbindung. Es sei naiv anzunehmen, dass eine so positive Darstellung der Prostitution in der Gesellschaft ohne Einfluss auf realweltliches Verhalten von Männern und Frauen bleibe.

Ihrer Vorreiterrolle gerecht werdend waren pornografische Motive in der Kunst schon Jahrzehnte früher sichtbar. Immer schon gab es Überschneidungen zwischen den beiden Bereichen – John Waters: »Contemporary art is sex … it's all about sex« – und immer mehr nähern sie sich einander an. In der Kunst sind Sexualität und Pornografie gängige Themen. Faulstich merkt dazu an, dass es eine Menge Werke gibt, die ursprünglich als pornografisch galten, aus heutiger Perspektive jedoch maximal das Etikett »erotisch« bekämen.

Die Werke einiger zeitgenössischer Künstler – wie Robert Mapplethorpe, Marlene Dumas, Sue Williams oder Natacha Merritt – verweisen unmittelbar auf Pornografie. Bei einigen dieser Darstellungen ist ungeklärt, ob sie ihr tatsächlich zuzuordnen sind oder ob sie als Kunst anerkannt werden. Ein Beispiel hierfür ist die *Made-in-Heaven*-Serie von Jeff Koons. Die Nähe seiner Werke zur Pornografie ist so groß, dass viele Betrachter keinen Unterschied zwischen beiden ausmachen können. Noch verwirrender wird das Ganze dadurch, dass seine damalige Ehefrau, Pornostar Cicciolina, dargestellt wird. Der Kunsthistoriker und Kunstwissenschaftler Thomas Zaunschirm schlussfolgert, dass bei zwei identischen Motiven (eins von Koons, eins von Cicciolina) aufgrund der unterschiedlichen Kontexte das eine als Kunst, das andere als Pornografie betrachtet werden müsse. Der Kunstbegriff hinter dieser Argumentation bezieht sich auf vermeintlich unantastbare ästhetische und philosophische Kriterien. Ähnlich komplex ist der Fall Terry Richardson, der neben seinen umstrittenen Modefotografien Hardcore-Pornografie als Kunstwerke verkauft. Und auch die Gemälde des amerikanischen Künstlers John Currin, die sich in den letzten Jahren dem Pornografischen zugewandt haben, sind mehrdeutig. Currin ist nachweislich von pornografischem Material aus Dänemark inspiriert, welches aus den 70er Jahren stammt. Vermutlich ist der zeitliche Abstand gerade groß genug, dass die Bilder nicht mehr als Pornografie gelten: Frisuren und, aus heutiger Sicht, ungewohnt üppige Schambehaarung sorgen für Distanz. Der Fotokünstler Thomas Ruff wiederum verfremdet pornografische Bilder in seinem Projekt *Nudes*. Der Kontext »Kunst« entfernt die Bilder aus dem Bereich der Pornografie, deren Hauptziel Erregung ist. Diese ist durch die Unschärfe der Abbildungen nämlich nicht mehr gegeben. So nähert sich auf der einen Seite die Kunst der Pornografie an, auf der anderen Seite werden pornografische Darstellungen immer häufiger der Kunst zugeordnet.

Die Einteilung in Hoch- und Populärkultur wird immer schwieriger. So ist etwa an der Schnittstelle zwischen Kunst und Kitsch die erotische »Fantasy Art« angesiedelt. Künstler wie Luis Royo sind Vertreter dieses Genres. Weitere Kunst-Genres, die sich im Bereich zwischen Kunst und Pornografie bzw. zwischen

Hoch- und Populärkultur befinden, sind Pin-up, Horror, Fetisch, Comics, Anime, Hentai und andere Nischen-Genres, die mit der Verbreitung digitaler Illustration an Zuwachs gewonnen haben. Comics sind schon seit langer Zeit beliebte Mittel, um erotische Fantasien auszudrücken: Bekannte Künstler, die eigene Charaktere (meist vollbusige Frauen) und Fetisch-Bilder kreierten, sind Alazar, Bill Ward, Kevin J. Taylor und John Willie, die mittlerweile eine wahre Kult-Fangemeinde um sich scharen. Tom of Finland ist für seine homosexuell besetzten pornografischen Comics bekannt. Mit seinen stilisierten Zeichnungen von »gut ausgestatteten« Muskelprotzen in engen Uniformen beeinflusste er anerkannte Künstler wie Mapplethorpe, Warhol und Hockney.

Was als pornografisch bezeichnet wird, ist letztendlich abhängig vom gesellschaftlichen Kontext und wird von einer Lobby beeinflusst. Die Willkür der Kriterien und Kategorien zeigt sich, so Faulstich, an D.H. Lawrences *Lady Chatterley's Lover* (1928), das heute als literarischer Klassiker gilt, bis in die frühen 60er allerdings verboten war; oder auch an Pauline Réages *Geschichte der O* und – weitaus früher – an de Sades Romanen. Die *Fifty Shades*-Trilogie hingegen wird in erster Linie von »respektablen« Hausfrauen und Müttern gelesen. De Sades Werk hatte allerdings eine grundlegend andere Funktion als *Lady Chatterley* oder *Fifty Shades*: Er wollte mit seinen expliziten Schilderungen weniger erregen als schockieren und die moralischen Codes und Konventionen des Frankreichs des ausgehenden 18. Jahrhunderts zerrütten. Dies erklärt de Sades zeitlose Popularität, denn der Grund für die Beständigkeit seines Werks liegt, zumindest für McNair, nicht in aktiven Bemühungen von Intellektuellen oder Künstlern, es im westlichen Kollektivgedächtnis am Leben zu halten, sondern darin, dass es in ästhetischer und sexueller Hinsicht das moderne Zeitalter eingeläutet hat.

Ästhetik und Literaturwissenschaft haben, Faulstich zufolge, nur hilflose Abgrenzungsversuche unternommen, Pornografie von Kunst bzw. Erotik zu trennen. Kunst und Literatur gelten als anspruchsvoll, weil sie die Sexualität in ihre Werke einflechten und mehrdeutig gestalten. Im Gegensatz hierzu steht die Pornografie, die die Sexualität isoliert und eindimensional darstellt. Anja Zimmermann, Professorin für Kunstgeschichte, ist der Meinung, dass etwas prinzipiell auch dann als Kunst angesehen werden kann, wenn pornografisches Material in gewisser Weise »verbessert« wurde. Das ist z. B. bei Thomas Ruff der Fall. Selbst wenn Pornografie Tabus verletzt, kann sie noch als Kunst betrachtet werden – was Trennungsversuche zusätzlich verkompliziert. Die Macht zu entscheiden, was als »Kunst« gilt und was nicht, liegt – so Bremme – beim »männlich dominierten Kunstbetrieb« – den Kunstmäzenen, Galeristen und Kunstkritikern. Für den Bereich der Literatur hat Kappeler in ihrem Buch *Pornografie – Die Macht der Darstellung* dargelegt, dass »das literarische Renommee und das Vorhandensein einer Lobby im Kulturbetrieb entscheidend sind dafür, ob das Werk eines Autors oder einer Autorin letztendlich als ›künstlerisch‹ oder als ›pornografisch‹ eingestuft wird«.

1973 gab es aus gegebenem Anlass einen Beschluss des Supreme Court. Darin heißt es: Es muss geprüft werden, ob »die Durchschnittsperson […] finden würde, dass das Werk, als Ganzes genommen, lüsterne Interessen bedient«, und außerdem »ob es dem Werk, als Ganzes genommen, ernstlich an literarischem, künstlerischem, politischem oder wissenschaftlichem Wert mangelt«. Es darf bezweifelt werden, dass die Definitionsproblematik damit aus der Welt geschafft ist.

AUFLÖSUNG DER PRIVATSPHÄRE, ODER: PERMANENTE SELBSTDARSTELLUNG

Celebrity-Kult und Designer-Vagina: Inbegriffe des Schönheitswahns

Von der Medienwissenschaft wissen wir, dass Bilder Auswirkungen im wirklichen Leben haben können. Die Pornografie schafft, wie andere Medienbilder auch, eine Welt, von der wir zu einem bestimmten Grad wissen, dass sie nicht wahr ist. Aber es wäre falsch zu behaupten, weil Pornografie kein genaues Abbild der wirklichen Welt sei, habe sie keine realweltlichen Auswirkungen. Zum Beispiel wissen Frauen sehr wohl, dass die Bilder der Models in der Werbung manipuliert sind, dass sie eine technisch verbesserte Version der Realität sind. Das hält sie aber nicht davon ab, die Produkte dennoch zu kaufen, in der Hoffnung, dass sie dem Bild einer unwirklichen Frau nacheifern können. Egal wie fantastisch die Bilder der Frauen sind, sie beeinflussen in unterschiedlichem Maße das »weibliche« Leben. Ein eindrucksvolles Beispiel für die Reichweite der Medienbilder ist das Wachstum der Schönheitschirurgie. Menschen lassen sich nicht operieren, weil ihr Nachbar nebenan oder die engste Freundin besser aussieht. Nein, die Vorbilder stammen aus den Medien. Der »American Society of Aesthetic and Plastic Surgery« zufolge ist die Zahl der kosmetischen Eingriffe in den letzten zehn Jahren um 465 Prozent gestiegen: Über zwölf Millionen Eingriffe werden jährlich vorgenommen (Fettabsaugen, Lifting, das »Gesamtpaket«, das Bauchstraffung, Brust-OP und Gesichtsverjüngung beinhaltet). Jährlich werden 12,5 Milliarden Dollar für kosmetische Chirurgie ausgegeben, und auch diese Summe steigt.

Schon 1995 konstatiert die Publizistin Ebba Drolshagen in ihrem Buch *Des Körpers neue Kleider. Die Herstellung weiblicher Schönheit*, heute werde das als weiblich betrachtet, was herkömmlich als unweiblich galt, nämlich ein hochgewachsener, magerer Körper ohne Kurven – außer den Brüsten. Das Ablehnen weiblicher Kurven sei charakteristisch für das heutige Schönheitsideal. Die Psychoanalytikerin Ingrid Olbricht glaubt, dass Brüsten für das Schönheitsideal deshalb eine dermaßen große Bedeutung zugeschrieben wird, »weil sie das Einzige sind, was vom Frauenkörper noch sein darf«. Sie hat eine Vermutung, wo dies hinführt: den weiblichen Körper einerseits abzuwerten, auf der anderen Seite »das wenige, was noch geduldet wird – nämlich die Brust –, überzubewerten und zur Schau zu stellen«. Das hat zur Folge, dass Brüste übermäßig stark sexualisiert werden.

In den letzten 100 Jahren gab es Zeiten, in denen dieses Schlankheitsgebot vorübergehend nicht galt. Im Nationalsozialismus und in den 50er Jahren waren »weibliche Kurven« erwünscht. Dieses eher runde Körperideal war kennzeichnend für die damals geschätzte Rolle der Frau als Hausfrau und Mutter. In den 20er Jahren wurde hingegen bereits ein ungewöhnlich schlankes Körperideal proklamiert. Antoni-Komar sieht hier eine Verbindung zur Entstehung der Frauenbewegung und dazu, dass Frauen in vielen westlichen Ländern das Wahlrecht zugeteilt wurde.

Für die englische Kultursoziologin Janet Wolff ist es kein Zufall, dass das weibliche Schönheitsideal gerade heute, wo Frauen mehr Rechte haben denn je, mehr Einfluss, mehr Selbstbestimmung und mehr Vermögen, so schlank und rigide ist wie nie zuvor. Als die Frauen vermehrt in männlich dominierte

Gebiete vordrangen, mussten »lustfeindliche« Maßnahmen von den Männern ergriffen werden, um sie auf ihre Plätze zu verweisen, so Wolff. Da sie nicht mehr im Haus gehalten werden konnten, war das neue Gefängnis ihr eigener Körper. Eine ähnliche Dynamik sieht Kinnick in ihrem Beitrag zu dem von Hall und Bishop herausgegebenen Sammelband *Pop-Porn: Pornography in American Culture* (2007) in der aktuellen Pornifizierung: Es sei eine Ironie, so findet sie, dass sich von der Pornografie inspirierte Medienbilder in einer Zeit ausbreiten, in der Frauen in Bezug auf Gleichberechtigung und Macht am Arbeitsplatz, in Politik und Familie, besonders viel erreicht haben.

Heute ist Schönheit gleich Schlankheit. Das war nicht immer so. Die berühmte Venus von Willendorf, jene bekannte kleine kugelrunde Steinfigur, stellt das altsteinzeitliche weibliche Idealbild dar. Sie symbolisiert Fruchtbarkeit, entsprechend sind Brüste, Vulva, Bauch und Oberschenkel betont. Und wer kennt nicht die üppigen Frauenfiguren von Rubens und Rembrandt? Mit dem heutigen Ideal hat das nicht mehr viel gemeinsam. Heute wird Schönheit im Wesentlichen vor allem durch drei Begriffe charakterisiert: Schlankheit, Jugend und Fitness. Zu keinem Zeitpunkt in der Geschichte mussten Frauen so schlank sein wie heute. Je prestigeträchtiger der Kontext der Abbildung – z. B. Werbung für Luxusmarken – ist (oder je mehr Status ihr Ehemann hat), desto schlanker muss die Frau sein. Barbara Krebs vom Frankfurter Institut für Essstörungen sprach vom »Nancy Reagan-Effekt«, etwas aktueller könnte man den Vergleich zu Victoria Beckham oder Angelina Jolie anführen, zwei der zurzeit populärsten und zugleich auch zwei der schlanksten Frauen im Showbiz.

Eine kanadische Studie kam zum Ergebnis, dass Frauen nach der Betrachtung von Hochglanzmagazinen mit dünnen Models ein vermindertes Selbstbewusstsein aufwiesen. In früheren Jahrhunderten bekam die breite Bevölkerung nur einen Bruchteil der Bilder und somit der Schönheitsideale zu sehen, die heute zirkulieren. Schönheitsideale wurden allenfalls durch Gemälde und Kirchenkunst (Statuen) vermittelt. Heute sind Models, Sängerinnen und Hollywood-Stars (in Großbritannien zudem Glamour-Models) dank eines ausgeprägten Celebrity-Kults und der Medienflut allgegenwärtig. Eine Begegnung ist kaum zu vermeiden, überall sind diese Idealfrauen anzutreffen – in Zeitschriften, Musikvideos, Filmen und in der Werbung.

Das heutige Schönheitsideal wird zu 100 Prozent von der Barbie-Puppe verkörpert. Wie die Kommunikationswissenschaftlerin Kristen Harrison in ihrem Artikel »The case of the curvaceously thin woman« (2003) hervorhebt, ist das Medienideal einer Frauenfigur das eines Körpers mit den Kleidermaßen 32 (Hüftweite), 30 (Taillenweite) und 38 (Oberweite) – praktisch eine körperliche Unmöglichkeit. Um solche Körperproportionen zu erreichen und aufrechtzuerhalten, sind diätetische und drastische Maßnahmen vonnöten. Ein Teil des Körpers muss schrumpfen, der andere muss wachsen, z. B. indem durch chirurgische Eingriffe die Brust vergrößert wird. Auch als schön wahrgenommene Frauen erreichen solche Maße oft nicht. Das ist der Grund für die mittlerweile routinemäßigen Retuschen vieler Zeitschriften, die den digitalen Pinsel oft dermaßen schwingen, dass selbst bekannte Hollywood-Schauspielerinnen nicht zu erkennen sind. Dadurch wird das Bild davon, wie die meisten Frauen aussehen, völlig verzerrt. Tatsächlich haben nur wenige Frauen von Natur aus einen drahtig-schlanken Körper. Das Leitbild wird immer unrealistischer und unerreichbarer. Infolgedessen wächst der Druck. Das Resultat sind unzufriedene Frauen.

Inzwischen sind nicht nur die Frauen betroffen. Auch von Männern wird heute viel mehr als früher erwartet, dass sie Wert auf ihr Äußeres legen. Bei ihnen wird ein gestählter, glatter Körper erwartet, der nur durch viele Stunden im Fitnessstudio zu erreichen ist. Die Körperbehaarung sollte sich auf die richtigen Stellen konzentrieren, d.h. am besten nur auf den Kopf. Haare auf dem Rücken sind am allerschlimmsten, und zählt der Mann zu den Unglücklichen, denen ausgerechnet dort Haare sprießen, so muss er regelmäßig Termine im Schönheitssalon wahrnehmen, um sie sich mit Heißwachs entfernen zu lassen. Vielleicht hat sich der Druck auf Männer auch gerade deswegen erhöht, weil die Frauen in männliche Bereiche vordringen. So wird eine Annäherung der Geschlechter in allen Bereichen vollzogen.

Der Schönheitsbegriff hat sich für Männer, vor allem aber für Frauen, um eine Dimension erweitert. So kann man die drei Begriffe Schönheit, Schlankheit und Fitness um einen weiteren ergänzen: sexuelle Attraktivität. Es gibt kaum nichtsexualisierte Frauenrollen im Hollywood-Kino – Kommissarinnen, Gerichtsmedizinerinnen, Anwältinnen und Ärztinnen –, immer sind sie jung, attraktiv und sehen wie aus dem Ei gepellt aus. Ergänzt man den Hollywood-Look – platinblonde Haare, silikonrunde Brüste – noch um Highheels und Kunstfingernägel, dann haben wir den »Porn Look«, der das gegenwärtige Schönheitsideal in großen Teilen Großbritanniens ausmacht. *Baywatch*-Badenixen wie Pamela Anderson und andere *Playboy*-Bunny-Kolleginnen haben das öffentliche Bewusstsein optisch vorgeprägt, Pornostar Jenna Jameson und Co. haben den Look dann im Mainstream etabliert. In dieses von Künstlichkeit geprägte Schönheitsideal passt nichts, was an Körperfunktionen wie die weibliche Fruchtbarkeit erinnert: Nicht von ungefähr betreibt eine von zwanzig Frauen heute »Menstruations-Management«, d.h. sie nimmt die Pille ohne Pause ein, um die Menstruation völlig zu stoppen – ein Trend, der aus Amerika kommt.

Ein großer Teil des Beautykults dreht sich um die Idee des »Makeover«, der Manipulation des Körpers als »Technologie des Selbst«. Diese Idee wird medial vielseitig umgesetzt – von Fernsehshows wie *Germany's Next Top Model* bis hin zu Zeitschriften und Büchern, die ihre Leserinnen schon im Grundschulalter ermutigen, sich remodeln zu lassen. Im amerikanischen und englischen Fernsehen sind Makeover-Sendungen wie *The Swan* oder *10 Years Younger* an der Tagesordnung. Sie raten den Kandidaten zu multiplen Operationen als einer schnellen Lösung für die ultimative Selbstverbesserung und das Lebensglück auf allen Ebenen. Die Anzahl der vorgenommenen Eingriffe steigt mit jedem neuen Sendeformat, und das Ausmaß der Operationen wird immer drastischer. Sendungen wie diese schwappen auch nach Deutschland über, etwa die *Vorher-Nachher-Show*. Auch Jugendliche gehören zum Zielpublikum: Bei MTVs *I Want a Famous Face* werden junge Leute um die 20 operiert, die ihren Idolen – Pamela Anderson, Jennifer Lopez, Brad Pitt – gleichen wollen.

Lifting und Brustvergrößerungen gelten angesichts dieser Entwicklungen schon fast als triviale Eingriffe. Mittlerweile hat sich die Mehrzahl der Promis die Zähne richten lassen und trägt Veneers, Keramikzähne – kaum einer hat noch ein natürliches Gebiss. Die Perfektionierung des Körpers zielt nun auch auf den Intimbereich – Vulva-Styling und Vagina-Design, »vaginal rejuvenation« im englischsprachigen Raum genannt. Dabei handelt es sich um einen Sammelbegriff für verschiedene Eingriffe: Neben der »labioplasty«, also dem Verkleinern und Angleichen der inneren Schamlippen, beinhaltet dies eine Straffung des Vaginalkanals. Die Vorbilder hierfür werden von der Pornografie geschaffen, welche durch ihre enorme Verbreitung nun auch den genitalen Status quo vorgibt – und das ist eine kleine, enge Vagina. 2013 bekannte sich Sharon Osbourne zu dem Eingriff – sie hatte sich 2011 den Vaginalkanal liften lassen. Wenn Promis offen über diese Praktiken reden, machen sie diese damit noch populärer.

Dazu kommt das Tabu in der Softpornografie, weibliche Genitalien zu zeigen. Daher werden eventuell hervorstehende Labien wegretouchiert. Die Autoren eines Artikels im *British Medical Journal* berichteten, dass Frauen üblicherweise Bilder aus der Pornografie vorlegen, um dem Chirurgen zu zeigen, wie sie ihre Genitalien möchten. Zwischen 2002 und 2007 verdoppelte sich die Zahl an »labial reductions«, die vom National Health Service durchgeführt wurden. In den letzten fünf Jahren hat es im Vereinigten Königreich bei den Labioplastiken einen Zuwachs von 300 Prozent gegeben – es ist der kosmetische Eingriff, der zunehmend am häufigsten gewünscht wird. Englische Frauen betonen ihre enthaarte und chirurgisch optimierte Genitalregion darüber hinaus gerne mal mit Glitzersteinchen zum Ankleben (»Vajazzle«), man muss ja zeigen, was man hat! Die Frauen sind überzeugt, dass sie die Eingriffe aus freien Stücken ertragen, nur für sich vornehmen lassen, doch einige Ärzte vergleichen die Labioplastik schon mit weiblicher genitaler Verstümmelung – eine Praxis, die von der *WHO* definiert wird als »procedures that involve partial or total removal of the external female genitalia, or other injury to the female genital organs for non-medical reasons«. Das trifft bei dieser Art von Eingriffen in der Tat zu.

Dass der Trend zur enthaarten, genormten Vagina auch tatsächlich aus der Pornografie kommt, zeigen Studien: 37 Prozent der Frauen, die regelmäßig Pornos schauen, glauben, der Partner bevorzuge eine Pornovagina. Gesundheitsexperten tun wenig, um dem Trend etwas entgegenzusetzen: In einer englischen Gesundheitssendung, *Embarrassing Bodies*, bei der es um die Aufklärung »peinlicher« Krankheiten geht (hier: von *Teenage Bodies*, es gibt die Sendung auch mit *Fat Bodies*), stellt sich ein Mädchen mit leicht hervorstehenden inneren Labien vor. Statt dass der Arzt ihr versichert, das sei ganz normal, empfiehlt er ihr – und sie folgt seinem Rat – sich einer Operation zu unterziehen. Dies hat Konsequenzen: Die Fernsehsendung hat eine Webseite im Internet, auf der die gezeigten Fälle von den Zuschauern diskutiert werden können. Ein Mädchen schreibt: »Ich bin 15 und dachte, ich bin ganz okay, aber seit ich die Sendung geschaut habe, mache ich mir Sorgen, da meine größer zu sein scheinen, als die des Mädchens, das ihre chirurgisch hat verkleinern lassen!«

Auch die Ballonbrüste haben ihren Ursprung in der Pornografie: In den 80ern sah man erstmals vermehrt große Silikonimplantate bei den Pornodarstellerinnen, oftmals Größe DD oder noch größer. Dies wiederum führte zirkulär zu einer Nachfrage der Pornografiekonsumenten für Frauen mit großen Brüsten. Daher ist es üblich, dass Frauen, die in der Pornoindustrie arbeiten, Brustimplantate haben. Und mit der Normalisierung der Pornografie wird es kein Zufall sein, dass Frauen heute häufiger größere Brüste haben wollen oder dass in den letzten paar Jahren Brustimplantate die beliebtesten schönheitschirurgischen Eingriffe sowohl in Deutschland als auch in den USA, im Vereinigten Königreich und vielen anderen Ländern war.

In den 90ern konnte man schließlich beobachten, wie der Trend zum enthaarten Genitalbereich ging. Heute haben fast alle Darstellerinnen kahle Genitalien, vor allem in Nordamerika. Auch Darsteller sind mittlerweile haarlos, nicht nur an den Genitalien, sondern auch an Gesäß, Brust, Beinen und Schultern. Manche tragen Intimschmuck, die Frauen Brustwarzenpiercings. In Europa findet man noch eher DarstellerInnen mit Scham-, manchmal sogar mit Achselbehaarung. Sie haben tendentiell natürliche Brüste und tragen seltener Intim- und Brustwarzenpiercings. Ihr Aussehen ist eher durchschnittlich.

Das von der Pornografie geprägte Schönheitsideal ist genauso realitätsfern wie ihre Darstellung der Sexualität. Wie viele Leute haben im wirklichen Leben Körper, Verhaltensweisen und sexuelle Präferenzen wie diese? Auch wenn die Pornografie einen anderen Anschein erweckt – sehr wenige. Ähnlich wie die perfekt angezogenen und zurechtgemachten Models in den Modezeitschriften sind die Pornodarsteller reine Fantasiewesen.

Gewiss waren auch die Stars früherer Generationen wild und ausschweifend, man denke nur an die Exzesse der Rolling Stones oder von Led Zeppelin, und die Klage über eine vermeintlich zu lockere Sexualmoral ist viel älter als der Minirock. In den 50er und 60er Jahren wurden Jugendliche gewarnt, sich nicht »da unten« anzufassen, Gerüchte um die vermeintlichen Folgen der Masturbation wurden bis in die 80er und frühen 90er hinein kolportiert. Diese Masturbationspanik dauerte 150 Jahre an. Im 21. Jahrhundert wurde sie durch die Pornopanik ersetzt. Früher waren es konservative Politiker, Geistliche und Moralisten, die vor der sexuellen Verwahrlosung warnten. Der Einwand war also eher ideologisch begründet. Heute sind es Lehrer, Erzieher, Wissenschaftler und Hirnforscher. Handelt es sich um Panikmache oder sind die Warnungen berechtigt? Worin unterscheidet sich die heutige Situation von der Vergangenheit?

Als Folge der allgegenwärtigen Hypersexualisierung und Verdrängung alternativer Formen der Weiblichkeit durch das pornografische Frauenstereotyp ist der Druck auf junge Frauen, mit der Pornografie zu konkurrieren, immens. Dines befürchtet, Frauen müssen sich immer häufiger als »porn-worthy«, also der Pornografie würdig, zeigen. Sie haben die Wahl: Sie können mitziehen und »fuckable« sein oder sich verweigern und das Risiko eingehen, »unsichtbar« zu werden. Schönheit alleine reicht nicht mehr, auch Attraktivität reicht nicht mehr, es muss eine aufs höchste sexualisierte Attraktivität sein. Wolf zufolge sind aufgrund der Vorbildfunktion der Pornografie heutzutage echte nackte Frauen, die nicht das Aussehen eines Pornostars haben, nur »bad porn«.

Der Druck, sich wie ein Pornostar zu verhalten, fängt für Mädchen spätestens in der weiterführenden Schule an, manchmal schon früher. Praktiker wie Siggelkow berichten von Mädchen, die in der Schule Jungen mit Oralsex versorgen – die Diskurse um diese Problematik sprechen davon, dass Mädchen »like a service station for boys« sind, also wie ein Selbstbedienungsladen, wie Liz Perle, Vizepräsidentin von CSM (»Common Sense Media«) es formuliert. Mädchen sind bei diesen sexuellen Begegnungen die »pleasure providers«, die Lustdienerinnen. Einige Mädchen berichten von einem Gefühl von Macht, wenn sie sexuelle Gefälligkeiten initiieren und erbringen, aber sie scheinen diesen Erlebnissen kein körperliches Vergnügen und keine emotionale Erfüllung abzugewinnen.

Die deutlichste Botschaft der Medien besteht darin, dass »hot« zu sein eine soziale Notwendigkeit ist. Dafür sind allerdings bestimmte Attribute notwendig, die es in erster Linie käuflich zu erwerben gilt. Durham fragt sich in ihrem Buch *The Lolita Effect* (2009), warum es keinen Mittelweg gibt, keine Alternativen zwischen den Polen Pornostar und graue Maus. »Es ist einfach so, dass man keine Wahl hat«, äußert sich ein Mädchen der Feministin Natasha Walter gegenüber. Früher, sagt sie, konnte man noch »alternativ«, »indie«, aussehen. Heute schickt die neue Trash Society alternative Mädchen in die Clubs, um Stangentanz-Shows abzuhalten. Sie hat aufgegriffen, was die alternative Szene zu bieten hat, und dieses zu einem weiteren Teil der pornifizierten Mainstream-Kultur gemacht. Wolf bestätigt: Das Problem ist der Mangel an Wahlmöglichkeiten. Der Sexualwissenschaftler Jakob Pastötter spricht von »einer Art Leitkultur«. Lady Gaga bringt die zwanghafte Pornifizierung in der *Spex* auf den Punkt: »Pornografie ist – neben Mord – der lauteste Schrei nach Aufmerksamkeit und Ruhm, den unsere Zeit kennt.«

Viele junge Frauen sind heute der Überzeugung, dass sexuelles Selbstbewusstsein das einzige Selbstvertrauen ist, das man wirklich haben muss. Und sie glauben, dass es nur erlangt werden kann, wenn man dem Erscheinungsbild und Verhalten eines Pornostars nacheifert. Jahr um Jahr hört Dines die gleiche Geschichte: Eltern und Lehrer tun ihr Möglichstes, um ihren Töchtern und Schülerinnen Wege aufzuzeigen, wie sie der Sexualisierung widerstehen können, und sie scheinen ihre Ratschläge auch verinnerlicht zu haben. Doch an irgendeinem Punkt, normalerweise während der Pubertät, beginnen die Mädchen konventionelleres weibliches Verhalten an den Tag zu legen. Ihre Peergroup wird zur bedeutenderen Sozialisationsinstanz, denn in diesem Entwicklungsstadium geht es ums Dazugehören.

Medien haben einen großen Einfluss auf die Sexualität der Frauen, vor allem die Frauenzeitschriften. Sie spielen eine nicht unerhebliche Rolle dabei, die Porno-Ideologie zu vermitteln: *Cosmopolitan* wird oftmals als eine Zeitschrift dargestellt, die Sex als ermächtigend für Frauen anpreist. Doch das ist nur die halbe Wahrheit. Es gibt den einen oder anderen Artikel darüber, was man tragen sollte, um die Karriereleiter emporzuklettern, aber im Großen und Ganzen geht es in der Zeitschrift um »ihn« und »seine« Bedürfnisse, Sehnsüchte und Geschmacksrichtungen. Für Generationen von Frauen lag das Geheimnis einer glücklichen Beziehung darin, eine gute Köchin, Putzfrau und Mutter zu sein. Für die junge Frau von heute besteht das Geheimnis darin, gut im Bett zu sein. *Cosmopolitans* berüchtigte Sex-Tipps befassen sich mit den Fragen, wie man einen Mann sexuell befriedigt, welche Stellungen er mag oder wo seine erogenen Zonen liegen. Dines bezeichnet diese Schwerpunktsetzung in den Frauenzeitschriften als »porn ideology ›lite‹«. Während der *Playboy* den »natürlichen« männlichen Sexualtrieb feiert – mit dem unschuldigen Mädchen von nebenan, welches freudvoll und willens ist, die Männerwelt zu befriedigen –, betont *Cosmopolitan* die Bedeutung des Wissens der Frauen über Sex, um einen Mann zu halten.

Die Artikel in der Teenager-Zeitschrift *Seventeen* sind in ihrem Fokus auf den männlichen Partner sehr ähnlich. Nie gehen die Ratschläge in die andere Richtung – was ein Junge tun kann, um ein Mädchen glücklich zu machen. Solche Artikel findet man auch nicht in den Zeitschriften, die Jungen lesen. Die Forschung zeigt, dass heranwachsende Mädchen sich sehr auf solche Ratschläge verlassen. Darüber hinaus sind in Zeitschriften wie *Mädchen, BRAVO Girl* und *CosmoGirl* Tipps über Liebe und andere Herzensangelegenheiten geschickt mit Product Placement vermischt.

Die idealisierten Körpernormen in den Medien orientieren sich überwiegend an europäischen und nordamerikanischen, also westlichen Frauen, wenngleich bestimmte Merkmale wie ein athletischer Körperbau, volle Lippen, ausgeprägte Wangenknochen und eine tiefe Bräune eher bei den afrikanischen Frauen zu finden sind. Die Globalisierung und der enorme Einfluss der Medien weltweit haben diese Körpernormen in Relation zu der Ausprägung der Medienlandschaft hervorgebracht, und das westlich geprägte Schönheitsideal dominiert nun zunehmend auch andere Kulturkreise. Die westlichen Medien durchdringen weltweit Gemeinschaften und Orte. Das verursacht seismische kulturelle Verschiebungen, vor allem in Bezug auf weibliche Sexualität und Schönheitsideale:

Vergleichsgruppen mit Personen, die niemals Medien ausgesetzt waren, gibt es zwar nicht, aber ein beeindruckendes Beispiel, welchen Einfluss die Medien haben, ist die Einführung des westlichen Fernsehens auf den Fidschis: Der Prozentsatz von Mädchen, die Tests zufolge gefährdet waren, ein gestörtes Essverhalten zu entwickeln, stieg von 12,7 auf 29,2 Prozent, während der Anteil der Mädchen, die berichteten, dass sie sich übergeben, um ihr Gewicht zu halten, von null auf 11,3 Prozent anstieg. Ein weiteres Beispiel: Unter südostasiatischen Frauen ist es Mode, sich eine »europäische Lidfalte« operieren zu lassen. Dieser Eingriff ist vor allem in Südkorea beliebt, wo Teenager routinemäßig ihre Augen runder, »hübscher«, kaukasischer machen lassen. In Thailand hatte eine Studie mit Teenagern zum Ergebnis, dass die Mädchen, als Resultat der Darstellungen der westlichen Medien von Sex und Geschlechterrollen (die im Widerspruch zu traditionellen thailändischen Werten stehen), mit Stress und Depressionen reagieren. Die Verbreitung des normierten westlichen Schönheitsideals ist auch der Grund, warum Mädchen in China sich qualvollen Operationen zur Beinverlängerung unterziehen und Mädchen in Indien und Afrika sich mit krebserregenden Hautbleichungscremes beschmieren.

Kosmetik- und Schönheitsunternehmen vermarkten ihre Produkte aggressiv in Dritte-Welt-Ländern. Das sind Länder, in denen viele Leute von weniger als einem Dollar am Tag leben. Mit Erfolg: Die Schönheitsindustrie meldete jedes Jahr einen zweistelligen Zuwachs auf dem asiatischen Markt. In Indien beispielsweise stieg laut dem Marktforschungsunternehmen Euromonitor der Absatz von Make-up-Produkten von 2,3 Millionen Dollar im Jahr 1997 auf 14 Millionen 2005, und der Verkauf von Haarpflegeprodukten erbrachte 19,3 Millionen Dollar. In Bulgarien haben die Ausgaben von Frauen für Kosmetika und Schönheitsprodukte zwischen den Jahren 1997 und 2002 sogar eine Steigerung um 130 Prozent erfahren.

Schon immer haben sich die Frauen auch selbst als Sex-Objekte stilisiert: Seit Jahrzehnten stöckeln sie auf Pfennigabsätzen daher, zwängen sich in enge Kleidung und kleistern sich mit Make-up zu. Seit jeher haben sie Gefälligkeitssex, der ihnen keine Freude bereitet. Nun müssen sie sich, um auch auf dem

Arbeitsmarkt mithalten zu können, Maniküren, Pediküren, Botox-Spritzen und Enthaarungsprozeduren unterziehen. Der Porn Look scheint im Einzelhandel in England, vor allem im Textileinzelhandel, geradezu eine Einstellungsvoraussetzung zu sein. »Sex sells« – das weiß jeder. Eine treffendere Bezeichnung sei jedoch, so Banyard, »sexism sells« oder auch »fear sells«, denn es ist nicht wirklich der Sex, der vermarktet wird, sondern die Angst – Angst, dass man, wenn man jenes Produkt nicht kauft, das einen femininer erscheinen lässt (oder männlicher), nicht hübsch (oder ansehnlich oder stattlich) ist und somit glücklich sein kann.

Aus China wird berichtet, dass eine »Sexuelle Revolution« unter Jugendlichen stattfindet. Die 240 Millionen jungen Menschen haben mehr Sex und früher Sex, was einen Anstieg sowohl an Abtreibungen als auch an Geschlechtskrankheiten mit sich bringt; das Gesundheitssystem des Landes ist darauf nicht vorbereitet, China befindet sich in einem frühen Stadium einer großen Aids-Epidemie. In der Türkei führt das Aufeinanderprallen östlicher und westlicher Sexualmoral in einigen Fällen dazu, dass junge Mädchen im Rahmen sogenannter Ehrenmorde umgebracht oder von ihren Familien dazu gezwungen werden, Selbstmord zu begehen – in manchen Fällen wegen einer, aus unserer Sicht, »Lappalie« wie etwa das Tragen eines Minirocks. Solche Fälle treten im Zuge der Pornifizierung nun vermehrt unter Westasiaten in Großbritannien auf, wenn die Mädchen nach Meinung ihrer Familien zu »verwestlicht« sind. Angesichts der immer freizügiger werdenden Kleidung und des sexuell provokanten Verhaltens der Engländerinnen schauen junge Muslime auf sie herab. »White Trash« ist ein Begriff, mit dem deshalb weiße Frauen häufig bezeichnet werden.

Folgen der Pornifizierung

Die Medien, insbesondere die Werbung, sind von Stereotypen nur so durchsetzt. Stereotype sind unmittelbar erkennbar und dienen dazu, die Orientierung zu vereinfachen. Sie sind im Allgemeinen immun gegenüber Veränderungen, auch negative Erfahrungen verändern sie zunächst nicht. Die Neuorientierung geschieht zeitverzögert und hinkt der gesellschaftlichen Realität hinterher. Sind die Geschlechterrollen in der realen Welt für die Frauen weiter gefasst, wird die Frau in den Medien mehr noch als der Mann in Stereotype gepresst, wie: »die Emanze«, »die Prostituierte«, »die Krankenschwester«, »die Hausfrau«, »die Politikerin«, »der Filmstar«. Einige davon sind sexistisch, manche pornografisch. Diese gilt es zu unterscheiden.

Die pornografische Darstellung beruft sich explizit auf Sexualität. Die sexistische Darstellung findet sich über alle gesellschaftlichen Bereiche hinweg. Beispielsweise ist die Reduktion der Frau auf die Hausfrauenrolle ein sexistisches Stereotyp, aber kein pornografisches. Die Journalistin und Autorin Bettina Bremme kam zu der Schlussfolgerung, dass der Terminus »Sexismus« eine Kategorie sei, »unter der sich sämtliche patriarchalen Rollenzwänge und -muster subsumieren lassen«, während der Begriff »Pornografie« nur einen Teilbereich umfasse. Der Bereich der Pornografie selbst ist die Spitze des Eisbergs einer Kultur, die durchweg von sexistischen und pornografischen Stereotypen durchdrungen ist: »das Schulmädchen«, »die Stewardess«, »die Krankenschwester« – wer kennt sie nicht? Auch die Medienwissenschaftlerin Brigitte Armbruster findet an der Pornografie an sich nichts absonderlich Schlimmes, sie sei letzten Endes nur »eine Spielart des von Männern geprägten Medienbildes der Frau«. Armbruster beurteilt die subtile, alltägliche und allgegenwärtige Benachteiligung der Frauen in allen Medienbereichen als wesentlich gefährlicher als das Frauenbild im pornografischen Film. Sørensen weist darauf hin, dass ein Großteil der in der Pornografie dargestellten weiblichen und männlichen Geschlechterstereotype in die Kultur eindringt. Diese Pornifizierung beeinflusse, wie dort Geschlecht repräsentiert werde. Es sind Stereotype, die Bremme als »die Hure«, »die grausame Frau«, »die lesbische Frau«, »der Jäger und Eroberer«, »der verweiblichte Mann«, »der Phallus«, »der Homosexuelle« oder auch »die Jungfrau« kategorisiert. »Die Jungfrau« ist für Bremme besonders aufschlussreich, denn dieses Stereotyp zeigt den »prüden und puritanischen Ursprung« auf, der im katholischen Jungfrauen- und Marienkult und in der viktorianischen Sexualfeindlichkeit zu finden ist.

Die Pornografie ist in Bezug auf ihre Stereotype vorhersehbar und wirkt darin sogar im Vergleich zur Werbung und anderen populären Genres wie den Musikvideos unglaublich einfältig. Sie weist ein äußerst begrenztes, dem Konsumenten bestens vertrautes (Figuren-)Inventar auf, so etwa das Standardpersonal in der US-Pornografie – »der Cheerleader«, »die reife Hausfrau«, »der Anhalter«, »der Bademeister«, »der Pizzabote« oder »das Mädchen von nebenan«. Charakteristisch sind auch Standardausdrücke, -szenarien und -handlungen, die sich immer und immer wieder wiederholen.

Eines der beliebtesten pornografischen Muster, welches Eingang in unsere Kultur gefunden hat, ist das des Schulmädchens. In dem Fotoband *Katlick School* setzt sich der Fotograf Sante D'Orazio mit dieser Thematik auseinander und wählte als Model die damals 18-jährige Kat Fonseca. Die Fotostrecke wird im Verlauf des Buches zunehmend freizügig: Erst wird ein flüchtiger Blick auf die *Snoopy*-Unterwäsche dargeboten, später wird Kat unbekleidet, bis auf ein Paar kniehoher Stiefel, gezeigt. Die Schulmädchen-Uniform kennzeichnet Kindheit, darüber hinaus ist sie – gerade in Verbindung mit sexuellen Elementen – sofort als klassische »Lolita«-Bekleidung erkennbar. Daher ist sie vor allem in der Kinderpornografie ein beliebtes Motiv.

1998 verhalf der Fetisch »Schuluniform« einer damals noch minderjährigen Britney Spears dazu, unmittelbar zum Sex-Symbol zu werden. Den Durchbruch schaffte die ehemalige *Mickey-Mouse-Club*-Moderatorin mit ihrem *Hit Me Baby One More Time* in besagter Uniform. Ihr frühes Image war eine Mischung aus sexy Cheerleader und nettem Mädchen von nebenan. Britney baute die Pädophilen-Thematik weiter aus, indem sie noch knapper bekleidet mit Puppen und Stofftieren in einem Kinderzimmer für den *Rolling Stone* posierte, von dessen männlicher Leserschaft mehr als die Hälfte über 40 Jahre alt ist. Der öffentlich bekundete Verzicht auf vorehelichen Sex mit ihrem damaligen Freund Justin Timberlake sorgte für den perfekten Spagat zwischen Heiliger und Hure. Dann geriet das Gleichgewicht aus dem Lot: Britney gab ihr Keuschheitsgelübde auf, küsste Madonna im Rahmen eines *MTV*-Auftrittes und holte sich von Strip-Clubs Inspiration für ihre Tanzchoreografien. Sie heiratete betrunken in Las Vegas, ließ sich unmittelbar danach wieder scheiden und heiratete erneut. Wieder nur für kurze Zeit. In dem Video *Gimme More* (2007) verzichtete Britney gänzlich auf die Heiligen-Metaphorik und vollführte mit schwarz gefärbten Haaren und Netzstrümpfen einen Stangentanz im Stripteaselokal. Von dem Video gibt es auch eine Oben-ohne-Version. Schließlich ist Britney dafür bekannt, »Kleidungspannen« zu haben. Regelmäßig lässt sie – gewollt oder ungewollt – Brüste oder Schritt aufblitzen. »Busenblitzer« gehören mittlerweile zum Standardrepertoire der Boulevardpresse, wohingegen der Blick auf die nackte Vulva verstört. Noch.

Studien legen nahe, dass die Objektifizierung von Frauen zu einer Vielzahl von psychischen Störungen beiträgt. Diese können sich als schlechte schulische Leistungen, reduziertes

Selbstbewusstsein, Essstörungen oder in Form von Depressionen äußern. In den letzten Jahren wird in Großbritannien und anderen westlichen Ländern eine Häufung von Essstörungen wie Magersucht und Bulimie beobachtet, vor allem bei der Gruppe der zuvor kaum betroffenen sieben- bis zwölfjährigen Mädchen. Diese nennen die Medien als Inspiration für ihre Körperideale. Auf »Thinspiration«-Webseiten unterstützen sich die jungen Frauen gegenseitig im Abnehmen. In den USA, so haben Studien ergeben, fangen üblicherweise schon neunjährige Mädchen mit Diät an. Auch für Deutschland musste das Robert-Koch-Institut in seinem Kinder- und Jugendgesundheitssurvey (KiGGS) 2007 feststellen, dass knapp ein Drittel der elf- bis 17-jährigen Mädchen an Magersucht, Bulimie und Fettsucht erkrankt waren, nämlich 29 Prozent. Diese Zahlen sind auch 2013 noch aktuell. Mädchen, so bilanziert das Institut, sind doppelt so häufig betroffen wie Jungs. Es sind vor allem Mädchen der Mittel- und Oberschicht, die intelligent und leistungsfähig sind. Indem sie in die Magersucht flüchten, verweigern sie das Erwachsenwerden, weil sie ablehnen, was die Medien ihnen zu bieten haben. Hauptschülerinnen hingegen ahmen eher nach, was sie in den Medien sehen. Im Vereinigten Königreich haben 1,5 Millionen überwiegend junge Leute eine Essstörung – davon sind 90 Prozent Frauen und Mädchen.

Warum sind Mädchen häufiger als Jungen betroffen? Mädchen achten mehr darauf, wie ihr Körper aussieht, als darauf, was er leisten kann. Das ist etwas, was für das Selbstverständnis der Jungen eine größere Rolle spielt. Außerdem nimmt die Besorgnis der Jungen über ihren Körper in der Pubertät ab, während die der Mädchen sprunghaft ansteigt. McDermott berichtet, dass das Alter der betroffenen Mädchen immer weiter sinke – bereits im Grundschulalter werden die Kinder nun von »body concerns« und Essstörungen geplagt. Von den zwölf- und 13-jährigen englischen Mädchen möchten bereits 52 Prozent abnehmen. Die Zahlen spiegeln sich im Alltag wider: Ein Grundschuldirektor erzählte mir, dass die Mädchen bei der Nachspeise fast immer Fruchtsalate vorziehen, während die Jungen zu Kuchen und Eis greifen.

Die beschönigende Berichterstattung in den Medien über das Verhalten der Prominenten und deren Verwicklung mit Sex, Drogen und Alkohol tut ihr Übriges, um ein ungesundes Selbstbild und einen entsprechenden Lebenswandel zu transportieren. In vielen Fällen wird Alkohol dazu benutzt, um Hemmungen abzubauen und Emotionen zu betäuben und so flüchtige sexuelle Beziehungen überhaupt zu ermöglichen. Die Autorin und Lehrerin Erica Jong bezeichnet in *Angst vorm Fliegen* (1973) die höchste Stufe des Gelegenheitssex als »zipless fuck« – jene flüchtige sexuelle Begegnung mit einem möglichst reduzierten Austausch persönlicher Informationen, aber auch ohne Machtspiele oder Hintergedanken. Das Hinzukommen des exzessiven Alkoholkonsums steigert dies noch: Nicht nur wissen andere Leute nichts von der Begegnung, man weiß es selbst teilweise nicht mehr. Die Alkoholwerbung unterstützt den Konsum von Alkohol, als ein Mittel, anonyme sexuelle Kontakte zu vereinfachen. Wissenschaftler fanden heraus, dass bei Mädchen selbst ein mäßiger Drogenkonsum in Verbindung mit sexuellem Herumexperimentieren ein Indikator für zukünftige Depressionen war – das Risiko war um ein Zwei- oder Dreifaches erhöht. Bei Jungen war das Risiko nur durch häufigeres Kiffen und Kampftrinken erhöht.

Diverse Untersuchungen haben ergeben: Das von den Medien propagierte Schönheitsideal hat eine Reihe von nachteiligen Konsequenzen, die vor allem Mädchen in der Pubertät betreffen – diese reichen von einem negativen Körperimage über niedriges Selbstbewusstsein bis hin zu schlechten Leistungen in der Schule:

Zwei Drittel der Frauen vermeiden es einer Studie zufolge, schwimmen zu gehen oder eine Party zu besuchen, weil sie mit ihrem Aussehen unzufrieden sind. 16 Prozent der befragten 15- bis 17-Jährigen sind schon einmal aus diesem Grund nicht zur Schule gegangen, und 20 Prozent haben sich deswegen schon einmal nicht getraut, öffentlich ihre Meinung zu äußern. Ein Experiment von Barbara Fredrickson und ihrem Team von der University of Michigan hatte zum Ergebnis, dass Frauen, die Situationen ausgesetzt wurden, in denen die Aufmerksamkeit auf ihren Körper gelenkt wurde – etwa durch Kleidung oder Beeinflussung durch Werbespots –, sich weniger als Entscheidungsträgerinnen sahen und schlechter in Mathe-Tests abschnitten.

Im Vergleich mit 20 anderen OECD-Ländern steht das Vereinigte Königreich, was das Wohlergehen der Kinder angeht, ganz unten auf der Rangliste. Ganz unten, obwohl es bedeutend ärmere Länder gibt. Dies scheint verwunderlich, denn es gibt kein Land, das mehr »Theater« um seine Kinder macht, ihnen mehr Aufmerksamkeit schenkt, sie auch mehr zu beschützen versucht. Es wird ihnen alles geboten: Mitarbeiter von Zoohandlungen gehen mit unterschiedlichen Kleintieren in Kindergärten, damit die Kinder mit Tieren in Berührung kommen und sie streicheln können, Olympioniken geben Vorführungen im Sportunterricht, Arktisforscher besuchen den Sachkundeunterricht. Schulausflüge, »Charity« und »Fun Days« sorgen dafür, dass der Schulalltag aufgemischt wird. In den Ferien können die Kinder Graffiti sprühen, Kletterwände besteigen, Schätze suchen und Märchenwälder durchstreifen – das meiste davon kostet nichts, weil diese Angebote von den regionalen Behörden oder vom Staat unterstützt werden. Darüber hinaus wird jegliches Konkurrenzdenken unterbunden, selbst bei Sportkämpfen – jeder ist ein Gewinner, jeder ist der Beste, jeder ist ein Star. Schulnoten werden von den Eltern verhandelt, statt dass die Kinder sie sich erarbeiten müssen. Die Kids werden ständig gelobt, auch wenn sie nicht wirklich etwas erreicht haben, Urkunden und Auszeichnungen werden für bloße Anwesenheit überreicht. Bei der Korrektur ist der Rotstift verboten – zu »konfrontativ« und »bedrohlich«.

Aber gerade das ist das Problem: Marketingprofessorin Agnes Nairn, welche in ihrer Studie zusammen mit IPSOS Mori für UNICEF exemplarisch Großbritannien mit Spanien und Schweden verglich, fand heraus, dass Eltern dort Schwierigkeiten haben, ihren Sprösslingen klare Grenzen aufzuzeigen. Der Druck zu konsumieren ist in Spanien und Schweden viel weniger ausgeprägt als im Vereinigten Königreich, und die Widerstandsfähigkeit der Kinder und Eltern gegen Kommerz ist viel größer. Darüber hinaus fand die Studie bei Kindern in Großbritannien weniger Teilnahme an Aktivitäten im Freien sowie generell an sportlichen und kreativen Aktivitäten – vor allem bei älteren Kindern und bei Kindern aus Familien mit niedrigem Einkommen. Früher spielten über 70 Prozent der Kinder draußen, heute nur um die 20. In manchen sozial schwachen Gegenden geht der Prozentsatz gegen null. Stattdessen sitzt man drinnen vor der Spielkonsole, die haben nämlich alle Kinder, auch die ärmsten. Wenn sie gefragt werden, stimmen die meisten Kinder der Aussage zu, dass Zeit mit der Familie wichtiger für sie ist als Konsumwaren. De facto ist aber die Familie der wichtigste Schauplatz für Konsum. Nairn beobachtet einen Zwang seitens der Eltern, kontinuierlich neue Dinge für ihre Kinder und für sich zu erwerben. Eltern aus Großbritannien kaufen ihren Kindern oftmals Markenwaren, weil sie glauben, dass sie das vor Hänseleien bewahrt. Eine solch zwanghafte Aneignung symbolischer Marken zum Selbstschutz ist in Spanien und Schweden kaum existent, wo die Eltern unter deutlich weniger Konsumdruck stehen und ihm auch einen weitaus größeren Widerstand entgegenbringen. Dies führte Nairn zu dem Schluss, dass im Vereinigten Königreich

Materialismus und Kommerz »festlegen«, was eine gute Erziehung ausmacht. Für Kinder auf weiterführenden Schulen werden Mode-, Schuh- und Technikmarken zunehmend wichtiger – sie schaffen eine Identität und signalisieren die Zugehörigkeit zu bestimmten Gruppen. Dies war zu einem gewissen Grad in allen Ländern zu beobachten, doch nirgends so ausgeprägt wie im Vereinigten Königreich.

Die englischen Kinder sind typisch für die »Generation Y«. So wird jene Generation von jungen Leuten bezeichnet, die zwischen 1984 und 2002 geboren wurden. Ihre Wünsche werden sofort erfüllt, ihre Bedürfnisse sofort befriedigt. Dies bewirkt, dass das persönliche Glück vom Konsum abhängig wird. Der Kauf eines Produktes löst Glücksgefühle aus oder wehrt negative Emotionen ab, was wiederum zu dem Glauben führt, dass der Konsum beharrliche, langfristige Bemühungen zu ersetzen vermag, z. B. im Bereich Gesundheit: Amerikaner, und zunehmend auch Engländer, ziehen es vor, bei gesundheitlichen Problemen Pillen zu kaufen, statt einen gesunden Lebenswandel zu führen.

TV-Formate wie *X Faktor* oder *DSDS* suggerieren: Erfolg kommt über Nacht, und: Jeder kann es schaffen. Tatsache ist: Es ist nun mal nicht jeder ein Superstar. Dennoch wird englischen Kindern immer wieder gesagt, sie seien etwas Besonderes, selbst wenn sie weder eine außergewöhnliche Persönlichkeit haben noch irgendein spezifisches Talent oder eine besondere Fähigkeit besitzen. Die Kinder lernen dadurch, dass sie nichts Besonderes tun müssen, um etwas Besonderes zu sein, und erwarten diese Behandlung auch in der Zukunft – in ihrer Ausbildung, während des Studiums oder in ihrem Job. Sticker Charts, Belohnungen, Auszeichnungen und Urkunden werden inflationär ausgeteilt. Neuere Untersuchungen haben gezeigt, dass übermäßiges Belohnen einen gegenteiligen Effekt haben kann: Wenn etwa ein aggressives Kind dafür belohnt wird, dass es für kurze Zeit nicht aggressiv ist, ist es wahrscheinlich, dass es das schlechte Benehmen wiederholen wird, damit es weiterhin Belohnungen erhält. In seinem letzten Bericht fordert Bailey Gesetze zum Schutz der Kinder vor übermäßigem kommerziellen Druck, der flächendeckend und über alle Medien hinweg effektiv ist – auch als selbstregulierende Werberichtlinien, welche Kinder unter 16 Jahren als Markenbotschafter verbieten, sowie auch das Peer-to-Peer-Marketing. In Schweden wurde schon 1991 ein Gesetz gegen Fernsehwerbung erlassen, die sich an Kinder unter zwölf Jahren richtet.

Bei einer Umfrage im Rahmen der »Real Beauty«-Kampagne von *Dove* stellte sich heraus, dass britische Mädchen mit das niedrigste Selbstbewusstsein weltweit haben – 92 Prozent der 15- bis 17-Jährigen wollen etwas an ihrem Körper verändern. Eine andere Umfrage fand 2006 heraus, dass eines von vier Mädchen unter 16 Jahren einen plastischen chirurgischen Eingriff in Erwägung zieht. Bei den Frauen ist der Anteil erschreckenderweise genauso hoch. In Deutschland ist die Situation noch nicht so weit fortgeschritten: Etwas mehr als die Hälfte aller Mädchen sind gegen Schönheitsoperationen, und auch vier Fünftel der Jungen lehnen sie ab. Ob diese Haltung auch für die Zukunft gilt, wird sich zeigen. Denn die ständige Konfrontation mit Körpern, die in ihren Maßen und Proportionen von Natur aus nur wenigen Menschen zur Verfügung stehen, ist auch in Deutschland vorhanden.

Das heutige Körperideal ist, wie Antoni-Komar feststellt, ein androgyner Unisexkörper, eine Mischung aus Frauen- und Männerkörper, aber glatt und haarlos wie ein Kinderkörper: »Die ›schöne‹ Frau ist glatt und haarlos wie ein Kind, fettfrei und gerade wie ein Knabe, groß wie ein Mann, mit den vollen und festen Brüsten eines jungen Mädchens und einem knackigen Männerpo.« Die Haut ist dabei eine besonders bedeutungstragende Fläche, weshalb Frauen ab 35 oder 40 als sexuell unattraktiv gelten. Bei Models beginnt das »Altern« noch viel früher. Im Fernsehen werden ältere Moderatorinnen gegen jüngere Frauen ausgetauscht, wohingegen die Männer oftmals aktiv sind, bis sie aus eigenem Entschluss in Rente gehen, teilweise mit über 80 Jahren.

Überhaupt scheint das sexualisierte Kind zunehmend an Bedeutung zu gewinnen: Hollywoods Sexgöttinnen waren immer sehr jung, und es ist bezeichnend, dass die Rolle der Kinderprostituierten in vielen Fällen das Sprungbrett für eine Karriere war: Schon in *Polly Tix in Washington* spielte eine vier Jahre alte Shirley Temple eine kleine Kinderprostituierte. Es folgten die 14-jährige Jodie Foster in *Taxi Driver*, die zwölfjährige Brooke Shields in *Pretty Baby*, dann die 13-jährige Penelope Cruz in der französischen Oper *Série Rose*. 2004 machte der Filmkritiker Richard Roeper aufmerksam auf die »stripper-schoolgirl fantasy«, die von Teenagern wie der jungen Britney Spears oder Lindsay Lohan in Filmen wie *Crossroads* und *Confessions of a Teenage Drama Queen* projiziert wird. Auch die modernen Kinderstars verkörpern oftmals eine ambivalente Sexualität – von der ermordeten Kinder-Schönheitskönigin JonBenét Ramsey über Britneys kleine Schwester, Jamie Lynne Spears, die mit 16 schwanger wurde, hin zum australischen Sex-Symbol Maddison Gabriel, das 2007, gerade mal zwölf Jahre alt, Australiens *Gold Coast Fashion Week* aufwirbelte. Die meisten Laufsteg-Models sind zwischen 14 und 18 Jahren alt, manche erst zwölf – etwa Maddison Gabriel und Gerren Taylor; Laetitia Casta modelte mit 15 für *Sports Illustrated* Bademode. Durham hat darauf hingewiesen, dass es wichtig sei, zwischen sexueller Handlungsmacht und Sexualisierung zu unterscheiden. Sexualisierung ist eine Art der Sexualität, die entmachtend und objektifizierend ist. Bei so jungen Mädchen ist die sexuelle Handlungsmacht, die der Sexualisierung entgegenwirken kann, nicht sehr groß.

Die Meinungsmacher in Medien und Marketing nutzen ein rigides Körperideal und versuchen, die hierfür nötigen Hilfsmittel an Mädchen und Frauen jeden Alters zu bringen. Aus diesem Grund gibt es von *la Senza Girl* Push-up-BHs für unter Zwölfjährige, künstliche Nägel schon für Kleinkinder und Botox-Spritzen für Teenager. »Spa treatments«, Wellness- und Kosmetikbehandlungen für kleine Mädchen sind in Amerika und England der letzte Schrei und werden häufig im Rahmen einer Geburtstagsparty angeboten. Das hört sich übertrieben an? Ist es aber nicht, sondern mittlerweile dort so häufig wie in Deutschland Kegelpartys.

Als Reaktion auf die Sexualisierung von Kindern gab das Britische Innenministerium die Studie *The Sexualisation of Young People* in Auftrag, die Anfang 2010 veröffentlicht wurde. Die Psychologin Linda Papadopoulos wurde beauftragt zu untersuchen, inwiefern sexualisierte Bilder die Entwicklung von Kindern und Jugendlichen beeinflussen. Auch ging sie der Verbindung von Sexualisierung und Gewalt nach. Papadopoulos betont in ihren Ausführungen den Gewöhnungseffekt, durch den »das vorher Undenkbare weithin gesellschaftlich akzeptabel« wird. Eine solche Gegebenheit, an die man sich gewöhnt hat, ist die beständige Darstellung von Gewalt gegen Frauen im Fernsehen. Laut VAWG (»Violence Against Women and Girls«) hat diese seit 2004 um 200 Prozent zugenommen. Die Studie von Papadopoulos ist Teil eines Plans seitens der Regierung, gegen Gewalt gegenüber Frauen und Mädchen vorzugehen. Im Zuge der Studie wurden 36 Empfehlungen zur Handhabung der Sexualisierung gegeben.

Von der Medienwirkungsforschung wissen wir, dass bei Kindern und Jugendlichen mit einem hohen Konsum von sexuellen Inhalten im Fernsehen eine Beziehung zu dem Glauben besteht, dass die Peers sexuell aktiver sind und eine positive Einstellung gegenüber Gelegenheitssex an den Tag legen. Man fand in einer schwedischen Studie mit 15- bis 18-jährigen Jugendlichen heraus, dass jene, die bereits einen Pornofilm gesehen hatten, sich weniger für Masturbation schämten und Prostitution, Pornografie und Sex ohne Liebe eher für »okay« befanden.

Sexualtherapeutin Leonore Tiefer berichtet, dass heute schon beim ersten Date Anal- und Oralsex verbreitet sind. Darüber hinaus, meint sie, gibt es viele vorgetäuschte Orgasmen. Jugendorganisationen haben zunehmend mit jungen Frauen zu tun, die Druck empfinden, ungewollt Sex zu haben. Junge Männer hingegen machen sich über ihre Körper Sorgen: ihre Penisgröße, dass sie nicht genug ejakulieren und dass sie nicht so Sex haben können, wie es in der Pornografie dargestellt wird. Dieses Maß an Besorgnis über den eigenen Körper ist neu für junge Männer und verdeutlicht, wie weitläufig die Auswirkungen der Pornografie sind.

Krise der Männlichkeit oder Objektifizierung der Frau?

Wenn »Macht« ein so vorrangiges Thema in der Pornografie ist, was bedeutet das für die Gleichberechtigung zwischen Mann und Frau? Was hat das mit der Definition der Geschlechterrollen in der Gesellschaft heute zu tun? Denn hier haben sich die Machtverhältnisse verändert. Nach wie vor gibt es zwar die »gläserne Decke«, die eine weibliche Karriere beenden kann, es gibt ungleiche Einkommensverhältnisse, Frauen arbeiten viel häufiger Teilzeit und tragen nach wie vor, auch wenn sie berufstätig sind, die Hauptlast der Arbeit in Familie und Haushalt. Obwohl Mädchen in Schule, Ausbildung und Studium besser abschneiden und eine viel größere Anzahl als früher überhaupt eine höhere Ausbildung durchläuft, sind sie nach wie vor in den Führungspositionen unterrepräsentiert. Dennoch stehen ihnen heute erhebliche

Möglichkeiten offen. Denn die Zeiten sind vorbei, in denen sie ohne die Unterschrift eines Mannes keine Hypothek aufnehmen konnten oder die Erlaubnis des Ehemannes brauchten, um eine Arbeit aufzunehmen. Oder wie bei der *BBC* in den 60ern beim Fernsehsender in der Arbeit keine Hosen tragen durften. Seitdem hat sich viel geändert. Auch wenn von gleicher Teilhabe an der politischen und wirtschaftlichen Macht für Frauen in den meisten Ländern noch nicht die Rede sein kann, so hat sich doch ihr Status im Arbeitsleben und in der Familie erheblich verbessert.

Wie kann es unter diesen Umständen sein, dass »Model« für so viele Mädchen der Traumberuf ist? Gibt es Hinweise, dass die Pornifizierung manche Errungenschaften zunichte macht? Eine Umfrage der Initiative NOISE (»New Outlooks in Science and Engineering«) hatte zum Ergebnis, dass sage und schreibe 32 Prozent, der weitaus überwiegende Teil der Befragten, Model werden wollten. Weitere 29 Prozent gaben als Berufsziel Schauspielerin an. Nur vier Prozent der 13- bis 18-jährigen Mädchen in Großbritannien streben eine Karriere im Ingenieurswesen an, 14 Prozent würden gerne in die Wissenschaft gehen, fast ebenso viele, zwölf Prozent, wären gerne Hausfrau (Mehrfachnennungen waren möglich). Im Jahr 2002 stellte *Price Waterhouse Coopers* in einer Untersuchung fest, dass unter den 350 größten börsennotierten britischen Firmen fast 40 Prozent der höheren Führungspositionen von Frauen besetzt waren. Als die Untersuchung 2007 wiederholt wurde, war die Anzahl auf nur 22 Prozent gefallen. In Deutschland lag 2012 der Anteil je nach Unternehmensgröße zwischen acht (ein bis neun Mitarbeiter) und 22 Prozent (über 500 Mitarbeiter).

Der Dualismus der Geschlechterrollen ist unstrittig heute nicht mehr so ausgeprägt wie noch vor ein paar Jahren. Wenn man von der allgemeinen Sexualisierung absieht, so gibt es – etwa in den Medien – deutliche Fortschritte hinsichtlich der

Inszenierung der Gleichberechtigung: Männer zeigen ihre weibliche Seite, Frauen ihre männliche. Das Vordringen der Frauen in Erwerbsleben und Bildung sowie die politische und rechtliche Gleichwertigkeit mit dem Mann steuert eigentlich eine Veränderung der Sexualverhältnisse an. Manche Autoren sprechen in diesem Zusammenhang sogar von einer weiteren Welle der »sexuellen Revolution«. Weil Alternativen im Zusammenleben von Mann und Frau entstehen, kommt es zu Spannungen. Lautmann stellt fest: »Da die ständischen Schalen des Geschlechts wegbrechen und Sexualität freigesetzt wird, müssen überkommene Kategorien neu überdacht werden.« Und für McNair stellt sich die Frage, ob und wie genau sich der Trend der allgemeinen Sexualisierung des Mainstreams in den kulturellen Repräsentationen von Männlichkeit, Weiblichkeit, Homo- und Heterosexualität spiegelt.

Die Darstellungsweise von Männlichkeit ist ständigen Änderungen unterworfen, sie ändert sich mit der Zeit und von Kultur zu Kultur. Es entstehen derzeit neue, alternative Männlichkeitsentwürfe. Ein Großteil dieser Veränderungen ist als Reaktion auf politische Trends wie den Erfolg des Feminismus und die Akzeptanz der Homosexualität zu sehen. Laut der Soziologin Diane Barthel ist die Werbung ein maßgeblicher Antrieb der Feminisierung der Kultur. Und Feminisierung bedeutet zugleich Homosexualisierung.

Über Jahrhunderte war Homosexualität mit einem gesellschaftlichen Tabu und Sanktionen belegt. Die Wende begann mit den sogenannten »Stonewallriots« (1969), bei denen die homosexuelle Gemeinschaft erstmals massiv gegen die Unterdrückung und Kriminalisierung ihrer Sexualität rebellierte. Die Erfolge der Schwulenbewegung hatten Auswirkungen auf den kulturellen Mainstream. Homosexuelle Männlichkeitsbilder sind heute dort verankert, in Werbung, Film und Fernsehen integriert. Als Konsequenz blieb auch heterosexuellen Männern keine andere Wahl, als die traditionellen Annahmen und Praktiken, mit denen sie aufgewachsen waren, zu hinterfragen und zu überdenken.

Homosexualität entwickelt ihre eigene Ambivalenz. Laut dem Kommunikationswissenschaftler Gary R. Hicks steht sie heute für Stil und Eleganz, im Gegensatz zu früher, als der Begriff ausschließlich negative Konnotationen hatte. 1997 berichtete der *Guardian*, dass Großbritannien dabei sei, zu einem Land zu werden, wo Homosexualität zunehmend eher Neugier erwecke als Feindseligkeit und eher kommerziellen Enthusiasmus als Ängstlichkeit. 2000 verkündete der Journalist Jonathan Freedland im *Guardian*: »Heute ist England eine Nation mit großer sexueller Vielfalt.« »Camp« sein (»tuntig«) ist heute »in«, bekennende homosexuelle englische Moderatoren wie Graham Norton, Alan Carr, Paul O'Grady oder Julian Clary spielen »camp« mit ihren Gästen, gestandene Mannsbilder heißen die Möglichkeit willkommen, ihre feminine Seite auszuleben. McNair erläutert: »Camp« bedeutet die Aneignung und Feminisierung von Bildern und Symbolen der heterosexuellen Elternkultur und führt zu einer Umwandlung ihrer Bedeutungen. »Camp«, das sei eine schwule Version von Ironie und kritischer Distanz, bei der es zu einer Kollision von zwei oder mehr widersprüchlichen Signalen kommen kann. Entsprechende Begriffe sind entstanden, welche die – nun »erlaubte« – Zuneigung zwischen befreundeten Männern ausdrückten – etwa »man crush« oder »bromance« (»brother« + »romance«).

Wie weit diese Akzeptanz in erster Linie kommerziell motiviert ist und über eine oberflächliche Toleranz nicht hinausgeht, diese Frage muss man stellen. Für schwule und lesbische Heranwachsende ist das Selbstmordrisiko zwei bis drei Mal so hoch wie für heterosexuelle junge Leute. Im Vereinigten Königreich sind es bis zu 50 Prozent der GLBTQ Jugend (Gay/Lesbian/Bi/Trans/Queer/

Questioning). Unter deutschen Jugendlichen steht »schwul« für »uncool«, oder zeitgemäßer ausgedrückt, »nicht porno«. Dennoch hat die Auflockerung der vormals sehr rigiden männlichen Geschlechterrolle Folgen. Neue Männertypen wie »der Metrosexuelle«, »der Androgyne« oder »der Schwule« sind entstanden. Eine Person, die sich jeglichen Einordnungsversuchen entzieht, ist Conchita Wurst, über Nacht berühmt geworden und auf den ersten Blick eine Frau mit Bart. Der Betrachter ist verwirrt und fragt sich: Ist das nun eine Frau oder ein Mann? Ist er schwul oder wäre er gern eine Frau? Fragen, auf die er so schnell keine Antwort erhält. Männer aus der Mittelschicht wählen eher alternative Vorbilder für Männlichkeit. Der Typ des androgynen Mannes ist McNair zufolge eine Herausforderung für den Macho. Er ist passiver, neurotisch, narzisstisch und wird von Verunsicherung geplagt. Im Film verkörperten Schauspieler wie James Dean, Montgomery Clift und Leslie Howard frühe Formen dieses Typs, als ein zeitgenössisches Beispiel könnte man Johnny Depp anführen. Auch Woody Allen ist ein Anti-Macho-Mann.

Der neue Männertyp zeigt sich in der Werbung in Form einer femininen Darstellungsweise männlicher Models, das heißt: passive, sexuell einladende Körperhaltungen, eine starke Betonung ihrer (nackten) Körper und Signale sexueller Untergebenheit – all dies sind Charakteristika, die ursprünglich von Erving Goffman in seiner Untersuchung von Frauen-Bildern als typisch weiblich identifiziert wurden. Der »New Man« ist laut McNair also nicht nur eine verweiblichte, sondern auch eine homosexualisierte Form von Männlichkeit, in dem Sinne, dass sein Narzissmus und das Augenmerk auf Körperpflege traditionell mit Homosexualität assoziiert werden. Im Zuge dieser Entwicklung wird das neue Schönheitsideal für Männer salonfähig. Prominenter Vorreiter war der metrosexuelle David Beckham. Nun greift der Trend auch auf Teenager über. Spätestens mit elf oder zwölf Jahren fangen

Jungen an, Zeit und Geld in Styling und Mode zu investieren. Das wäre in Zeiten traditioneller Rollenmuster undenkbar gewesen.

Das egalitäre sexuelle Umfeld hat für die Männer zur Folge, dass sie, wie McNair es ausdrückt, »härter arbeiten müssen« als früher, um Frauen »rumzukriegen«, und wenn es nur bedeutet, »den Bierbauch loszuwerden und eine frische Unterhose anzuziehen«. Dadurch entwickelt sich auch der Mann zu einem zukunftsträchtigen Markt für die entsprechenden Branchen. Es bleibt nicht nur beim Benutzen einer Tagescreme. Immer häufiger unterziehen sich auch Männer einer Schönheitsoperation, es steigt der Anteil an Männern, die an Magersucht und Bulimie leiden (»Manorexia«). Ein ganz neues Männerleiden ist die »Bigorexia« – Muskeldysmorphie oder auch Muskelsucht genannt –, das Gegenteil von »Anorexia«, der Magersucht.

Der moderne Mann hat es schwer: Die schulischen Leistungen von Mädchen sind mittlerweile in fast allen Bereichen besser. Mehr als drei Mal so viele Jungen wie Mädchen begehen Selbstmord, noch bevor sie 20 Jahre alt sind. Typische »Männerdomänen« wie Fußball, Boxen, Chefsein, Sportautos fahren werden zunehmend von Frauen besetzt. Also bleiben den Männern immer weniger Felder, in denen sie trumpfen können. Auch im Bett erwarten die Frauen heute mehr als früher, die Ansprüche sind gestiegen. McNair spricht von einer regelrechten »Krise der Maskulinität«.

Parallel zu der Entwicklung des körper- und modebewussten neuen Mannes entstand in Großbritannien ein Gegenentwurf: »The New Lad« präsentiert eine provokative, aggressiv vermarktete Alternative zum »New Man«. Als Reaktion auf die Verweiblichung des modernen Mannes durch den New Man hat der New Lad die einfachen Genüsse – Fußball, Bier und »birds« (»Tussis«) – wiederentdeckt. Lads' Mags wie *Loaded, Nuts* oder *Zoo* richten sich an diese Käuferschicht und schreiben vor, was einen

»echten Kerl« zu interessieren hat. *Maxim*-Gründungsmitglied Sean Thomas gesteht, dass Zeitschriften wie *Maxim* nicht dazu da seien, um Nachrichten zu verbreiten, dafür gäbe es Zeitungen und Fernsehsender. Vielmehr sei Sinn und Zweck der Lads' Mags jungen Männern zu versichern, dass es okay sei, ein Typ zu sein – Bier zu trinken, Darts zu spielen und Mädchen zu begaffen. Diese Zeitschriften sind machtvolle Träger der Pro-Porno-Ideologie, ohne selbst als Pornografie abgestempelt zu werden.

An der Krise der Männlichkeit, an den Unsicherheiten und Herausforderungen, denen sich »männliche« Identität heute stellen muss, mag es auch liegen, dass die Pornografie bzw. der Porn Chic – vor allem in Bezug auf Objektifizierung und Degradierung von Frauen – für Männer so reizvoll ist. Die Verbreitung von Pornografie muss im Kontext des jeweiligen Maskulinitätskonzeptes gesehen werden. In der Welt der Pornografie ist die Autorität der Männer unbestritten und Frauen sind ihre nur allzu willigen, dankbaren Dienerinnen. Typisch für den Pornografiekonsum ist der Wunsch nach Kontrolle.

Der Mann, der in der pornografischen Fantasie versinkt, läuft jedoch Gefahr, die Fähigkeit zu verlieren, eine gesunde Beziehung zu einer Frau zu führen. Die der Pornografie zugrunde liegende Botschaft – jederzeit willige Frauen für oberflächliche und flüchtige Beziehungen zu finden – trägt dazu bei. Der Feminist Robert Jensen gibt zu bedenken: Wenn Männer von den schädlichen Kennzeichen von »hegemonialer Männlichkeit« eingenommen sind – Dominanz, Aggression, Eroberung und Kontrolle –, dann entgehen ihnen nicht nur tiefe und bedeutungsvolle Beziehungen mit Frauen, sondern auch mit anderen Männern, und sie geben auch die Möglichkeit auf, ihr Gefühl für sich selbst zu stärken. Die Frauen tragen zwar die Hauptlast patriarchaler Macht und Strukturen, aber auch die Männer sind durch sie eingeschränkt.

Als hegemoniale Männlichkeit wird die dominante Form heterosexueller Männlichkeit innerhalb der Gesellschaft definiert, die durch Aggression, Macht, Autorität, körperliche und emotionale Härte gekennzeichnet ist. Sie ist eine kollektive Strategie zur Unterordnung von Frauen, um männliche Solidarität und Macht zu sichern. Hegemoniale Männlichkeit ist keine Identität, die auf Bejahung beruht, sondern die um Verneinungen herum konstruiert wird: Ein Mann muss erst beweisen, was er nicht ist – weiblich oder frauengleich –, um zu bezeugen, was er ist: ein echter Kerl. Dies wird von allen Männern erwartet und alle Männer werden daran gemessen. Darüber hinaus ist hegemoniale Männlichkeit eine öffentliche Identität, welche die Bestätigung anderer benötigt. Am wichtigsten ist die Bestätigung durch andere Männer. Der Soziologe Benjamin P. Bowser legt dar, wie die wirtschaftlichen und persönlichen Frustrationen afroamerikanischer Männer sich in einer übertriebenen Investition in Körper und Sexualität niederschlagen können. Hegemoniale Männlichkeit ist etwas, das alle Männer demonstrieren müssen, ungeachtet ihrer sozialen Stellung und anderer Hierarchien. Das liefert eine Erklärung für die von vorneherein sexualisierte Darstellungsweise des Rap und Hip-Hop. Den leichtesten Zugriff auf diese Art von Hegemonie liefert in Zeiten des Internet die Pornografie. Die »Triple A engine« des Konsums von Pornografie – »available, anonymous, affordable« (zugänglich, anonym, erschwinglich) – gibt Männern, die sich alleine machtlos fühlen, die Illusion von kollektiver Macht. Insofern sind, wie etwa die Philosophen Alan Soble und Harry Brod zeigen, pornografische Fantasien eher ein Ausdruck von männlicher Ohnmacht als von Macht.

Von Eltern, Schulen, Peers, Sportgruppen und natürlich den Medien bekommen Jungen schon früh beigebracht, dass jede Abweichung von der Norm eine prompte Rüge zur Folge hat, im schlimmsten Fall werden sie als »Mädchen« bezeichnet. Dies hat tiefgreifende Auswirkungen auf das Gefühlsleben. Dadurch wird suggeriert, dass es unmännlich ist, andere zu lieben und für sie zu sorgen, passiv, abhängig und ambitionslos zu sein. Es hat Hohn und Spott zur Folge. Um sich als »Mann« beweisen zu können, muss ein Junge lernen, sich von seinen Emotionen und denjenigen anderer zu distanzieren. Das führt dazu, dass die Jungen im Laufe des Heranwachsens emotional verkümmern.

Diese Geschlechterpolarisierung nahm in den letzten Jahren im Zuge der Kommerzialisierung der Kindheit wieder zu. Vor allem in Großbritannien und den USA. Besucht man heute eine englische *Toys'R'Us*-Filiale, kann man in Augenschein nehmen, wie sehr sich das Geschäft im Laufe der letzten ein, zwei Jahrzehnte zum Negativen verändert hat. Auch in den 90ern gab es noch ein gewisses Maß an Geschlechtertrennung bei den Spielsachen. Heute ist die Gendergrenze zwischen den Gängen geradezu greifbar. Das ist ein Rückschritt: In den 70ern haben Eltern und Feministinnen aktiv gegen die Stereotypisierung von Mädchen und Jungen gekämpft. Wirft man heute einen Blick auf das Sortiment, so hat man den Eindruck, dass die Kinder mit Werten aus dem Mittelalter aufwachsen – jedes Mädchen eine Prinzessin, jeder Junge ein Krieger. Die Mädchen haben Feen auf ihrer Brotdose, die Jungen Superhelden. *LEGO*, ein seit jeher beliebtes Spielzeug für Mädchen und Jungen, ist nun dazu übergegangen eine »Pink«-Reihe für Mädchen herauszubringen. Als ob sie sonst nicht mit *LEGO* spielen würden. Selbst *Kinder*-Überraschungseier für *Mädchen* gibt es heute – ebenfalls in Rosa. Eine Firma, *Indigo Worldwide*, treibt die Genderpolarisierung auf die Spitze und vertreibt ein Set magnetischer Wörter zum Lesenlernen. Genauer gesagt sind es zwei Sets, eins für Mädchen, eins für Jungen. Die »Mädchen-Wörter« beinhalten unter anderem »Herz«, »Liebe«, »kochen«, »Freunde«, »Engel«, während die »Jungen-Wörter« z. B. »Geld«, »Monster«, »furchterregend« und

»laufen« umfassen. Indem die Mädchen die *Disney*-Prinzessinnen-Thematik immer und immer wieder durchspielen, werden sie schon früh dazu gebracht, ihr Augenmerk auf ihr Äußeres zu lenken und darauf, begehrenswert für Jungen zu sein. Die Event-Kultur für Kinder in England und Amerika spezialisiert sich auf Prinzessinnen- und Pamper-Partys für Mädchen und Piraten- und Sport-Partys für die Jungen; und für erwachsene Frauen gibt es *Disney-Princess*-Motto-Hochzeiten. Englands »National Union of Teachers« meinte dazu, dass die Befreiung der Frau um 40 Jahre zurückgeworfen wurde.

Die Schwulenrechtsorganisation Stonewall führte 2007 und 2012 eine Umfrage unter lesbischen, schwulen und bisexuellen Schülerinnen und Schülern durch und fand heraus, dass fast zwei Drittel von ihnen homophobe Hänseleien erlebt hatten. Darüber hinaus berichten 95 Prozent der Lehrer an weiterführenden Schulen, dass sie Schüler die Ausdrücke »you're so gay« oder »that's so gay« benutzen gehört haben. Sie berichten, dass die bloße Entscheidung, als Junge einen rosa Bleistift zu wählen, ausreicht, um homophobe Kommentare auszulösen. Jungen und Männer müssen schon einen gewissen Status haben, um sich so etwas leisten zu können – etwa als Fußball-Star, wie David Beckham, der in der Öffentlichkeit sogar einen Rock tragen kann.

Medien, Schönheitsideale und selbst Kinderspielzeug lassen sich zunehmend von Prostitution, Pornografie und Striptease inspirieren. Während dieser Porn Chic offensichtlich eine abgespeckte Version des Originals ist, so trägt er doch dazu bei, die Grenzen des Akzeptablen zu verschieben und die Kritik an der Pornobranche zu übertünchen. Lads' Mags sind ein Paradebeispiel hierfür. In den Vereinigten Staaten ist die Zeitschrift *Maxim* mit einer Auflage von 2,5 Millionen Lesern Marktführer und beginnt, in der gleichen Kategorie wie softpornografische Zeitschriften zu agieren. Die Lads' Mags entwickeln sich zur ernsthaften Konkurrenz für *Playboy* und Co.

Diese Publikationen liegen als »men's lifestyle magazines« in den Kiosken ganz unschuldig neben *Schöner Wohnen* oder Kinder-Comics, in über 50.000 Geschäften alleine im Vereinigten Königreich. Banyard befragte Supermärkte, ob sie pornografische Zeitschriften führten. Alle versicherten ihr, das sei nicht der Fall. Aber Lads' Mags bieten sie an. Nach Ansicht von Banyard liegt der Erfolg der Produkte darin, dass sie es durch ihren Auftritt geschafft haben, das oberste Regal mit den pornografischen Zeitschriften zu umgehen. Sie führte mit ihren Kolleginnen eine Inhaltsanalyse sechs populärer Lads' Mags durch. Alle enthielten pornografische Bilder, das heißt Bilder, die primär darauf ausgelegt waren, den Leser sexuell zu erregen. Die Genitalien der Frauen blieben zwar von Händen, Kleidungsstücken oder den Körpern anderer Frauen verdeckt, aber ihre Brüste waren üblicherweise entblößt, und die Posen, Schmollmünder, Positionen und Requisiten entsprachen denen in der Pornografie.

Im Zuge dessen hat sich das, was beschönigend als »glamour modelling« bezeichnet wird, massiv ausgeweitet. Dabei ziehen sich mit Silikon aufgepumpte und anderweitig getunte Frauen für Lads' Mags und »page 3« aus. Genitalien werden jedoch nicht gezeigt. Melinda Messenger, Jodie Marsh und Jordan aka Katie Price sind bekannte englische Glamour Models. Dieses Phänomen mag vielen fremd und marginal erscheinen, aber es ist weiter verbreitet, als man denkt: 2006 wurde eine Umfrage unter Teenagern gestartet. Sie hatte zum Ergebnis, dass über die Hälfte der Mädchen Glamour Models als Vorbilder sehen und gerne eines sein wollen. *Big-Brother*-Produzent Phil Edgar Jones berichtet, wie beim Casting die meisten Kandidatinnen Jordans Autobiografie als ihr Lieblingsbuch nannten. Häufig führt der Weg zur heißersehnten Glamour-Model-Karriere für die Mädchen nach London, in der Hoffnung, dort den großen Durchbruch zu haben. Die Konkurrenz ist groß. Die meisten enden bis über die Ohren verschuldet, kellnern, machen »lap dancing« und geraten unter Umständen sogar in die Prostitution. Viele versuchen ihr Glück bei den Glamour-Girl-Wettbewerben in Diskotheken. Je freizügiger die Frauen sind, desto lauter grölen die Zuschauer. Zögert eine Kandidatin, bekommt sie den Druck der Masse zu spüren. Zu gewinnen gibt es Auftritte in Lads' Mags.

Pornodarsteller und -regisseur Lars Rutschmann stellt fest, dass die Bewerberinnen immer jünger werden. Früher waren Pornodarstellerinnen um die 30 Jahre alt, heute bewerben sich gerade volljährige Mädchen. Es ist nicht einfach zu verstehen, wie die Glamour-Modelling-Kultur in so kurzer Zeit gesellschaftsfähig wurde. Selbst der Gründer der Zeitschrift *Zoo*, Paul Merrill, ist erstaunt: »Als ich an der Loughborough University war, da haben die Leute versucht, die *Sun* wegen der ›Seite 3‹ zu verbieten. Sie wären entsetzt, wenn sie wüssen, dass ich jetzt Wettbewerbe organisiere, um die heißeste Studentin zu finden.«

In der heutigen englischen Kultur bedeutet ein »echter Kerl« zu sein, einen Hang zur Gewalttätigkeit zu haben und die Auffassung zu vertreten, dass Männer Frauen von Natur aus überlegen sind. Auch wird angenommen, dass männlich/weibliche Beziehungen von Natur aus antagonistisch sind. Diese Hypermaskulinität setzt sich aus drei Persönlichkeitskomponenten zusammen: 1.) sexuelle Gefühllosigkeit gegenüber Frauen; 2.) die Ansicht, dass Gewalt männlich sei; 3.) die Auffassung, Gefahr sei aufregend. Lynx/Axe ist ein Produkt, das sich an Männer richtet, die ein hypermaskulines Verhalten aufweisen. Sex mit Frauen – mit vielen Frauen, vor allem mit vielen attraktiven Frauen – ist ein garantierter Weg zu Status unter männlichen Peers.

Ist das vielleicht ein Grund für die steigende Zahl an Vergewaltigungen in England? Ganz Großbritannien ist ein Hot Spot der Kriminalität. Die Anzahl von Gewaltdelikten und Vergewaltigungen stellt viele andere OECD-Länder in den Schatten. 2011–2013 wurden in England und Wales 8500 Kinder im Alter von zehn bis zwölf Jahren festgenommen, dabei ging es um 95 Vergewaltigungen und 214 Sexualdelikte. Im Vereinigten Königreich werden ungefähr 100.000 Vergewaltigungen jährlich begangen. Nur eine von 20 Anzeigen endet mit einer Verurteilung, die zweitniedrigste Rate in Europa. Das ist einer der Gründe, warum die wirkliche Zahl noch viel höher sein dürfte. Es wird geschätzt, dass zwischen 75 und 95 Prozent aller Vergewaltigungen niemals bei der Polizei gemeldet werden. Darüber hinaus brachte der *British Crime Census* von 2001 zum Vorschein, dass 40 Prozent aller Vergewaltigungsopfer niemandem von ihrem Erlebnis berichtet hatten.

Vor allem junge Frauen sind gefährdet: Auch in Deutschland werden die meisten Vergewaltigungen und sexuellen Nötigungen an Mädchen im Alter von 14 bis 18 Jahren begangen, nur zehn Prozent der Opfer sind über 21 Jahre.

Häufig sind es nicht etwa Fremde, sondern die Partner der Frauen, die sie misshandeln. Etwa die Hälfte der Frauen, die in den USA in die Notaufnahme kommen, tun dies aufgrund von Verletzungen, die ihr Partner ihnen zugefügt hat. Gewalt durch den Beziehungspartner geschieht häufig dann, wenn der misshandelnde Partner merkt, dass ihm die Kontrolle entgleitet. Er versucht, die Frau aufs Neue »in den Griff« zu bekommen. Weil ihre Aufmerksamkeit sich auf ein zu erwartendes Kind verlagert, beginnt ein Drittel häuslicher Gewalt, wenn die Frau schwanger wird, und dementsprechend ist in den USA Mord die Haupttodesursache für schwangere Frauen. Im Zuge der »hookup culture« sind »drink spiking« und »drug rape«, Methoden, bei denen einem Getränk eine schädliche Substanz beigemengt wird, ein signifikantes Problem in Großbritannien geworden, frei nach dem Motto »Wenn du erstmal keinen Erfolg hast, kauf ihr noch ein Bier«.

Meist ist nicht etwa Sex die Hauptmotivation für eine Vergewaltigung. Öfter als von Sex ist eine Vergewaltigung von Macht motiviert. Wenn eine Frau vergewaltigt wird, wird ihr die Macht genommen, »nein« zu sagen. Der Gefängnispsychologe Nicholas Groth ordnet 55 Prozent der Männer der Gruppe der »power rapists« zu, im Sinne, dass die Vergewaltigung für sie eine Eroberung ist – eine Demonstration ihrer Männlichkeit.

In den 70ern und frühen 80ern, auf dem Höhepunkt der ersten Welle des Feminismus, wurden biologische Erklärungen für Verhaltensunterschiede zwischen Mädchen und Jungen in Frage gestellt und Erklärungen zugunsten von sozialen Einflüssen vorgezogen. 1984 etwa fanden die Familienwissenschaftler Sally A. Koblinsky und Alan I. Sugawara heraus, dass Jungen und Mädchen, wenn sie für die Dauer von nur sechs Monaten einem speziellen Lehrplan ausgesetzt waren, der nicht sexistisch war, also nicht das klassische Rollenverständnis bediente, eine signifikant geringere Vorliebe für geschlechtstypisches Spiel an den Tag legten.

Inzwischen ist ein neues Interesse am biologischen Determinismus zu beobachten. Der Kern dieser Ideologie besagt, dass die Unterschiede, die wir in Charakter und Verhalten bei Jungen und Mädchen beobachten, nicht durch soziale Einflüsse entstehen. Vielmehr sind sie, in Form von genetischen und hormonellen Unterschieden, vom Zeitpunkt ihrer Geburt an festgelegt. Bestimmte Autoren haben diese vermeintlich biologischen Gründe in den letzten Jahren populär gemacht; John Gray etwa, Verfasser von Selbsthilfebüchern, deren Einblicke in die angeblichen Unterschiede zwischen Männern und Frauen die meisten kennen werden: *Men are from Mars, and women are from Venus* ist einer seiner Bestseller. Alle Bücher von Gray sind im Prinzip Variationen ein und derselben Thematik. Zunächst stellte er seine Ideen in Beobachtungen des alltäglichen Lebens vor. 2008 jedoch brachte er ein Buch heraus, *Why Mars and Venus Collide*, das in einer Hinsicht neu war: Darin begründet er seine Beobachtung mit genetischen und hormonellen Erklärungen aus der Biologie. Autoren wie er stehen für eine Trendwende, die auch von der Presse unkritisch und unreflektiert aufgegriffen wurde. Die Menschen sehen Stereotype gerne erfüllt.

Frauen reden mehr als Männer, das weiß jeder und es ist wissenschaftlich bewiesen. Oder nicht? Einer Studie zufolge nutzen Frauen im Schnitt etwas mehr als 16.000 Wörter am Tag, Männer etwas weniger, aber der Unterschied ist unwesentlich. Die einzige Studie, die zu den verschiedenen Sprechgeschwindigkeiten von Männern und Frauen durchgeführt wurde, fand tatsächlich Unterschiede, aber geringfügige, und das in umgekehrter Richtung. Männer reden etwas schneller als Frauen. Die Psychologin Janet Shibley Hyde kam aufgrund jahrelanger Analysen zu Genderunterschieden in der Kognition zu dem Schluss, dass das Geschlecht nur für ein Prozent der Abweichung im sprachlichen Vermögen zwischen Mann und Frau verantwortlich ist.

Hyde fand selbst für Mathematik, ein Fach, in dem Jungen seit jeher als überlegen gelten, dass die Unterschiede gering waren, außer in einigen wenigen, sehr begrenzten Bereichen. Der einzige Bereich der Mathematik, der beständig moderate bis große Unterschiede zugunsten des männlichen Geschlechts hervorbrachte, ist räumliche Visualisierung, vor allem die Fähigkeit, dreidimensionale Objekte mental zu rotieren. Die Forscher ziehen dafür die Erklärung in Betracht, dass Frauen ängstlicher sind und erst für den Test »aufgewärmt« werden müssen. Eine andere Möglichkeit ist, dass sie es vielleicht einfach weniger gewohnt sind, Spiele und Tests am Computer zu machen. Eine Studie zum räumlichen Vorstellungsvermögen und ein mentaler Rotationstest, jeweils einmal vorher und einmal, nachdem sie ein Computerspiel gespielt hatten, durchgeführt, bestätigen diese Annahme.

Ähnlich irreführend ist die allgemein verbreitete Auffassung, dass Oxytocin hinter dem als für typisch angenommenen empathischen Verhalten der Frau steckt. Eine Studie neueren Datums kam nämlich zu dem Ergebnis, dass die Oxytocin-Werte der Männer steigen, wenn Paare sich küssen, die der Frauen jedoch sinken. Beim Testosteron verhält es sich ähnlich. Bei Tieren ist die Rolle des Testosterons sehr offensichtlich. Gerne werden die Ergebnisse der Tierversuche, etwa mit Ratten, auf den Menschen übertragen. Und so wird angenommen, dass Testosteron maßgeblich für die als typisch männlich geltenden Charakteristika zuständig ist. Dementsprechend werden die niedrigen Testosteronwerte von Frauen für den Mangel an »männlichen« Eigenschaften verantwortlich gemacht. Testosteron wird mit männlicher Logik in Verbindung gebracht, einem besseren Sinn für Humor und größeren künstlerischen Fähigkeiten. Auch Konkurrenzdenken, Systematisieren sowie räumliche Fähigkeiten gelten als typisch männliche Fähigkeiten. Wirft man jedoch einen genaueren Blick auf die Forschung zu den Auswirkungen des Testosterons, erhält man ein sehr viel komplexeres Bild.

Holländische Wissenschaftler etwa fanden sehr wohl eine Korrelation, allerdings eine unerwartete: nicht zwischen Testosteron, sondern Progesteron und dem maskulinen Spielverhalten von Jungen. In einer anderen Studie wurde einer Gruppe von Männern Testosteron gegeben, ohne dass sie es wussten. Weder berichteten sie selbst von mehr Aggression noch bemerkten Eltern oder Partner Unterschiede in Bezug auf Launen oder Verhalten. Andererseits berichteten in einer zweiten Studie Männer, die ein Placebo erhielten, denen aber gesagt wurde, es sei

Testosteron, von vermehrter Wut, Irritation und Impulsivität. Auch soll der Zusammenhang zwischen Libido und Testosteron weitaus geringer sein als gemeinhin angenommen. Neuere Untersuchungen fanden heraus, dass es eine Reihe von Faktoren gibt, die eine weitaus größere Rolle spielen als das Testosteron. In einer Studie wurde der einen Hälfte der Teilnehmer gesagt, dass ihre Identität den Forschern bekannt sei, die andere Hälfte glaubte anonym zu sein. Interessanterweise wurden die Frauen so aggressiv wie die Männer, wenn sie im Glauben waren, dass sie anonym waren. Wenn sie jedoch glaubten, beobachtet zu werden, hielten sie sich zurück.

Sehr weit verbreitet ist die Annahme, dass Frauen die linke, Männer die rechte Gehirnhälfte nutzen, und dass die rechte Hemisphäre Raum und Systeme verarbeitet, während die linke Seite für Wörter und Emotionen zuständig ist. In einer Studie hatten Scans gezeigt, dass homosexuelle Männer und heterosexuelle Frauen symmetrische Gehirne haben, d. h. die rechte und die linke Hemisphäre haben mehr oder weniger die gleiche Größe. Umgekehrt haben lesbische Frauen und hetereosexuelle Männer asymmetrische Gehirne, wobei die rechte Hemisphäre signifikant größer ist als die linke. Über diese Studie wurde ausführlich in den Medien berichtet. Als die Ergebnisse von dem Sprachforscher Mark Liberman unter die Lupe genommen wurden, stellte er nicht nur fest, dass das Sample extrem klein war, sondern dass es auch große Überschneidungen zwischen den Männern und Frauen gab, die biologische Geschlechtszugehörigkeit also keinesfalls der alleinige Grund für unterschiedliches Verhalten sein kann.

Adrienne Burgess fand, wie sie in ihrem Buch *Fatherhood Reclaimed* (1998) beschreibt, in Bezug auf die vermeintlich größere Empathie von Frauen heraus, dass sich zwar ihre sichtbaren Reaktionen – ob sie lachen oder die Stirn runzeln – von denen der Männer unterschieden, ausgeprägter waren. Die Frauen zeigten alles in allem mehr Besorgnis. Doch wenn die nicht sichtbaren körperlichen Reaktionen gemessen wurden – Herzfrequenz, Blutdruck usw. – gab es keine Unterschiede: Beide Geschlechter reagierten mit dem gleichen Maß an Sorge. Das zeigt, dass die Männer dazu sozialisiert worden sind, ihre Reaktionen vor den Augen anderer zu verbergen und dosiert auszudrücken, um nicht zu emotional und damit zu weiblich zu wirken.

Londoner Taxifahrer müssen, um ihren Beruf ausüben zu dürfen, »The Knowledge« lernen, eine detaillierte mentale Karte der City, die dann in einer Prüfung abgefragt wird. Die Fahrer verbringen im Schnitt zwei Jahre mit dem Lernen dieser Karte. Man könnte daraus vielleicht schließen, dass es die Beschaffenheit des Gehirnes ist, die diese Männer zu dieser Leistung führt. Doch Forscher fanden heraus, dass der hintere Hippocampus umso größer wurde, je länger sie ihren Beruf ausübten. Ihre graue Masse wuchs im selben Maß wie ihr Wissen über die City. Das menschliche Gehirn verändert sich bei Frauen und Männern, als Reaktion auf die Umwelt, bis ins Alter. Wir sollten diese Fähigkeit nutzen und es nicht zulassen, dass die »Krise der Männlichkeit« zu einem Rückfall in überholte Rollenmuster führt, die von der Porno-Industrie entworfen werden.

»THE DARK ZONES«

Problematische Inhalte auf dem Handy

Die Verbreitung und Rezeption von sexuellen Inhalten per Mobiltelefon ist ein weiterer Aspekt der Sexualisierung von Kindern und Jugendlichen. Wie wir gesehen haben, sind mit der Sexualisierung bestimmte Erwartungen an das Aussehen junger Leute (Schlankheit, große Brüste, muskulöse Erscheinung) und ihre Handlungen (Pornokonsum, Begrapschen von Mädchen, Blow Jobs und eben auch Sexting) verbunden. Verschiedene Studien fanden je nach Alter der Teilnehmer und Definition des Begriffes »Sexting« eine Verbreitung des Phänomens zwischen 15 und 40 Prozent. Neuere Studien legen nahe, dass die Praktik noch viel weiter verbreitet ist. Und sie kann bereits in der Vorschule anfangen. Eine paneuropäische Studie hatte zum Ergebnis, dass Eltern die Verbreitung des Sexting bei ihren Kindern unterschätzen: 15 Prozent der Kinder haben nach dieser Studie sexuelle Nachrichten gesehen oder erhalten. Doch nur 21 Prozent ihrer Eltern wissen darüber Bescheid.

Die Risiken des Sexting sind hochgradig genderisiert: Mädchen werden als Schlampe bezeichnet, wenn sie teilnehmen, Jungen als schwul, wenn sie es nicht tun. Das Phänomen macht deutlich, dass die Sexualisierung von jungen Mädchen oftmals mit ihrer Beschämung einhergeht. Das Foto eines nackten Mädchens erntet mehr Häme als das eines Jungen. Wie sehr sich die Mädchen mit der Teilnahme an der Produktion selbst entwerten, ist ihnen anfangs selten klar, das ganze Ausmaß wird oft zu spät erkannt.

Einer der bekanntesten deutschen Sexting-Clips ist vor einigen Jahren im Rheinland entstanden. Wer Mitte der 2000er bei Google nach »Steffi aus Moers« suchte, fand fast zwei Millionen Treffer; inzwischen ist der Clip »nur noch« auf Hardcore-Porno-Seiten zu finden. In dem Video sitzt ein 15 Jahre altes Mädchen nackt auf dem Sofa und wird von vier Jungen begrapscht. Clips wie dieser verbreiten sich rasend schnell, und wenn sie einmal im Netz sind, ist es schwer, sie da jemals wieder vollständig zu entfernen. Auf sogenannten »exposure sites« werden private Fotos und Clips von Jugendlichen in intimen oder peinlichen Situationen zum Zwecke der Demütigung hochgeladen. Die werden dann »geteilt«, etwa auf *Facebook*, und verbreiten sich dadurch rapide. Die Expertin für Cyberbullying Catarina Katzer nennt dies »Endlosviktimisierung«. Alleine im September 2013 wurden in England vier Selbstmorde von Jugendlichen unmittelbar mit Cyber-Mobbing in Verbindung gebracht. Als wäre die unerlaubte Verbreitung der Fotos nicht schon demütigend genug, wird zudem ein Drittel der zirkulierenden Sexting-Bilder ohne Zustimmung der abgebildeten Person aufgenommen.

Und was für eine Bedeutung hat das Sexting für die Jungs? Für sie ist das Versenden von Fotos nackter Mädchen risikoarm, und angesichts anderer Möglichkeiten, ihre heteronormative Männlichkeit unter Beweis zu stellen – Kampf, Kriminalität und Konsum –, ist es kein Wunder, dass Sexting eine attraktive Alternative darstellt. Die Bilder verschaffen dem Jungen Status und Respekt unter seinesgleichen. In einer Beziehung fungieren sie als »relationship currency«, d. h. als Liebesbeweis der Mädchen. Die jungen Frauen werden als Eigentum der jungen Männer aufgefasst und auch so dargestellt: Für die Bilder fordern die

Jungen die Mädchen auf, mit einem Edding/Marker den Name des Jungen auf ihre Brüste oder andere Körperteile zu schreiben. Manche Jungen haben über 30 solcher Fotos auf ihren Handys gespeichert. Bemerkenswert ist, dass im Gegensatz hierzu wirkliche, d. h. professionell produzierte Pornografie, als uncool und »nerdy« (sonderlich) angesehen wird.

Sexuelle Inhalte gibt es nicht nur auf dem Mobiltelefon: Die technologischen Entwicklungen schreiten rasant voran, neue Medienformen entstehen, vernetzen sich mit anderen. Soziale Netzwerke integrieren Chat, Nachrichten, persönliche Kontaktlisten, Fotoalben und Blogging. Dies bietet mehr Möglichkeiten, aber auch mehr Risiken. Auf Chatroulette etwa entblößen sich trotz gegenteiliger Vorschriften 13 Prozent der Chatteilnehmer oder fordern andere Teilnehmer zu sexuellen Handlungen auf.

Entscheidungsträger, Lehrer und Behörden kommen der Entwicklung und Aneignung neuer Technologien durch die jungen Leute nicht hinterher. Die Forschung ist noch sehr lückenhaft. So wird in den existierenden Studien nicht darauf eingegangen, wer der Sender der sexuellen Botschaft ist, ob dies ein dem Teenager bekannter Gleichaltriger ist oder ein Erwachsener. In der Schweiz ist eine breit angelegte Nationalfonds-Studie der Universität Basel geplant.

An vielen englischen Schulen kommt ein erhebliches Ausmaß an sexueller Belästigung und körperlicher Gewalt gegenüber Mädchen hinzu. Es ist erschreckend, wie selbstverständlich dies hingenommen wird. In anderen Settings (z. B. am Arbeitsplatz) wäre diese Art von Übergriffen undenkbar und würde strafrechtliche Konsequenzen mit sich bringen. Die Mädchen werden in der Schule und auf der Straße ständig von »random people« (beliebigen Leuten) um »beats« (Geschlechtsverkehr) oder »head« bzw. »blows« (Oralverkehr) gebeten. Auch Anfragen nach Befriedigung mit der Hand und Ejakulation ins

Gesicht sind häufig. Manche Mädchen werden belästigt, wann immer sie an Jungen vorbeigehen. Im harmlosesten Fall werden sie begrapscht, manchmal überfällt eine ganze Gruppe von Jungen ein Mädchen, drückt es zu Boden und betreibt »daggering« (»Trocken-Sex«) mit ihm.

Das Office of the Children's Commissioner for England hat 2013 im Rahmen einer zweijährigen Untersuchung festgestellt, dass derartige Übergriffe durch 12- und 13-Jährige in allen Regionen und Gesellschaftsschichten Englands vorkommen – das Problem beschränkt sich nicht auf einkommensschwache innerstädtische Gebiete, wenngleich vor allem hier Vergewaltigung als »normal« und »unvermeidbar« angesehen wird. Nach Meinung des Kommissionsmitglieds Sue Berelowitz sind die Musik- und Pornoindustrie dafür verantwortlich, dass Mädchen wie Ware behandelt werden.

Medienberichte aus England schilderten bereits 2005 das Phänomen des »Happy Slappings«, eine neue Dimension der medialen Gewaltproblematik. Von Happy Slapping spricht man, wenn Fremde, Mitschüler oder Lehrer plötzlich angegriffen werden. Dann wird die verdutzte Reaktion des Opfers gefilmt und mit dem Handy oder im Internet veröffentlicht. Es fragt sich nicht nur, ob mediale Gewaltdarstellungen aggressives bzw. gewalttätiges Verhalten zur Folge haben, sondern auch, ob es eine Verknüpfung von realweltlicher und medialer Gewalt gibt; mit anderen Worten: ob Gewalt *mit dem Zweck* ausgeübt wird, diese zu dokumentieren und zu verbreiten.

Die Dokumentation der Gewalt führt zu einer medialen Manifestierung des Opferstatus. Die Clips weisen soziale Positionierungen, Täter- und Opferstatus, dauerhaft und öffentlich zu, soziale Hierarchien werden betont und zementiert: Was genau passiert ist, wissen dann nicht mehr nur diejenigen, die unmittelbar dabei waren, sondern jeder kann im Video in aller Genauigkeit den Hergang der Tat überprüfen. Gewaltvideos traten zunächst in England auf, dann kamen sie auch in Deutschland gehäuft vor. 2012 hatte ein Drittel der befragten Jugendlichen die Herstellung eines Gewaltvideos miterlebt.

Wie bei der Pornografie sind auch bei diesen Inhalten Personenvariablen (Alter, Geschlecht, intellektuelle Fähigkeiten bzw. formale Bildung) und Persönlichkeitsmerkmale (etwa Sensation Seeking oder aggressive Prädisposition) charakterisierend. Sensation Seeking bedeutet, dass Menschen, die Gewaltvideos oder Pornos schauen, den Nervenkitzel und andere körperliche Erregungszustände suchen. Eine Studie über zwei Jahre mit über 12.000 Jugendlichen kam zu dem Ergebnis, dass eine enge Verbindung mit mindestens einem Erwachsenen zuhause oder in der Schule das stärkste Abwehrmittel gegen solch risikoreiches Verhalten von Teenagern war. Dies gilt unabhängig von Familienstruktur, Einkommen, Rasse, Bildung, Zeit, die zusammen verbracht wird, wo oder mit wem das Kind lebt und ob eines oder beide Elternteile arbeiten.

Sind diese abwehrenden Einflüsse nicht vorhanden, wird eine Abwärtsspirale in Gang gesetzt. Gewalthaltige Medieninhalte (etwa Actionfilme, Videospiele und Webseiten) und die Aggressivität von Jugendlichen bestärken sich gegenseitig immer mehr. Die wesentlichen Einflussfaktoren, welche die Abwärtsspirale begünstigen, sind: Sensation Seeking, Distanzierung von der Schule und eigene Gewalterfahrung in der Peergroup.

Auch in Bezug auf Gewalt werden Skripte erinnert und in bestimmten Situationen – unter Umständen mit anderen Skripten kombiniert – wieder aufgerufen. Vor allem beeinflussen vier Faktoren die Entwicklung solcher Skripte: niedriges Bildungsniveau, geringe Beliebtheit, eine als realistisch wahrgenommene Gewalt und schließlich das Fantasieren über aggressive Handlungen. Der Information-Processing-Theory zufolge sind einmal in der Kindheit erworbene aggressive Skripte auch noch im Erwachsenenalter vorhanden.

Die Gewaltforschung stellte in Bezug auf gewalttätige Computerspiele und Fernsehangebote eine Desensibilisierung und Gewöhnung gegenüber aggressivem und gewalttätigem Verhalten fest. Dies wiederum geht mit einer Reduktion von Empathie einher. Nun besteht aber eine Beziehung zwischen prosozialem Verhalten und Empathie. Ähnliches gilt auch für Pornografie. Selbst wenn die Ergebnisse der Forschung hier umstritten sind – es sollte vor dem Hintergrund dieser Erkenntnisse klar sein, dass ein früher Kontakt mit gewalthaltiger Pornografie negative Auswirkungen auf zukünftige sexuelle Handlungen der Kinder haben kann.

Nicht nur individuelle Persönlichkeitsfaktoren bestimmen das Verhalten. Die Basis für eine gesunde Persönlichkeit und letztendlich auch Gesellschaft wird zu einem nicht unerheblichen Teil von den Werten dieser Gesellschaft geprägt – also den Vorstellungen, was gut und was schlecht ist. Sie haben Einfluss auf soziale Regeln, d. h. auf das, was als angemessenes Verhalten gilt. Bildung als Unterbau des Intellekts ist entscheidend für ein vernünftiges Handeln im Umgang mit anderen Menschen und der Umwelt. Schließlich ist Geborgenheit für den Einzelnen nötig, um Liebe zu empfinden und Vertrauen aufzubauen. Der Grundstein hierzu wird in der Regel früh im Leben von den eigenen Eltern gelegt. Dies sind drei Punkte, an denen es der britischen Gesellschaft ganz gewaltig mangelt.

Auch in Deutschland ist schon seit längerer Zeit davon die Rede, dass der Gesellschaft die Väter ausgehen. Wir hätten eine »vaterlose Gesellschaft« wird behauptet. Tatsache ist: Immer mehr Eltern gehen getrennte Wege, in Deutschland und auch in England erziehen ein Fünftel aller Mütter ihre Kinder ohne deren Vater. Der Anteil alleinerziehender Väter ist geringer – er wird auf etwa zehn Prozent geschätzt, Tendenz allerdings steigend. Das hat Konsequenzen für die Kinder: Viele Jungen und Mädchen wachsen ohne Vater oder eine andere männliche Bezugsperson auf, denn auch im Kindergarten gibt es weitaus mehr Erzieherinnen als Erzieher, in der Grundschule mehr Lehrerinnen als Lehrer. Wie man sich Frauen gegenüber verhält, wird daher immer öfter von den Medien abgeschaut. Studien belegen, was Eltern, Lehrer und Erzieher schon lange beobachten: Die Mediennutzung hat zu-, der realweltliche Einfluss abgenommen. Die Folge: Bildschirme übernehmen die Funktion der Familie. Soziologen klagen über »Wirklichkeitsverlust« und »Erlebnismangel«. Eltern berichten, dass ihre Kinder noch nachts unter der Bettdecke auf *Facebook* mit ihren Freunden kommunizieren, und bevor sie morgens zum Frühstück kommen, haben sie oftmals schon eine Weile im Internet gesurft. Dadurch sind auch sexualisierte und pornografische Bilder umso machtvoller geworden.

Dazu kommt, dass für die alleinerziehenden Mütter Partnerschaft oftmals ein wichtiges und beständiges Thema ist. Erzieherische Aufgaben werden zur Nebensache, stattdessen sehen sich die Mütter als Freundinnen oder ältere Schwestern ihrer Kinder und tauschen mit ihren Töchtern Tipps über Männer aus. Doch auch der umgekehrte Fall, eine zu engagierte Mutter, ist nicht gut für die Kinder (»Hotel Mama«). Eine Elternkonstellation, die besonders problematisch für Jungs ist, ist ein schwacher (bzw. abwesender) Vater und eine starke Mutter. Jungen können nicht zu Männern heranwachsen, wenn sie die ganze Zeit bei Mama an der Hand sind. Jungen wie auch Mädchen brauchen Freiräume, um sich entwickeln zu können. In Bezug auf Körperlichkeit kann also sowohl zu viel Offenheit als auch Vereinnahmung schaden.

Heute wissen fast alle Jugendlichen über die Existenz brutaler Videos oder Pornofilme auf dem Handy Bescheid oder haben selbst solche Clips erhalten. Ein Viertel aller befragten Jungen weiß von Freunden oder Bekannten, die sie konsumieren, bei den Mädchen sind es immerhin 17 Prozent. 18 Prozent der befragten Heranwachsenden hatten schon mindestens einmal problematische Darstellungen auf ihr Mobiltelefon geschickt bekommen. 5,7 Prozent der in einer Studie des Studenten Marc Pascal Luder Befragten haben selber schon solche Inhalte produziert. Bei der eigenen Produktion haben E-Bullying-Inhalte die meisten Nennungen, gefolgt von Sexvideos und -fotos und Happy Slapping. Vor der Kamera haben 1,7 Prozent die Rolle des Täters und 3,1 Prozent die Rolle des Opfers übernommen. Ohne direkte eigene Beteiligung waren 9,3 Prozent Zeuge einer Produktion geworden. Es wird geschätzt, dass bis zu 1,9 Millionen Schüler Opfer von Lästereien, Beleidigungen und übler Nachrede im Netz sind.

Handyvideos mit problematischen Inhalten hinterlassen einen bleibenden Eindruck: »Das kann man gar nicht vergessen«, erzählt ein Schüler (Grimm und Rhein, 2007). Vielen Jugendlichen machen solche Videos Angst, doch sie geben das vor ihren Freunden nicht zu. Denn wenn sie das zu erkennen geben, dann riskieren sie, als verklemmt und doof angesehen zu werden. Viele ertragen die Bilder kaum, weil sie sich nicht mit den Tätern, sondern mit den Opfern identifizieren und mit diesen mitleiden.

Die Zahl der Mobiltelefone in Deutschland übertrifft mittlerweile die der Einwohner. 99 Prozent der Haushalte haben mindestens ein Mobiltelefon, ebenso Fernseher, Computer bzw. Laptop. Das Handy ist mit Abstand das Medium, das die meisten Jugendlichen besitzen. Laut der *JIM-Studie* verfügten im Jahr 2007 bereits 94 Prozent der Zwölf- bis 19-Jährigen über ein Mobiltelefon, mittlerweile sind es über 98 Prozent. Bei den Zwölf- bis 13-Jährigen sind es schon fast drei Viertel und auch ein Sechstel der Sechs- bis Siebenjährigen haben bereits ein eigenes Handy. Immer leichter wird dadurch der Zugriff auf problematische Inhalte. Nur 17 Prozent geben an, dass ihre Eltern sie gefragt hätten, was sie auf ihrem Handy haben.

Die Jugendlichen lieben ihre Handys, die Geräte nehmen in ihrem Leben eine zentrale Stelle ein, und für viele ist ein Leben ohne Mobiltelefon undenkbar. Ein Mädchen berichtet: »Ohne mein Blackberry würde ich sterben.« Ein anderes erzählt: »Ich kann das Telefon nicht zur Seite legen. Leute schicken jede Minute etwas und du guckst ständig drauf.« Im Vergleich zur vorherigen Studie stellt die *JIM-Studie* 2012 fest, dass vor allem das Smartphone immer mehr Verbreitung findet – über die Hälfte der Handys sind mittlerweile Smartphones. Zwei Drittel der Haushalte haben mindestens ein Gerät. Auch die Ausstattung mit Tablet-PC, wie etwa dem iPad, nimmt zu (knapp ein Fünftel der Haushalte). Mit ihnen kann man ebenfalls ins Netz gehen.

Free Messaging Services wie WhatsApp oder der BlackBerry Messenger (BBM) erfreuen sich bei den Jugendlichen großer Beliebtheit. Diese Services sind auf dem bestem Wege, beliebter zu werden als SMS und *Facebook* (*Facebook* ist inzwischen »uncool«, weil es auch von Lehrern, Eltern und anderen Verwandten genutzt wird). Doch nicht nur das Mobiltelefon, auch andere Massenmedien sind komplexer, weitreichender und vernetzter geworden.

Die intensive Nutzung mobiler Kommunikations-, Informations- und Unterhaltungsmöglichkeiten ist im Kontext der veränderten Lebensbedingungen unserer Gesellschaft zu sehen – Individualisierung, Flexibilisierung der Familienstrukturen und der Arbeitswelt sowie der Wunsch nach Orientierung. Das Mobiltelefon hat die Funktion als »symbolisches Kapital«: Wie ein modisches Kleidungsstück sagt es etwas über Geschmack und Stil des Besitzers aus.

Gut zwei Drittel der Kinder schauen täglich fern, der Fernseher ist damit das am zweithäufigsten täglich genutze Medium.

Der Computer steht an dritter Stelle und wird von etwas mehr als der Hälfte der Kinder und Jugendlichen täglich genutzt. 45 Prozent gehen täglich ins Internet, doch der Spitzenreiter ist das Handy: Während knapp die Hälfte der Zwölf- bis 13-Jährigen täglich das Mobiltelefon nutzt, sind es bei den 14- bis 15-Jährigen schon zwei Drittel und bei den 18- bis 19-Jährigen gar 84 Prozent. Hinsichtlich der Bildung der User, also z. B. des Schulabschlusses, zeigen sich beim Mobiltelefon kaum Unterschiede. Bei der Nutzung des Internets hingegen schon: Von Kindern und Jugendlichen mit angestrebtem bzw. erreichtem Hauptschulabschluss gehen lediglich 29 Prozent täglich ins Internet. Bei den Realschülern sind es 41 Prozent und bei den Gymnasiasten 54 Prozent, die täglich online sind. Das Internet spielt also vor allem bei Jugendlichen ab 16 Jahren mit höherer formaler Bildung eine immer größere Rolle.

Wie die Pornografie die Sexualität der Jugendlichen beeinflusst

Die meisten Länder schränken den Zugriff von Minderjährigen auf Hardcore-Pornografie ein, indem sie die Verfügbarkeit auf Sexshops, Versandhandel und private Fernsehkanäle beschränken. Das Thema Jugendliche und Pornografie ist in Deutschland rein rechtlich eigentlich gar keines, denn § 184 StGB stellt die Weitergabe und selbst das Zugänglichmachen von pornografischem Material an Minderjährige ohnehin unter Strafe. In den USA erstrecken sich, wie wir gesehen haben, die Argumente grundsätzlich auf das »First Amendment«, welches sich an einer Abgrenzung von der Obszönität orientiert. Auch in Großbritannien sind die Zensurbestimmungen für europäische Verhältnisse streng. Das gesetzliche Mindestalter variiert von Land zu Land.

In manchen Ländern wie den USA liegt es bei 18 Jahren, in anderen nur bei 16. Folglich sind die pornografischen Bilder in einigen Ländern legal, in anderen aber illegal, und es ist äußerst schwierig, die Strafverfolgung international zu koordinieren. Mit dem Internet kann dies sowieso umgangen werden:

Wenige Klicks genügen, um Zugriff auf Millionen pornografischer Bilder und Clips zu erhalten. Denn der Computer guckt nicht nach dem Alter des Surfers. So leicht wie heute war das nie zuvor. Ich erinnere mich, wie wir als Jugendliche, vielleicht mit 17 Jahren, in die Pornoabteilung unserer örtlichen Videothek gehen mussten, um die Kuriositäten – Greisen- und Zwergenpornografie – zumindest auf dem Cover zu sehen. Mit abgeklärtem Blick versuchten wir beim Anblick der grotesken Szenen keine Miene zu verziehen. Heute haben viele Jungen noch kein Mädchen geküsst, wenn sie bereits mit pornografischem Material in Kontakt kommen. Ihre ersten »sexuellen Erfahrungen« machen sie im Internet. Eine Studie der Henry J. Kaiser Foundation von 2001 fand heraus, dass knapp drei Viertel der 15- bis 17-Jährigen in den USA sich schon einmal Pornografie im Internet angesehen haben. Nicht immer ist der Kontakt gesucht, gerade bei Jüngeren – mittels Spam (viele Kinder haben heute ihren eigenen E-Mail-Account) oder Pop-ups. Auch über *Tumblr* oder *Facebook* gelangt man an pornografische Inhalte. So können im Newsfeed schon mal Abbildungen von Hunden auftauchen, die Frauen besteigen. Das geschieht also mitunter, auch ohne dass etwas geöffnet oder angeklickt wurde! Ein Wissenschaftler, der zu Schwulenpornografie forscht, berichtete mir, dass er in den 80ern einen Zuschuss von seiner Uni beantragen musste, um nach Amsterdam zu reisen, damit er dort die Videos in einem Sexshop ausleihen und sie dann in einem Gästehaus anschauen konnte. Heute reichen ein Laptop und ein Internetzugang.

In einer Umfrage, die in den nordischen Ländern durchgeführt wurde, gaben 60 Prozent der Jugendlichen an, unfreiwillig mit Pornografie in Kontakt gekommen zu sein. Die Zahlen, die Dines nennt, stellen andere Studien in den Schatten. Demnach haben 90 Prozent der Acht- bis 16-Jährigen Pornografie im Internet angeschaut. Eine kanadische Studie hatte zum Ergebnis, dass 90 Prozent der 13- und 14-jährigen Jungen und immerhin 70 Prozent der Mädchen des gleichen Alters Pornografie gesehen haben. Die Jugendlichen konsumieren Pornografie dabei größtenteils über das Internet, und mehr als ein Drittel der Jungen berichteten, dass sie pornografische DVDs oder Videos »zu oft, um sie zählen zu können« gesehen haben. In den nordischen Ländern haben 99 Prozent der Jungen und 86 Prozent der Mädchen schon einmal Pornografie gesehen, in Island sind die Unterschiede bei den Geschlechtern am wenigsten ausgeprägt – 96 zu 89 Prozent.

Einer europäischen Studie der Sozialpsychologin Sonia Livingstone (zusammen mit anderen, 2011) zufolge gelangen Kinder am häufigsten durch das Internet an sexuelle Inhalte (14 Prozent), es folgen Fernsehen/Film (zwölf Prozent) und schließlich Zeitschriften oder Bücher (sieben Prozent). Nur drei Prozent der Befragten berichten, anzügliche Bilder auf dem Mobiltelefon gesehen zu haben. Ähnlich wie beim Sexting sind die Eltern auch hier ahnungslos: Davon, dass ihre Kinder im Internet auf sexuelle Bilder gestoßen sind, weiß nur ein Drittel der Eltern.

In den USA wird Pornografie meist im Fernsehen, im Internet und in Pornoheften gesehen. Zu diesem Ergebnis kommen auch die Forscher für Geburtshilfe Elisabet Häggström-Nordin, Ulf Hanson und Tania Tydén. Sørensen und ihrer Kollegin Vigdis Saga Kjørholt (2006) zufolge ist vielen jungen Leuten Pornografie über Spam und Pop-ups begegnet, jedoch ohne dass sie dies als unfreiwillig beschrieben.

Für Deutschland hat die *JIM-Studie* (2004) ermittelt, dass

knapp die Hälfte der Jugendlichen schon einmal pornografische Seiten im Internet gesehen hat. Zum gleichen Ergebnis kam auch der *Sex Report* vier Jahre später. Verglichen mit den Jahren 2000 und 2001 ist ein stetiger Anstieg zu verzeichnen (2000: 30 Prozent, 2001: 38 Prozent, 2004: 45 Prozent). Laut der *Bravo-Studie* von 2009 haben 69 Prozent aller Jungen und 57 Prozent aller Mädchen (im Alter von 11 bis 17 Jahren) schon einmal pornografische Bilder und Filme gesehen. Der Konsum nimmt dabei ab 13 Jahren deutlich zu. In der Altersgruppe von 14 bis 17 Jahren gaben 90 Prozent der Jungen und 35 Prozent der Mädchen an, gelegentlich Pornos zu schauen. Nur 16 Prozent der Eltern von Jugendlichen, die Pornos gesehen hatten, wussten davon. Ziemlich konstante Zahlen also für Deutschland. Wie wird konsumiert? Hier führt das Fernsehen mit 43 Prozent knapp vor dem Computer mit 38 Prozent. Es folgen DVDs – die bisherigen Spitzenreiter –, gefolgt von Zeitungen (27 Prozent) und Mobiltelefonen (18 Prozent).

In England konsumieren Teenager offiziellen Quellen zufolge (Brook, Organisation für »sexual health advice«) im Schnitt 90 Minuten Pornografie in der Woche. Etwa 60 Prozent der Neun- bis 19-Jährigen im Vereinigten Königreich, welche mindestens einmal in der Woche online sind, haben, so Nathan, dort Pornografie gesehen (meistens unbeabsichtigt). Die Ergebnisse sind also den deutschen sehr ähnlich.

Welche Inhalte schauen die Jugendlichen? In Großbritannien berichten acht Prozent der Elf- bis 16-Jährigen, die im Internet pornografisches Material gesehen haben, dass dieses Nacktheit darstellte. Sechs Prozent haben Bilder gesehen, die Geschlechtsverkehr zeigten, ebenfalls sechs Prozent Darstellungen von Genitalien. Zwei Prozent berichten, dass sie gewalttätige sexuelle Darstellungen gesehen haben. 41 Prozent der Eltern geben an, dass ihre Kinder solche Bilder nicht gesehen hätten, 30 Prozent wissen davon und 29 Prozent sagen, sie wüssten es nicht.

In den nordischen Ländern konsumieren die Jugendlichen eine große Bandbreite an Pornografie, aber was auch hier hervorsticht, sind konventionelle Hardcoregenres: Sex zwischen Mann und Frau, zwischen zwei Frauen, Gruppensex und Oral- und Analsex. Nur einige wenige der befragten Jugendlichen sagten, sie hätten andere Formen pornografischen Materials gesehen.

Gewalthaltige oder sadistische Pornografie sowie Pornografie mit Tieren oder Exkrementen werden vor allem von den jüngeren Deutschen (zwölf bis 13 Jahre) im Internet aufgesucht. Das Anschauen solcher Clips gilt bei männlichen Jugendlichen als »Eintrittskarte« in das Teenageralter. Die Clips mit extremer Pornografie haben weniger mit Sexualität zu tun, vielmehr handelt es sich um das, was Jugendschützer eine »virtuelle Mutprobe« nennen. Ab etwa 15 Jahren bevorzugen die Jungen »normale« Pornografie. Diese wird dann eher allein angeschaut. Die Studie der Psychologin Christine Altstötter-Gleich (2006) ergab, dass ein Drittel der befragten Jugendlichen (elf bis 18 Jahre) »Soft-Angebote« aus dem Internet kennen und 16 Prozent schon einmal »harte« Pornografie (Sodomie, Nekrophilie, gewalthaltige Pornografie inklusive sexuelle Verstümmelung sowie Kinderpornografie) im Internet gesehen haben. Sechs Prozent kennen Pornografie »mittlerer« Ausprägung (definiert als sado-masochistische Praktiken, Fisting und Dehnungspraktiken, Gruppensex und Gang-Bang, Bukkake sowie Sexualpraktiken mit Fäkalien und Urin).

Hat das Material Einfluss auf die Sexualität der Jugendlichen? Es gibt wenig Wirkungsforschung über diese Altersgruppe. Einen gewissen Aufschluss verspricht eine Betrachtung der Jugendsexualität im Wandel der Zeit. Die über viele Jahre hinweg durchgeführte *Bravo-Studie* stellt für die Jugendlichen in Deutschland fest: Romantische Gefühle mit Schwärmereien und Verliebtsein bis hin zur ersten Partnerschaft haben sich altersmäßig nach vorne verschoben. Der größte Sprung erfolgte in den 90ern. Über die Gründe kann man nur spekulieren. Das müssen nicht zwangsläufig kulturelle Gründe sein, es kann auch die Folge einer biologischen Entwicklung sein. Wie erwähnt haben sich Menarche und erster Samenerguss nach vorne verschoben. Die Geschlechtsreife präsentiert sich bei den beiden Geschlechtern unterschiedlich. Dies hat Einfluss auf die Sexualität: Während die Jungen einen Samenerguss genießen, haben Mädchen bei ihrer Regel oft Schmerzen, und das hat wenig mit sexueller Lust zu tun. Folglich finden Mädchen eher über Liebe zum Sex, während Jungen tendenziell eher über Sex zur Liebe finden.

Petting findet zwischen 11 und 14 Jahren statt, das ist etwas früher im Vergleich zur *Bravo-Studie* von 2006 – die Entwicklung verläuft bei beiden Geschlechtern nun erstmals in nahezu allen Phasen parallel. Das »erste Mal« erleben junge Menschen zwischen 16 und 17 Jahren, 2005 hatten nur 20 Prozent der 15-jährigen Jungen schon Sex – noch weniger, nämlich nur zehn Prozent, schon mit 14. Auch die Masturbationserfahrungen der Jungen haben in den letzten 15 Jahren zugenommen: von 62 Prozent (1980) und 63 Prozent (1994) zu 76 Prozent in der aktuellsten *Bravo*-Erhebung. Bei den Mädchen hat sich nicht so viel geändert. Ist der Grund für das Gleichziehen vielleicht der frühere und häufigere Kontakt der Jungen mit Pornografie?

In Amerika hatte etwa die Hälfte aller 15- bis 19-Jährigen Geschlechtsverkehr und über die Hälfte Erfahrungen mit Oralsex. Bei den unter 14-Jährigen liegt die Zahl bei rund 20 Prozent, doch im Großen und Ganzen bleibt die Rate von Teenager-Sex in den Vereinigten Staaten seit 2001 konstant, offensichtlich ganz unbeeinflusst von den aggressiven »Abstinence-only«-Kampagnen.

Durham glaubt festzustellen, dass das Alter für den ersten Geschlechtsverkehr seit den 60ern weltweit stetig fällt. Das ist eine kühne Behauptung und schwierig zu verifizieren. Das Alter variiert von Land zu Land und kann aufgrund der Geheimhaltung und des Stigmas, welches dem Thema anhaftet, nicht klar dokumentiert werden. Offiziell liegt es bei 16 in den Vereinigten Staaten, bei 15 im Niger und bei 14 in Großbritannien. Große Unterschiede gibt es Durham zufolge zwischen den USA, Frankreich, Deutschland und den Niederlanden nicht – etwa die Hälfte der Teenager sei sexuell aktiv. Die in regelmäßigen Abständen durchgeführten Umfragen der Latrobe University in Australien haben zum Ergebnis, dass der Anteil der Mädchen, die mit 14 Jahren in das Sexualleben einsteigen, erheblich gewachsen ist. Und auch *The National Survey of Sexual Attitudes and Lifestyles* stellte 2013 fest, dass das Durchschnittsalter beim ersten Mal sowohl für Mädchen als auch für Jungen um ein Jahr gesunken ist, auf 16. (Die Studie ergab auch, dass die Anzahl der Sexualpartner gestiegen ist, und je jünger die Befragten sind, desto mehr Oral- und Analsex praktizieren sie. Interessanterweise ist die insgesamte Koitus-Frequenz gefallen.) Einfluss auf Alter und Ausmaß der sexuellen Aktivitäten der Jugendlichen haben Familienzusammenhalt, individuelle psychologische Faktoren und Mediennutzung, darüber besteht Einigkeit.

Von der Hälfte der amerikanischen Highschool-Schüler, die bereits Geschlechtsverkehr gehabt hatten, berichten etwas mehr als sieben Prozent, dass sie Sex hatten, bevor sie 13 Jahre alt waren. 14 Prozent hatten mehr als vier Partner. Dies sind beunruhigende Tatsachen. Noch beunruhigender ist jedoch, dass 70 Prozent der Mädchen, die Sex hatten, bevor sie 13 Jahre alt waren, berichten, dass dies unfreiwillig geschah. 90 Prozent der Mädchen zwischen 15 und 17 erzählen, dass sie Druck in Bezug auf Sex verspüren. Und auch unter den 14 bis 17 Jahre alten Mädchen hatten 41 Prozent ungewollten Sex. Der am häufigsten genannte Grund war, dass sie Angst hatten, ihr Freund würde wütend werden, wenn sie sich weigerten. Zehn Prozent der Mädchen wurden regelrecht gezwungen, Sex zu haben, mit anderen Worten, sie wurden von ihren Freunden vergewaltigt. Dies führt zu einem weiteren, oftmals nicht erwähnten Aspekt sexueller Beziehungen: Gewalt. *The American Bar Association* berichtet, dass nahezu ein Drittel der Highschool-Schülerinnen irgendeine Art von Missbrauch (psychologisch, sexuell oder körperlich) von ihrem Date erfährt. Bedauerlicherweise ziehen nur sieben Prozent dieser Mädchen in Erwägung, den Missbrauch der Polizei zu melden. In anderen Ländern sind die Missbrauchszahlen noch höher: In Japan haben 50 Prozent der Mädchen und Frauen Gewalt in einer Beziehung erlebt (auch wenn die Vergewaltigungsrate gegen null geht). In Kroatien sind es 60 Prozent der Mädchen. In den Vereinigten Staaten gehen 85 Prozent der Gewalt von Männern gegenüber Frauen von dem Beziehungspartner aus. Heute ist die Wahrscheinlichkeit für Frauen, von ihrem Partner umgebracht zu werden, allen gesellschaftlichen Veränderungen zum Trotz genauso hoch wie vor 30 Jahren.

Es besteht ein Zusammenhang zwischen dem Alter der Jugendlichen und der Neigung zu Gelegenheitssex. Für beide Geschlechter gilt: Je später die Jugendlichen ihr Sexualleben aufnehmen, desto eher geschieht der Sexualkontakt in einer festen Beziehung. Die Missbrauchswahrscheinlichkeit in einer Beziehung ist größer, wenn ein großer Altersunterschied zwischen den beiden Partnern besteht oder diese gleichgeschlechtlich sind.

Heute passiert es häufiger, dass die Situation böse ausgeht, wenn ein Mädchen sexuellen Druck erlebt: Knapp die Hälfte der Mädchen wehren laut einer Studie der BZgA (2010) sexuelle Forderungen erfolgreich ab, während es 2005 und 2001 noch 62 bzw. 65 Prozent waren. Häufiger als früher endet eine solche Situation heute mit erzwungenem Geschlechtsverkehr. Ein Viertel der

Mädchen berichtet davon, Opfer sexueller Gewalt gewesen zu sein. 2005 und 2001 waren es noch je 14 Prozent.

Früher waren es oftmals konservative Politiker, Geistliche oder Moralisten, die ihre Besorgnis im Hinblick auf Sexualität und Pornografie äußerten. Heute sind es Lehrer, Erzieher, Psychologen und Wissenschaftler, denen man unterstellen kann, dass ideologische Motive eher im Hintergrund sind. Die Kölner Kriminalpsychologin Sabine Nowara warnt: »Die Gefahr, die in der sexuellen Enthemmung von Kindern und Jugendlichen steckt, ist wirklich besorgniserregend. Und sie wird massiv unterschätzt.« Sollte man die Aufregung diesmal ernster nehmen? Ich denke schon: Experten befürchten, dass immer mehr Menschen beziehungsunfähig werden, sexuelle Gewalt wird sich häufen. Statt entwicklungstypischer Doktorspiele, so glauben sie, werden Kinder das ausprobieren, was sie in einem frühen Alter in der Pornografie beobachten. Geschlechtskrankheiten und Teenagerschwangerschaften unter Jugendlichen werden an der Tagesordnung sein, so wie es jetzt schon in England der Fall ist. Kurzum: Der eigene Körper wird nicht mehr respektiert, der Körper anderer auch nicht.

Früher hat man sein ganzes Leben lang keinen außer seinen eigenen sexuellen Aktivitäten beigewohnt. Inzwischen ist durch die Medien der voyeuristische Blick geradezu normalisiert, sogar für Kinder: Es wurde bereits gezeigt, dass für eine wachsende Zahl junger Leute Pornografie nicht mehr etwas ist, was mit Sex einhergeht, sondern etwas, was dem Sex vorausgeht. Bevor sie eine andere Person sexuell berührt haben oder gar eine Beziehung eingegangen sind, haben viele Kinder und noch mehr Jugendliche Hunderten von Fremden beim Sex zugesehen.

Verschiedene Studien aus den USA, Skandinavien und Deutschland zeigen, dass das Durchschnittsalter, in dem junge Leute zum ersten Mal Pornografie sehen, von 15 auf elf Jahre gefallen ist. Manche behaupten gar, es läge jetzt bei acht Jahren.

Auch neueste Untersuchungen wie die der New Yorker Medienwissenschaftlerin Chyng Sun stellen einen früheren Erstkontakt mit der Pornografie fest.

Der erste Geschlechtsverkehr findet, wie wir gesehen haben, mit etwa 16 Jahren statt, folglich kommen weniger als zehn Prozent der Jugendlichen erst *nach* dem ersten Geschlechtsverkehr mit Pornografie in Kontakt. Dieser heute sehr frühe Kontakt liegt mitunter am Internetzugang im eigenen Zimmer: Einen Zugang zum Internet auf dem eigenen Laptop oder PC haben dank WLAN laut der *JIM-Studie* 2012 mittlerweile etwa 90 Prozent der Jugendlichen. Das ist eine radikale Zunahme in nur wenigen Jahren (vgl. *JIM-Studie* 2007). Laptops sind inzwischen weiter verbreitet als PCs (56 zu 43 Prozent), einige Jugendliche besitzen beide Geräte. Das Einverständnis der Eltern, um ins Internet zu gehen, brauchen noch 37 Prozent der Zwölf- bis 13-Jährigen, der Anteil bei den 14- bis 15-Jährigen liegt bei 15 Prozent. Danach sind nur noch vereinzelt Absprachen mit den Eltern nötig (16 bis 17 Jahre: vier Prozent, 18 bis 19 Jahre: zwei Prozent). 49 Prozent der Jugendlichen gehen in ihrem Zimmer ins Internet, und 33 Prozent unterwegs mit dem Handy oder einem Handheld. Was tun sie im Internet? In erster Linie Video-Clips schauen (76 Prozent), gefolgt von Instant Messaging (62 Prozent), Fotos posten (39 Prozent) und Status-Updates teilen (31 Prozent). Eine Webcam nutzen ebenfalls rund 31 Prozent. Die Art und Weise, wie Kinder das Internet verwenden, entzieht sich oftmals der Beaufsichtigung durch Erwachsene völlig.

Es gibt demnach kaum jemanden zwischen zwölf und 19 Jahren, der noch nie im Internet war. 97 Prozent der Jugendlichen geben an, dass sie es zumindest ab und zu nutzen, doch die meisten konsumieren es mittlerweile täglich. Bedenkt man, dass schon ein Viertel der fünfjährigen Kinder einen eigenen Computer besitzt und dass jüngere Kinder heute bereits mit sieben

Jahren ins Internet gehen – Tendenz weiter steigend –, so ist eine Zuspitzung des Trends im Sinne einer weiteren Vorverlegung des Alters hinsichtlich des Erstkontaktes mit Pornografie zu erwarten. Das Internet hat hier eine ganz neue Dimension eröffnet.

Jungs suchen darüber hinaus aufgrund des Gruppendrucks früh den Kontakt zur Pornografie: »Du hast noch keinen Porno geguckt, bist du schwul?« Es fällt auf, dass es Jungen oftmals schwerfällt zuzugeben, noch keine Erfahrung mit Pornos gehabt zu haben. Pornokonsum ist heute mehr denn je etwas, womit man sich brüstet, und nicht etwas, wofür man sich schämt.

Es verwundert nicht, dass die Kinder Interesse für Pornografie entwickeln, weil sie hier ihre sexuelle Neugier befriedigen können. Sexualität ist einer der wenigen Bereiche, die nicht übers Zuschauen vermittelt werden. Da die Sexualaufklärung also auf Bilder verzichtet, ist die Pornografie umso reizvoller – Bilder sind stärker als Worte –, und sie setzt bei dem ein, was die Sexualaufklärung unausgesprochen, und vor allem ungezeigt, lässt. Die Macht der Pornografie ist also auch die Macht durch Information.

Und dass die Pornografie eine bedeutsame Bezugsquelle für das sexuelle Wissen vieler Jungen und junger Männer ist, dafür gibt es mehr als genug Hinweise. Junge Engländer berichten, dass die Pornografie ihnen geholfen habe, etwas über männliche und weibliche Körper sowie über Sexualtechniken zu erfahren. Auch in einer Umfrage des Fernsehsenders *Channel 4* mit über 400 Schülern im Alter von 14 bis 17 Jahren gab ein Drittel an, von der Pornografie etwas über Sex gelernt zu haben. Das heißt im Klartext, die Pornografie schreibt das Drehbuch zum Sex. Eine Flut an Bildern und Information strömt auf die Jugendlichen ein und kann aus Mangel an eigenen Erfahrungen, an eigenen Referenzwerten, nicht eingeordnet und verarbeitet werden. Dass Pornografie sexuelle Skripte beeinflusst, also wie Menschen Sex haben und lieben, gilt zumindest in dem Bereich der Sexualwissenschaft, der sich mit der Entwicklung von Sexualität bei Kindern und Jugendlichen befasst, als Konsens. Diese Skripte werden auch als »Love Maps« – als Liebeslandkarten – bezeichnet. Eine Sozialarbeiterin von pro familia berichtet über ihren Besuch in einer 6. Klasse: »Bei Jungs tauchen zwei Fragen immer wieder auf: Wie lang muss ein Penis sein? Wieso können Männer so lange Sex haben?« Vor 20 Jahren gab es solche Fragen noch nicht.

Vor diesem Hintergrund ist es eine wichtige Frage, inwieweit Jugendliche durch den Konsum von Pornografie in der Ausbildung ihrer eigenen Sexualität beeinträchtigt werden. Können problematische pornografische Darstellungen, etwa solche, die Gewalt darstellen oder Promiskuität idealisieren, zur Übernahme der dargestellten sexuellen Verhaltensweisen, Einstellungen und Rollenbilder führen sowie die sexuelle wie auch in einem gewissen Umfang die soziale Entwicklung der Jugendlichen gefährden? Doch die Sexualwissenschaft klagt seit Jahren über fehlende finanzielle Mittel, so dass die Forschung, nicht nur in diesem Bereich, nur langsam vorankommt.

Forschung zu Pornografie, insbesondere zu Pornografie und Jugendlichen, ist darüber hinaus ein hochsensibles Thema, das ein ethisches Problem mit sich bringt. Daher wird trotz des Mangels an fundiertem wissenschaftlichem Wissen die Schädlichkeit der Pornografie für Minderjährige per se angenommen. Dies schließt eine Untersuchung der jugendlichen und kindlichen Rezeption von Pornografie aus forschungsethischen Gründen aus: Man darf ihnen keine Pornos zeigen, selbst zu wissenschaftlichen Zwecken nicht. Kommunikationstheorien und jahrelange Forschung zu anderen Arten von Kommunikationseffekten – wie den Auswirkungen von gewalttätigen Bildern – legen jedoch nahe, dass Heranwachsende in der Tat von den allgegenwärtigen, freizügigen und konsequenzlosen Darstellungen sexuellen

Verhaltens, die sie in den Massenmedien umgeben, beeinflusst werden.

Welche Forschungsergebnisse zu den Auswirkungen gewalttätiger und pornografischer Bilder liegen vor? Es scheint einen Zusammenhang zwischen dem Pornografiekonsum Jugendlicher und der Bereitschaft zu Risikoverhalten zu geben (etwa zu speziellen Sexualpraktiken oder risikoreichen sexuellen Verhaltensweisen wie ungeschütztem Anal- oder Oralverkehr, Promiskuität sowie Alkohol und Drogen in Verbindung mit Sex). Die Soziologen Marek Fuchs, Siegfried Lamnek und Jens Luedtke (2001) stellten bei Schülern (im Alter von 10 bis 15 Jahren) eine Beziehung zwischen dem Konsum von Porno-, Kriegs- und Horrorfilmen und dem Gewaltverhalten fest, wobei der Gewaltindex nicht etwa bei Kriegs- oder Horrorfilmen am höchsten war, sondern bei Pornofilmen. In welche Richtung die Einflüsse gehen, ist allerdings schwer zu sagen; ebenso, ob es sich um eine kausale Beziehung handelt oder ob die Schüler aufgrund ihrer individuellen Disposition ein hohes Erregungsniveau aufsuchen. In der einmaligen Untersuchung von Altstötter-Gleich wurden Hinweise auf mögliche negative Kurz- und Langzeitwirkungen der Pornografierezeption auf Kinder und Jugendliche gefunden. 1352 Schüler wurden zu ihren Erfahrungen mit Internetpornografie befragt. Es wurden allerdings keine entsprechenden Inhalte vorgegeben, denn das ist gesetzlich nicht gestattet. In Bezug auf Kurzzeitwirkungen wurden von den Befragten Ekel und Angst angeführt. Die Bilder zogen sie an und stießen sie gleichzeitig ab – ein verstörendes und wohliges Gruseln, auch »Angstlust« genannt. In einer vergleichbaren Studie, die in den nordischen Ländern durchgeführt wurde, nannten die Jugendlichen eine Vielzahl an teils sehr widersprüchlichen Gefühlen und Reaktionen. (Das ist auch aus der Pornografieforschung mit erwachsenen Konsumenten bekannt.) 30,3 Prozent der Jungen und 23,5 Prozent der Mädchen finden pornografische Darstellungen sexuell erregend, das Gesehene nachahmen möchten 19,8 Prozent der Jungen und 12,7 Prozent der Mädchen. Verunsichert fühlen sich 6,8 Prozent der Jungen und 14,6 Prozent der Mädchen. Vier Prozent der Jungen sind der Meinung, Pornografie führe dazu, dass sie unglücklich mit ihrem Körper sind, bei den Mädchen sind es ganze 18,3 Prozent. Dass Pornografie keinen Effekt auf sie habe, behaupten nur 5,3 Prozent der Jungen, dafür aber 19,5 Prozent der Mädchen. Eine schwedische Studie hatte zum Ergebnis, dass knapp die Hälfte der befragten Frauen und ein knappes Viertel der Männer Pornografie als »degradierend« bezeichnen. Die Mehrheit der Männer (63 Prozent) äußerte sich jedoch positiv, bezeichnete Pornografie als »anregend«, »cool« und »aufregend«. Hinsichtlich der Langzeitwirkungen beschreibt die »Kommission für Jugendmedienschutz« (KJM) negative Auswirkungen der dargestellten sexuellen Rollenklischees auf die Sexualmoral, etwa dass Frauen immer Sex haben wollen, auch gewalttätigen Sex. Die Normalisierung der Darstellung von Sexualpraktiken, die von Frauen als ekelerregend oder schmerzhaft empfunden werden, ist ein weiterer Punkt, der Grund zu Besorgnis gibt. Außerdem wird eine Beeinträchtigung der sexualmoralischen Entwicklung befürchtet.

Gehen wir noch einmal zu der Forschung mit Erwachsenen zurück. In einer Umfrage unter 20- bis 35-jährigen Deutschen gaben 39 Prozent der Befragten an, dass Pornos ihr Sexleben beeinflusst hätten. Junge Männer berichteten, dass sie dazu inspiriert wurden, bestimmte Handlungen oder Positionen auszuprobieren, die sie in der Pornografie gesehen hatten. Dies ist insofern problematisch, als allem Anschein nach Sexualpraktiken zur Norm zu werden scheinen, die vor wenigen Jahrzehnten in populärer Pornografie selten zu sehen waren: Doppelpenetrationen, das Würgen mit dem Penis, Ejakulation in Gesicht, Augen und Mund der Frau. In Bezug auf die sexuellen Skripte bedeutet dies, dass die Praktiken, welche die jungen Männer nachzuahmen wünschen, zunehmend demütigend und gewalttätig sind. Wenn man den Standard-Höhepunkt selbst konventioneller Pornografie bedenkt, bedeutet das, dass eine ganze Generation von jungen Männern heute glaubt, Sex ende mit einem »money shot« (= Cumshot) ins Gesicht – mit der Konsequenz, dass sie dies auch von ihren Partnerinnen verlangen.

Die Forschung zeigt aber auch in Bezug auf sexuelle Vorlieben, dass das, was in populärer Pornografie standardmäßig abgespult wird, in der Realität wenig erwünscht ist. Es ist anzunehmen, dass von der Pornoindustrie die extremen und degradierenden Praktiken in erster Linie gezeigt werden, um sich von der Konkurrenz abzuheben, nicht, um weithin verbreitete Vorlieben zu bedienen. In den nordischen Ländern fand eine Studie statt, der zufolge nur 0,3 Prozent der befragten Jungen und 1,5 Prozent der befragten Mädchen Pornografie bevorzugen, die Oralsex zeigt. Pornografie, die Analsex zeigt, mögen 0,9 Prozent der Jungen und 0,3 Prozent der Mädchen. Nur 11 Prozent des Gesamtsamples haben Analsex ausprobiert. Nach einer anderen schwedischen Studie hatten nur 16 Prozent der 718 befragten Jugendlichen diese Variante praktiziert. Beim Gruppensex waren es jeweils 0,3 Prozent, und gewalttätigen Sex mochten ebenfalls nur 0,3 Prozent der Jungen. Das Ergebnis bei den Mädchen war null Prozent. SM bevorzugten 0,6 Prozent der befragten Jungen und 4 Prozent der Mädchen. Diese ablehnende Haltung ungewöhnlichen Sexualpraktiken gegenüber findet sich ebenfalls in einer Studie des Soziologen Edward O. Laumann über Erwachsene, wenn auch nicht ganz so ausgeprägt, was auf verschiedene Faktoren zurückzuführen sein kann, etwa Landesunterschiede oder auch eine größere Beeinflussung mit steigendem Alter und somit mehr Pornografiekonsum.

Nach Brook sind 60 Prozent der Teenager in Großbritannien der Meinung, dass Pornografie Auswirkungen auf ihr Sexualleben hat und ihr Selbstbewusstsein und Körperbild negativ beeinflusst. Über 80 Prozent der Mädchen sind unzufrieden mit ihrem Körper. 45 Prozent der jungen Frauen sind unglücklich über das Aussehen ihrer Brüste und 20 Prozent geben an, dass sie kosmetische Chirurgie in Betracht ziehen. Ziemlich konstant werden, trotz des wachsenden Körperbewusstseins der Männer, in England wie in Deutschland, immer noch 80 bis 90 Prozent der Eingriffe an Frauen durchgeführt, 10 Prozent davon an unter 20-Jährigen.

Für Deutschland stellte die *Bravo-Studie* von 2009 fest: Die Wahrnehmung des Körpers und die Zufriedenheit mit dem eigenen Aussehen ist bei den Jugendlichen gesunken. Vor allem Mädchen beobachten sich kritischer als in der Vorstudie drei Jahre zuvor und sind mit Aussehen, Körper und Gewicht weniger zufrieden. Über zwei Drittel aller Jungen, aber nur etwas über die Hälfte der Mädchen geben an, sich wohl in ihrer Haut zu fühlen. Auffällig ist die Veränderung bei den Mädchen im Vergleich zur früheren Studie. Mädchen aller Altersgruppen bewerten ihr Aussehen nun wesentlich kritischer und die Zufriedenheit sinkt, je älter sie werden. Jedes vierte Mädchen wäre gerne schlanker und jeder sechste Junge athletischer. Ein Drittel der befragten Mädchen und ein Zehntel der Jungen haben schon mal eine Diät gemacht.

Auch wenn sie in der Pornografie niemals thematisiert wird – der Aspekt der Verhütung scheint nicht so sehr durch die Pornografie beeinflusst zu werden wie durch andere Aspekte, etwa die gesellschaftliche Einstellung zur vorehelichen Sexualität, zu Familienzusammenhalt und Ähnliches. Die pro-familia-Beraterin Almut Weise ist der Meinung, dass Jugendliche heute so gut wie nie zuvor verhüten. Das scheint zumindest für Deutschland der Fall zu sein. »Hattest du schon einmal Geschlechtsverkehr, ohne zu verhüten?« Immerhin steigt die Zahl derjenigen, die diese Frage mit »ja« beantworten. Sie ist zwar immer noch relativ niedrig, verzeichnet zwischen 2006 und 2009 jedoch einen nicht unerheblichen Zuwachs: eine Verdoppelung von 14 auf 28 Prozent. Allerdings ist die Zahl derer, die es regelmäßig »drauf ankommen lassen«, sehr gering: Je zwei Prozent der Mädchen und Jungen sagen, dass sie gar nicht verhüten, verglichen mit 4,1 Prozent der Teenager im Vereinigten Königreich, 6,5 Prozent in Schweden und zwölf Prozent in Frankreich. Dabei spielt das Alter eine maßgebliche Rolle. Je jünger die Jugendlichen beim »ersten Mal« sind, desto seltener verhüten sie. Siggelkow zufolge verhütet jedes fünfte Mädchen mit 14 oder 15 Jahren nicht.

In Amerika ist die Lage noch kritischer: Immer mehr Jugendliche berichten, dass sie gar nicht verhüten. Ein Drittel der amerikanischen Mädchen wird als Teenager schwanger, mehr als in irgendeinem anderen Industrieland weltweit. Durham führt dies darauf zurück, dass Jugendliche sich früher sexuell betätigen. In den Entwicklungsländern sind Schwangerschaften die häufigste Todesursache für Mädchen zwischen 15 und 19 Jahren (eines von sechs Mädchen bringt dort pro Jahr ein Kind zur Welt). Eine wesentliche Rolle spielt neben der Landeskultur auch das Bildungsniveau: In Deutschland werden fünf Mal mehr Hauptschülerinnen als Gymnasiastinnen schwanger.

Auch im Hinblick auf die Verbreitung von Geschlechtskrankheiten führt Amerika: Über vier Millionen, also ein Viertel der sexuell aktiven US-Teenager stecken sich jedes Jahr mit einer Geschlechtskrankheit an. Eine landesweite Studie von 2008 fand heraus, dass ein Viertel der Mädchen im Alter von 14 bis 19 Jahren mindestens mit einer der vier häufigsten entsprechenden Krankheiten infiziert war. Die Hälfte der neuen HIV-Infektionen erfolgt unter jungen Leuten. Auch global gesehen, schätzt die

WHO, dass zwei Drittel der Geschlechtskrankheiten bei Teenagern und jungen Erwachsenen vorkommen.

Die USA haben jedoch Durham zufolge nicht nur den höchsten Prozentsatz von Schwangerschaften und Geschlechtskrankheiten unter Jugendlichen, auch in Bezug auf Abtreibungen liegen sie in der gesamten industrialisierten Welt vorn. Die dagegen geradezu unbedeutenden Raten von Frankreich, Deutschland und den Niederlanden führen einige Studien darauf zurück, dass diese Länder eine umfassende Sexualerziehung in den Schulen haben und einen besseren Zugang zu Verhütungsmitteln anbieten. Finnland hat ein nahezu nichtexistentes Vorkommen von Geschlechtskrankheiten unter Teenagern und äußerst wenig Teenager-Schwangerschaften. Dies führt man auf eine intensive öffentliche Gesundheitskampagne, auf Zugang zur günstigen oder kostenlosen Gesundheitsfürsorge und auf gute Kommunikation zwischen Medizinern und Pädagogen zurück. Eine Umfrage der »National Association of Head Teachers« fand kürzlich heraus, dass einige Eltern der Meinung sind, Kinder sollten in der Schule über die Gefahren der Pornografie unterrichtet werden, sobald sie alt genug sind, das Internet zu benutzen. Noch setzt die Aufklärung später an; für Unter- und Mittelstufe gibt es das Aufklärungsmaterial *Fantasy Vs. Reality. A Sex and Relationship Education*, in dem es – der Name verrät es schon – u. a. um das Aufzeigen der Konstruiertheit und Künstlichkeit der Pornografie geht, um ihren Einfluss auf die Einstellung zu Sex, zu Safer Sex sowie allgemein zur sexuellen Entwicklung von Beziehungen.

In den USA hingegen ist nicht einmal die Sexualerziehung Bestandteil des Lehrplans, zu einem großen Teil bedingt durch die heftige politische und religiöse Opposition. Gruppen wie der Family Research Council plädieren für einen »Abstinence-only«-Ansatz. Forscher glauben, dass gerade diese Weigerung zu akzeptieren, dass Teenager Sex haben, ein großer Teil des Problems ist. Folglich bleibt nur ein Ort für Information: das Internet – Ort grenzenloser Ressourcen.

Mittlerweile ist Pornografie allgegenwärtig, Kinder und Jugendliche können nicht komplett von ihr abgeschirmt werden. Sogar die restriktivsten Internet-Filter können etwa zehn Prozent der pornografischen Seiten nicht abfangen. Schon auf dem Schul-Tablet in der Grundschule stoßen Kinder auf Pornografie, wenn die Lehrer sich zu sehr auf diese Filter verlassen. Die Kinder sind mit Begriffen vertraut, die man vor 30 Jahren frühestens im Laufe der Pubertät lernte. Erstklässlern in England sind typischerweise folgende Wörter bekannt: »schwul«, »lesbisch«, »Perversling« (»perve«), »Pädo«, »Vergewaltigung« – auch wenn sie nicht genau wissen, was sie bedeuten, und sich im Pausenhof gerne mal gegenseitig als Perversling oder Pädo beschimpfen. Sexualberater bestätigen, dass die Kenntnis der Schulkinder von pornografiespezifischen Begriffen und Praktiken schon in der Unterstufe oftmals die der Erwachsenen, der Berater miteingeschlossen, übertrifft. Viele Kinder haben sodomitische Akte auf *Facebook* gesehen. Auf der Seite »House Music« etwa gibt es neben Girl-on-girl-Pornografie Bilder von intergenerativer Pornografie und Sodomie.

Pornografische Inhalte sind nicht das einzige Problem im Netz. Livingstones europaweite Studie fand heraus: Kinder erhalten Hassbotschaften (zwölf Prozent), gelangen auf anorexische/bulimische Seiten (zehn Prozent) und Selbstverletzungs-Seiten (sieben Prozent) sowie auf solche, auf denen Drogenkonsum diskutiert wird (ebenfalls sieben Prozent). Selbstmordeinträge, obwohl an letzter Stelle, erreichen immerhin fünf Prozent der befragten Kinder.

Angesichts der Verbreitung und Erreichbarkeit dieser Inhalte scheint Zensur nutzlos. Nicht die Online-Pornografie per se ist problematisch, sondern dass die Kinder nahezu unbegrenzten

Zugriff darauf haben. Da Kinder immer früher ins Internet gehen, müssen Kampagnen zur Sicherheit und Initiativen auf jüngere Altersgruppen zugeschnitten werden. Bislang haben sie sich auf Schüler weiterführender Schulen konzentriert. Nicht nur deswegen ist es wichtig, dass Kinder ermutigt werden, für ihre eigene Sicherheit verantwortlich zu sein, statt sich auf Sicherheitsfilter oder Kontrolle durch Erwachsene zu verlassen. Pornografie ist in erster Linie ein soziales Problem, und ein soziales Problem kann man nicht durch Technologie lösen.

Der feministische Soziologe Michael Flood zieht soziale und bildungserzieherische Strategien den rechtlichen und regulativen aus zweierlei Gründen vor: Da gewiss ist, dass Jungen und junge Männer auch weiterhin Pornografie konsumieren werden, ist es wichtig, ihnen die Fähigkeit beizubringen, damit kritischer umzugehen. Manche Forscher gehen noch einen Schritt weiter, sie schlagen »Pornography Education Zentren« vor, welche die nötige Medienkompetenz vermitteln, so dass junge Leute resistenter gegenüber den sexistischen und gewaltverherrlichenden Themen in der Pornografie werden. Eine letzte, sehr abenteuerlich anmutende Strategie, die Flood vorschlägt, unterstützt den Konsum ethischer Pornografie (Pornografie, die auf Gleichberechtigung beruht, die Frau also nicht degradiert) und ethische Formen der Nutzung. Für den deutschen Kulturraum scheinen diese Ansätze noch zu radikal.

Pornografie und Gewalt

Die Meinungen darüber, ob hier ein Zusammenhang besteht, divergieren. Die Annahme, dass Gewalttätigkeit ein Charakteristikum sei, das der Pornografie zu eigen ist, und dass diese sexistischer sei als andere Medien, ist den Feministinnen Assiter und

Carol zufolge falsch. In Pornofilmen herrsche, so sieht es auch Lautmann, weniger Gewalt als in Mainstream-Filmen. Faulstich vertritt ebenfalls die Meinung, dass Pornografie nicht sexistischer sei als andere kulturelle Erzeugnisse und soziale Zustände, welche die Frau betreffen.

Gehen wir diesen Aussagen auf den Grund und beginnen wir bei den Medien. Studien zeigen, dass Kinder von heute in einer Medienkultur leben, die von Gewalt durchtränkt ist. Aggression und Gewalt im Film sind häufig, sie können in den verschiedensten Genres auftreten und manifestieren sich dementsprechend sehr unterschiedlich. Auch in Cartoons und »harmlosen« Fernsehfilmen sind sie häufig anzutreffen. Der »Henry J. Kaiser Foundation« zufolge enthalten gut zwei Drittel der Fernsehsendungen Gewalt, im Durchschnitt etwa sechs entsprechende Handlungen pro Stunde. Das ist an sich noch nicht grundsätzlich beunruhigend, denn es kommt auf den Kontext an. Da zeigt sich jedoch, dass weniger als fünf Prozent dieser Programme eine Anti-Gewalt- oder prosoziale Botschaft vorweisen konnten, die Alternativen zu Gewalt aufzeigt. Das galt für das Kinderfernsehen (Jungensendungen) sogar häufiger (69 Prozent) als für andere Programmteile (57 Prozent). In einer Stunde Sendezeit enthielten Kindersendungen mehr als doppelt so viele gewalttätige Handlungen (14) als andere Programme (sechs). Amerikanische Kinder, die durchschnittlich zwei Stunden am Tag Cartoons konsumieren, können so jedes Jahr fast 10.000 gewalttätige Vorfälle sehen, von denen, wie Forscher schätzen, mindestens 500 ein großes Risiko für die Kids darstellen: Sie lernen und imitieren sie und werden so gegenüber Gewalt unsensibel gemacht. Eine andere Studie hatte zum Ergebnis, dass Jungen im Alter von zwei bis fünf Jahren, die gewalttätige Fernsehprogramme schauten, auch auf lange Sicht zu einem antisozialen, aggressiven Verhalten neigen. Interessanterweise gab es keine derartigen Effekte bei Mädchen.

Das Gewaltproblem in der Pornografie wird weitaus häufiger und beherzter thematisiert als das Auftreten von Gewalt in Mainstream-Filmen oder selbst in Computerspielen, was an der Sensibilität des Themas liegen mag. Dennoch gibt es zumindest eine Verbindung zwischen Pornografie und Gewalt, und sie scheint in den letzten Jahren noch deutlicher hervorzutreten: Einige Medienwissenschaftler ziehen Parallelen zwischen Pornografie und dem Reality-TV. Für den Englischprofessor Jesse Kavadlo ist dies eine Art ironischer Pornografie – Porno ohne sexuelle Darstellungen, ähnlich wie bei den Phänomenen »Food Porn«, »Geek Porn« oder »Info Porn«. In beiden Formaten werde Authentizität vorgegaukelt, obwohl alles inszeniert ist. Eine weitere Gemeinsamkeit: In Deutschland werden sowohl Pornos als auch Reality-TV mit sozial Schwachen in Verbindung gebracht. Hinter Letzterem steht immerhin eine redaktionelle Leistung, durch die der Charakter der Inszenierung zustande kommt. Das ist den Konsumenten oft nicht bewusst. Reality-TV, so Kavadlo, sollte eigentlich das echte Leben imitieren, stattdessen ähnele das echte Leben immer mehr dem Reality-TV, welches wiederum den schlimmsten Exzessen der Pornografie gleiche – eine verworrene Beziehung.

Der menschliche Tausendfüßler (2010) – von dem gerade der dritte Teil gedreht wird – ist einer der extremsten Filme im Mainstream-Kino. Quentin Tarantino versteht es besonders gut, die Elemente Horror, Gewalt und Porno miteinander zu kombinieren. In diesem Zusammenhang berichten Sarracino und Scott von der selbst miterlebten Reaktion des – überwiegend männlichen – Publikums auf eine besonders brutale Folterszene im Rahmen eines Kinobesuches des Tarantino-Films *Hostel II* (2007). Die Szene zeigt, wie eine Frau eine andere – im wahrsten Sinne des Wortes – abschlachtet, sich dann nackt unter das ausblutende Opfer legt und sich erregt mit seinem Blut beschmiert.

Es wurden in dieser Szene Sarracino und Scott zufolge Bilder aus der Gewalt-Pornografie und den Folterszenen, wie sie in den sogenannten »Men's adventure magazines« (»MAMs«) abgebildet werden, kombiniert. In der Tat sei der ganze Film, so Sarracino und Scott, von »sexualisierten Ausscheidungen jeglicher Art« besessen. Die lautstarke, erlösende Reaktion des Publikums auf die eben geschilderte brutale Szene können Sarracino und Scott nur als »orgasmische Reaktion« beschreiben.

Gewalt gegen Frauen wie in *Hostel II* sei, so Durham, ein Sinnbild für die Exzesse des amerikanischen Kapitalismus. Der Slasher-Film *See No Evil* (2006) ist ein ähnliches Beispiel. Hier führte Gregory Dark Regie, zu dessen früheren »Verdiensten«, wie erwähnt, sowohl Pornofilme als auch Britney-Spears-Musikvideos zählen. In den Teenager-Slasher-Filmen wird, neben der verdeckten Kapitalismuskritik, das Verhalten von Mädchen beanstandet, die ihre Pflichten vernachlässigen, um (Alkohol) zu trinken und Sex zu haben, und so von der traditionellen weiblichen Geschlechterrolle abweichen. Das sich wiederholende Thema in den Horrorfilmen – das Abschlachten halbnackter Frauen – lässt sich bis zu den 60ern zurückverfolgen, als die unbekleidete Janet Leigh in Alfred Hitchcocks *Psycho* in der Dusche erstochen wurde. Angesichts des heutigen Ausmaßes an sexualisierter Gewalt in Horrorfilmen erwägt Jugendzentrumsleiter Bernhard Rabe-Rademacher, ob die Pornografie vielleicht nicht das kleinere Übel ist, weil »es bei Pornografie im Prinzip ja um Spaß geht. Bei allen Horrorfilmen herrscht das Gegenteil vor.« Er fragt sich, ob der Horrorfilm deshalb nicht viel schlimmer sei. Doch beide Bereiche sind nicht voneinander zu trennen.

Zweifellos haben pornografische Posen bzw. Elemente, unterstützt durch das Phänomen des Reality-TV, Eingang in Gewaltsituationen wie dem irakischen Gefangenenlager Abu Ghraib gefunden. Kavadlo schreibt, dass die SM-ähnlichen Posen dort nicht eine Abweichung des Konservatismus darstellten, wie Verteidiger nahegelegt haben, sondern vielmehr die perfekte Verkörperung der Achse von Pornografie, Reality-TV und Konservatismus.

Dass die Soldaten von Pornografie beeinflusst waren, steht auch für Sarracino und Scott außer Zweifel: Für die muslimischen Häftlinge war die größtmögliche Beleidigung, wie eine Frau behandelt zu werden – die Amerikaner demütigten sie sexuell auf dieselbe Art, wie Frauen in Gewaltpornos gedemütigt werden. Aber auch weibliche Soldaten zeigten diese Bereitschaft, andere zu demütigen: Eine Soldatin hatte Sex mit verschiedenen Partnern vor Kameras und vor den Gefangenen. Sarracino und Scott berichteten, dass sie auf Google 330.000 Treffer erzielt haben, als sie die Suchbegriffe »Iraq«, »brutal« und »rape« benutzten (2009 waren es bereits knapp zehn Millionen Treffer). Das Wesen der Treffer ändert sich grundlegend, je weiter man die Suchergebnisse durchblättert: Je weiter hinten sich der Treffer befindet, desto fragwürdiger sind die Webseiten und das bedeutet in erster Linie: Gewaltpornografie. Bereits ab Seite 50 findet man fast ausschließlich Seiten pornografischen Inhalts und man erhält regelmäßig die Meldung, dass Treffer aus »rechtlichen Gründen« entfernt wurden. Sarracino und Scott schlussfolgerten, dass die Misshandlung der Häftlinge als Wendepunkt in der Beziehung zwischen Degradation Porn und Gewalt anzusehen ist. Sie kommen zu dem Ergebnis, dass Pornografie zwar nicht die Ursache der Misshandlungen gewesen sei, aber die »Sprache« – eine Sprache, die die jungen Soldaten fließend sprachen.

Eine Entwicklung, die damit Hand in Hand ging, war der Zerfall der Privatsphäre. Er setzte vor über 20 Jahren mit der Ausstrahlung von *MTVs The Real World* (1992) ein. Bei *The Real World* leben sieben fremde Personen monatelang zusammen in einem Haus. Die Kameras nehmen fast alles auf, was dort geschieht. Dies ist der Vorläufer des Formates *Big Brother*, welches in einigen Ländern bereits mehrmals jährlich im Fernsehen gezeigt wird.

Das Internet als Netzwerk globaler Kommunikation ist die Verkörperung der Moderne schlechthin. Parallel zu der Entwicklung der Pornografie hat sich die Produktionsweise des Internets geändert: Früher waren an der Produktion des Web nur wenige Personen beteiligt, heute kann sich im Prinzip jeder daran beteiligen, der Zugang zum Internet hat – sei es mittels Beiträgen in Sozialen Netzwerken, Blogs, Video-Sharing per *YouTube* oder Wikis. Diese neuere, interaktive, kollaborative Form des Internets wird auch als »Web 2.0« bezeichnet. Internet-Nutzer werden »Prosument« genannt, eine Verschmelzung der Wörter »Produzent« und »Konsument«. Weil im Prinzip jeder seine eigenen Inhalte herstellen und verbreiten kann, hat das Internet auch eine große demokratisierende Macht. Diese machten sich die Cam-Girls zunutze. Ein frühes Beispiel für – sehr erfolgreichen – Amateur-Exhibitionismus ist die *JenniCam*, die 1996 bis 2003 aktiv war. Pornografische Aspekte spielten dabei eine eher untergeordnete Rolle, vielmehr war es der voyeuristische Einblick in den mondänen Alltag, der den überwiegenden Teil der Übertragung ausmachte.

MySpace, lange Zeit eines der populärsten sozialen Netzwerke, ist im Gegensatz zu *Facebook* nicht so intim und der Kreis der »Freunde« ist weiter gefasst. Man findet trotz entsprechender Richtlinien häufiger pornografische Inhalte, wie Sarracino und Scott schildern: Nahtlos reihen sich innerhalb einer Profilseite Sprüche wie »nice tits« oder »blow me« an Bilder von Kindergeburtstagspartys oder Urlaubsfotos. Soziale Netzwerke locken nicht nur Millionen von kommunikativen Jugendlichen und Erwachsenen an, sondern auch Nutzer mit Hintergedanken: 2007 identifizierte *MySpace* in Amerika 29.000 verurteilte Sittlichkeitsverbrecher und löschte daraufhin deren Profile. Kein Wunder: Es handelt sich um ein Schlaraffenland für schlüpfrige Bilder. Eine Untersuchung der Professorin für Soziologie, Geschlecht und Erziehung Jessica Ringrose (2012, zusammen mit anderen) hatte zum Ergebnis, dass ein nicht unerheblicher Teil der jungen *MySpace*-Nutzer Bilder von freizügigen sexuellen Posen vorzuweisen hatte (59 Prozent), »partial frontal male nudity« (28 Prozent), »partial frontal female nudity« (17 Prozent), »full male nudity« (zwei Prozent) und »full female nudity« (sechs Prozent). Inzwischen ist es noch extremer geworden, und das nicht nur auf *MySpace*.

Für den Zerfall der Privatsphäre zeigt *Twitter* einen weiteren Aspekt dieser Entwicklung. Auch dies ist ein soziales Netzwerk. Darüber hinaus, und das ist seine Innovation, ist es ein Mikro-Blogging-Dienst. Benutzer können anderen Nutzern folgen und deren Nachrichten (»Updates«) abonnieren. Zugleich können sie Textnachrichten (»Tweets« – to tweet = »zwitschern«) verschicken. Selbst der Papst twittert mittlerweile. Schüler ziehen auf *Twitter* über ihre Lehrer her. Da die meisten Diskussionen öffentlich sind, kann man die Namen der Lehrer und den entsprechenden Thread leicht über Google finden. Einen Schritt weiter in die Intimsphäre geht *Kickbee*, das werdenden Müttern ermöglicht, die Umwelt an der Entwicklung ihres ungeborenen Kindes teilhaben zu lassen. *Kickbee* lässt das Ungeborene »twittern«: Ein Gürtel, den die Schwangere um den Bauch trägt, informiert die Umwelt über Kindsbewegungen. Bei dem Produkt *PreVue* kann man das Ungeborene auf einem Bildschirm in Echtzeit im Bauch beobachten, noch ist es jedoch nur eine Design-Idee. 2007 geriet Google in die Kritik, als es Street View startete, ein Feature, das eine panoramische, ebenerdige 360-Grad-Sicht auf die Stadtstraßen liefert. Jeder hat mittlerweile »Treffer« auf Google, selbst meine 89-jährige Großmutter. Im

Zuge der Quantified-Self-Bewegung, bei der persönliche Daten (etwa bezogen auf Gesundheit, Sport oder andere Gewohnheiten) aufgezeichnet und analysiert werden, veröffentlichen z. B. Läufer ihre GPS-registrierten Trainingsläufe auf Sozialen Netzwerken und Frauen mit Kinderwunsch ihre Zykluskurven in einschlägigen Diskussionsforen. Auf Creepshot-Webseiten wie girlsinyogapants.com und blacksheepcandids.com werden Fotos oder Videos von vorzugsweise Brust und Gesäß wildfremder Mädchen gepostet, im Alltag mit dem Handy aufgenommen. Mit der App »Lulu« können Frauen verflossene Liebhaber bewerten; und es wird gelästert auf Teufel komm raus. Männer haben keinen Zugriff auf die Inhalte und können das über sie Geschriebene in keiner Weise beeinflussen. Die 2012 vorgestellte Augmented-Reality-Brille, Google Glasses, bietet viele Möglichkeiten, die Privatsphäre anderer zu verletzen: Unauffällig können Daten aufgenommen und unmittelbar ins Netz gestellt oder an konzerneigene Server weitergeleitet werden. Die automatische Übersendung des Standortes per GPS ermöglicht außerdem die Erstellung eines Bewegungsprofils. Schließlich werden die Aufzeichnungen sämtlicher (!) Nutzer dieser Brillen auf Google-eigene Server übertragen. Auch Prinz Harry kann sich nicht vor Angriffen auf sein Privatleben schützen. So wurde er einmal privat beim Feiern fotografiert, er lief nackt herum. Die Fotos wurden der Boulevardpresse zugespielt und verbreiteten sich rasend schnell im Internet. Da es zunehmend zu einer Vernetzung der verschiedenen digitalen Plattformen kommt, landet das, was in einer Medienform publik gemacht wird, sofort in einem Dutzend weiterer. Es wird immer schwieriger, die Informationen zusammenzuhalten, keine eigenen digitalen Spuren zu hinterlassen. Wie es bei *Battlestar Galactica* treffend heißt: »People leave more than footprints, as they travel through life.« Wie Menschen diese »Fußstapfen« hinterlassen, ist vielgestaltig:

medizinische Unterlagen, psychische Gutachten, Schulakten, E-Mails, Video- und Audioaufzeichnungen, Überwachungskameras, Einkaufsbelege, Sportergebnisse, Bußzettel, Restaurantrechnungen, Telefonaufzeichnungen, Bestellungen im Internet, Playlists, Eintrittskarten, Fernsehauftritte und Arztrezepte. Eine unüberschaubare Menge an Informationen. Man konzentriert sich – vorerst zumindest – auf Promis und Politiker.

Wie bei den Reality-TV-Formaten scheint auch das Leben der Prominenten für die Zuschauer dann wirklich interessant zu sein, wenn eine Prise Pornografie und Leid dabei sind: Paris Hilton ist nicht nur eine Celebrity, sondern auch eine bildschöne, junge Hotelerbin, die im Internet ein Video in Umlauf gebracht hat, das sie beim Sex mit ihrem damaligen Freund zeigt. Sarracino und Scott weisen auf ein interessantes Paradoxon hin: »Und dennoch war sie kein Pornostar! Sie wurde dann also berühmt als der Nicht-Pornostar, der Outsider, der nicht Teil der Industrie per se war, sondern vielmehr Zuschauer.« Im Herbst 2006 wurde Paris Hilton von Paparazzi dabei beobachtet, wie sie höschenlos mit Britney Spears feierte, es blieb nicht bei dem einen Mal. Die Faszination der amerikanischen Gesellschaft für Paris Hilton ist seltsam. Bei der allgemeinen Bevölkerung ist sie offenbar nicht sonderlich beliebt (außer bei einer kleinen Anzahl von Lesern von Männermagazinen), und dennoch erscheint sie häufig in den Promi-News und hat sogar eigene Fernsehsendungen (*Paris Hilton's BFF, Paris Hilton's My New BFF, Paris Hilton's British BFF* etc.). Es scheint ein typisches Merkmal für die heutige Zeit zu sein. Der Voyeurismus wird in allen erdenklichen Ausprägungen gefördert, und eng damit verknüpft ist das Lästern. In Deutschland erfüllen TV-Sternchen wie Gina-Lisa Lohfink und Daniela Katzenberger dieses Bedürfnis.

Menschlichem Leid und Sterben wurde traditionellerweise der Schutz der Privatsphäre gewährt, doch auch dies rückt zunehmend in den öffentlichen Bereich. Die Grenze zwischen privat und öffentlich löst sich auf, und Privates wird in die Öffentlichkeit hineingetragen. (Auch das ist »pornografische Logik«.) Es gibt Fernsehsender und Websites wie rotten.com, welche sich ausschließlich mit reellem Leid befassen, aber auch im Rahmen des alltäglichen Fernsehprogramms werden Shock Docs gezeigt – seltene Krankheiten und körperliche Behinderungen. Das Pendant zur mittelalterlichen Freakshow. Angesichts dessen, was da zu sehen ist, stellt sich die Frage, wie viel Leid in der Öffentlichkeit gezeigt werden darf. Die Grenzen des Zumutbaren werden immer weiter verschoben, ein Tabu nach dem anderen wird gebrochen. In England wurde 2009 der bekannteste Reality Star, Jade Goody – die junge Frau hatte Krebs im Endstadium –, von den Medien dabei begleitet, wie sie die letzten Wochen mit ihrer Familie und ihren Freunden verbrachte. Höhepunkt war eine bis aufs Äußerste vermarktete Hochzeit mit ihrem Freund. Sie tat dies, um ihren beiden kleinen Söhnen eine Zukunft zu sichern. Sie sagte: »Ich habe vor Fernsehkameras gelebt. Und nun werde ich eben vor ihnen sterben.« Ihre Asche sollte auf *eBay* versteigert werden. Wenige Tage *vor* ihrem Tod widmete eine der größten Zeitschriften ihr bereits eine Gedenkausgabe. Makaberer geht es kaum. Es wurden Vergleiche laut, das begierige Warten auf ihren Tod entspräche der Lust des Volkes an öffentlichen Hinrichtungen im Mittelalter.

Sarracino und Scott fürchten die Folgen von diesem Zerfall der Privatsphäre: Wenn einmal der Damm gebrochen ist, wenn alles über uns öffentlich wird, dann wird das eigene Leben inhaltsleer. Das Konzept des Privatlebens zerfällt, wird bedeutungslos, und jedes noch so entwürdigende und triviale Detail menschlichen Lebens wird bloßgestellt. Sie kommen vor diesem Hintergrund zu einem interessanten Schluss hinsichtlich der Gewaltpornografie: »Gewaltpornografie ist vielleicht noch nicht einmal mehr

Pornografie, sondern etwas Anderes, Düsteres, was nicht in einer imaginierten Welt existiert, sondern in der realen Welt.«

Man wird vorsichtig sein müssen und nicht vorschnell von »mehr Gewalt« oder einem »Zerfall der Gesellschaft« sprechen. Menschen, denen die Qual anderer Freude bereitete, gab es immer schon, im Mittelalter, als Hinrichtungen ein öffentliches Vergnügen waren, und in der jüngeren Vergangenheit. Unstrittig hat jedoch die Medienrevolution mit ihren neuen Kommunikationsformen dafür gesorgt, dass solche Motive mit einer Schnelligkeit und in einer Menge verbreitet werden, die es noch nie gab. Das erschwert auch Vergleiche.

»Schließlich wird Julie Night von Dildos, Buttplugs und drei Kerlen anal-ysiert, mit noch mehr D.-P. und Doppel-Anal – und als krönendes Finale löffelt Nicki die Wichse aus Julies Arsch in ihren Mund! Also, das ist Pornografie!« Eine typische Schilderung einer modernen Pornoszene.

Extreme Praktiken sind nichts Neues. Schon 1920 beschrieb Curt Moreck in seinem Buch *Sittengeschichte des Kinos* (1926) seine Eindrücke von den unterschiedlichen pornografischen Vorlieben verschiedener Länder (in denen Pornografie damals erhältlich war) folgendermaßen: »So bringt die französische Produktion mit auffallender Häufigkeit die Darstellung von Entleerungsakten und ergeht sich in sehr breiten Schilderungen der präparatorischen Handlungen, während der Geschlechtsakt selbst vielfach nicht vorkommt oder hinter die Szene verlegt ist. England, das solche Filme in der Hauptsache für Südafrika und Indien herstellt, bevorzugt Flagellationsszenen und sadistische Mißhandlungen von Niggern. […] Italien, dessen Süden schon in die Zone orientalischer Sexualität hineinragt, pflegt als Spezialität auf dem Gebiet des sotadischen Films die Darstellung sodomitischer Handlungen, und neben diesen geschlechtlichen Vereinigungen zwischen Menschen und Tieren sind tierische

Begattungsszenen beliebt. Man sagt, daß in Deutschland die Sünde ohne Grazie sei. Nun, dem deutschen pornographischen Film haftet etwas davon an. Er zeigt durchweg gut durchgeführte, realistische Koitusszenen; dagegen sind ihm erotische Tierszenen gänzlich fremd. Zur Erweiterung der Vorgänge dienen hin und wieder abseits liegende Lusthandlungen.«

Doch in unserer Zeit ist eine Variable dazugekommen, die es damals nicht gab – die alltägliche Präsenz des Pornografischen. Wir beobachten, wie die Trennlinie zwischen Populär- und Porno-Kultur verwischt wird und eine Vermengung der beiden Bereiche stattfindet – mit dem Resultat, dass unsere Pop-Kultur nun der Softcore-Pornografie von vor 15 oder 20 Jahren gleicht. Die Softcore-Pornografie befindet sich in der Mitte unserer Gesellschaft. Deswegen, aber auch aufgrund der zunehmenden Konkurrenz für die Pornografie-Anbieter durch das Internet, wurde die körperzehrende Gonzo-Pornografie zur Norm.

Playboy, Penthouse und Co. waren und sind zwar sexistisch, aber verglichen mit der heutigen Pornografie scheinen sie geradezu altfränkisch. Sexuelle Handlungen, die in der heutigen Pornografie alltäglich sind, waren vor ein paar Jahrzehnten so gut wie nicht existent. Beobachtete Pastötter in den Videofilmen noch eine Rahmenhandlung, was er dahingehend interpretierte, dass kaum einer »mit der Tür ins Haus fällt«, so ist in der heutigen Gonzo-Pornografie selten etwas zu sehen, was auch nur in die Richtung einer Handlung geht. Nach der Einführung der VHS-Kassetten stellten die Pornografen bald fest, dass die Zuschauer zu den »entscheidenden« Stellen vorspulten. Darauf wurde massiv reagiert: mit Gonzo. Gonzo-DVDs bestehen typischerweise aus fünf oder sechs Gonzo-Szenen. Im Internet gibt es zudem unzählige kurze Gonzo-Clips. Typische Titel sind: *Border Bangers, Disgraced 18, Gangland Victims, Bitchcraft, Gag on my Cock, Animal Trainer 20, Wrecked 'em, Butthole*

Whores 2, Tamed Teens – man erahnt, wo es langgeht. PornMD ist eine Porno-Meta-Suchmachine, bei der Konsumenten die größten Porno-Webseiten nach ihren Vorlieben durchsuchen können. Dazu gibt es auch Statistiken. »Cream pie« ist in den USA auf dem vierten Platz, in Palästina ist »family porn« auf Platz eins, im Libanon ist »shit orgy« auf Platz vier und in Rumänien ist der am häufigsten gesuchte Begriff »mom and son«.

Die Pornografie wurde insgesamt extremer und brutaler. Infolgedessen bewegen sich Gonzo-Produzenten wie der berüchtigte Max Hardcore vom Rande der Pornografie in ihr Zentrum. Neue pornografische Kategorien und Subgenres werden im Zuge dieser Verschiebungen salonfähig gemacht und erleben dabei eine Bedeutungsverschiebung. Transgender-Pornografie etwa – bekannt als »she-male« oder »chicks with dicks«-Pornografie – ist ein Beispiel eines Subgenres, welches dabei ist, sich vom Rande der Pornografie zum Mainstream zu bewegen. Sie wird vornehmlich in Süd-Amerika, vor allem in Brasilien und Süd-Ost-Asien, speziell Thailand, produziert. »She-male«-Pornografie wurde vormals von einem Nischen-Publikum konsumiert. Im Laufe der 2000er ist sie dermaßen populär geworden, so dass sie nun eine pornografische Schlüsselkategorie ist. Die Schwulen- und die SM-Pornografie haben eine ähnliche Entwicklung durchgemacht. Hentai ist ein weiteres Beispiel einer Kategorie, die es in die Mainstream-Pornografie geschafft hat. Wurde sie in den 90ern noch als zu »extrem« für den Videovertrieb erachtet, ist Hentai – ein Genre, welches BDSM und unerwünschten Sex mit Alien- und Dämonen-Tentakel-Penissen zeigt – nun Bestandteil vieler Mainstream-Porno-Webseiten und wird als solcher einem breiten Publikum präsentiert. Zweifellos hat dies dazu beigetragen, dass diese unkonventionellen sexuellen Vorlieben in der Mainstream-Kultur sichtbar geworden sind.

Es sind Inhalte von der Kategorie »hart«. Nach der Studie von

Altstötter-Gleich lässt sich der zweitgrößte Anteil der geschilderten Szenen Inhalten zuordnen, deren Herstellung, Besitz und Vertrieb nach §§ 184a, 184b StGB unter Strafe gestellt sind. Es sind Inhalte, mit denen Jugendliche im Grunde überhaupt nicht konfrontiert werden dürften. Auch darauf kann man durch einfachen Zugriff im Internet kommen. Es steht eine riesige Auswahl zur Verfügung. Wenn die Pornoproduzenten konkurrenzfähig bleiben wollen, müssen sie sich weiterentwickeln und neuartiges Material präsentieren – unglaubliche Bilder, unglaublich im Hinblick auf Neuartigkeit, Ausgefallenheit und Extremheit, um sich von dem nur allzu Bekannten abzusetzen. Keiner hat wohl vorausgesehen, wie schnell die extreme Pornografie das Internet dominieren würde. Das Internet hat eine Revolutionierung der Pornografie ausgelöst, und die Realität ist, dass viele Leute, vor allem Frauen und Mitglieder der älteren Generationen, überhaupt nicht wissen, was dort vor sich geht.

In ihrem Kern ist die kommerzielle Online-Pornografie eine Falle, die darauf ausgelegt ist, den Konsumenten auszunehmen. Das Mittel, mit dem sie das erreicht, ist die Degradierung von Frauen. Die Degradierung ist also nur Mittel zum Zweck, der Köder, um an das Geld des Kunden zu gelangen. Dabei fungieren die kostenlosen Porno-Seiten als eine Durchgangsschleuse: Von den freien Webseiten wird der Konsument zu zahlungspflichtigen Seiten weitergeleitet. Warum sehen sich Männer das an, kann man sich fragen. Ohne Zweifel wird es Männer geben, die es einfach genießen, eine Frau leiden zu sehen, aber das sind die wenigsten. Der Durchschnittsmann ist kein sadistischer Frauenhasser. Die Antwort liegt in unserer Kultur begründet. Feministinnen würden sagen, Männer schauen sich diese Art von Pornografie an, weil sie vom Patriarchat dazu sozialisiert wurden, männliche Dominanz und weibliche Unterwerfung sexy zu finden. Weniger »männliche« Konsumenten, die von den Inhalten abgeschreckt sind, müssen von den Pornografen dahingehend beeinflusst werden, Material zu akzeptieren, das sie normalerweise ablehnen würden. Die einfachste Methode, dies zu erreichen, besteht darin, die Frauen verbal zu isolieren, indem sie als »cunts«, »whore«, »slut« und so weiter bezeichnet werden. In der Gonzo-Pornografie wird eine Frau nie als Frau gesehen. Sie wird, mehr noch als in den anderen populären Pornografie-Genres, auf ein Sexualobjekt beschränkt. Sie wird als »dirty«, »nasty«, und »filthy« bezeichnet und auf Körperöffnungen reduziert.

Damit die Konsumenten das Material jedoch voll und ganz akzeptieren können, müssen sie es vor anderen und vor allem vor sich selber rechtfertigen. Dazu wird ein spezieller »Prozess der moralischen Abkopplung« benutzt. Dabei stellt man dem eigenen Verhalten etwas gegenüber, was als schlimmer erachtet wird. Im Fall der gewalthaltigen Pornografie versichert sich der Konsument, er habe der Frau ja nicht wehgetan und er tue ihr auch jetzt nicht weh. Indem er jedoch immer und immer wieder bewusst Darstellungen von Misshandlungen aufsucht und genießt, ist er nach wie vor zwar kein unmittelbarer Täter, allerdings auch nicht mehr nur Zuschauer. Er bewegt sich in einem globalen Netzwerk weiterer, unzähliger Konsumenten, in dem die Verantwortung breit gestreut ist. Viele von ihnen trifft er in Chaträumen und Diskussionsforen an. Er erkennt, dass er nur einer von vielen ist, und erhält dadurch Bestätigung für seine Präferenzen und, unter Umständen, auch Handlungen.

Im klassischen Pornofilm war zumindest noch ansatzweise so etwas wie Gefühl oder Leidenschaft zu erkennen. Das gibt es in der Gonzo-Pornografie nicht mehr. Es geht direkt zur Sache, häufig mit einer Heftigkeit, die vor allem bei US-Produktionen hart an der Grenze zur Vergewaltigung liegt. Eine häufige Szene ist der erzwungene Oralverkehr. Die Frau muss würgen, ihre Augen tränen, manchmal erbricht sie. Der Amerikaner John

Stagliano ist einer der Pioniere dieses Genres. Statt auf Handlung und ästhetische Qualität setzte er auf »Authentizität«. Dabei gilt: je brutaler, desto authentischer. Die »Präsenz« der Darstellerin wird an der Reaktion auf die Gewalt, die ihr angetan wird, gemessen. Der französische Journalist Frédéric Joignot bezeichnet diese Art von Pornografie als »barbarische Realityshow«. In Deutschland gibt es wenige Gonzo-Pornografie-Produzenten, einer ist John Thompson. Die Produzenten selbst machen aus ihrer Menschenfeindlichkeit gar keinen Hehl. Gian Carlo Scasi erzählte dem *Stern*: »Amateure kommen viel besser rüber. Das spüren unsere Kunden. Bei den Frauen, ich meine, da sieht man: Die haben noch richtige Schmerzen.« Auch Stagliano äußerte in einem Interview, beim normalen vaginalen Sex könne jede Frau »vor sich hin zwitschern«, doch ist das Gezeigte wirklich echt? Analsex sei authentischer. Wegen des Schmerzes.

Sarracino und Scott beobachten, dass sich in den letzten paar Jahren Pornografie vor allem im Internet stark in Richtung Demütigung und Erniedrigung entwickelt hat. Sie nennen die Subgenres »pinkeye«, »ass to mouth« und »Vivisection Porn«. Bei dieser Form der Pornografie – Scott und Saraccino bezeichnen sie als »Degradation Porn« – ist das Leid der Frauen der Hauptgrund für den Konsum, der Zweck der Grausamkeit ist, den Genuss für die Männer zu steigern. Ihrer Einschätzung nach kann das Dargestellte nicht als Schauspielerei oder Performance abgetan werden, zu extrem seien Leid und Demütigung, und sie sehen in dieser Entwicklung die Wiederkehr des frauenfeindlichen Nazi, welcher nun in neuer Gestalt an die Oberfläche der amerikanischen Populärkultur gelangt.

Ein geläufiger sprachlicher Ausdruck demonstriert die Verbindung von Sex und Gewalt perfekt: »ficken«. Man fickt eine Frau (Sex). Man fickt einen Mann (Gewalt). Auch der Begriff »Gangbang« liegt im Grenzbereich und kann ebenfalls ganz unterschiedliche Bedeutungen haben: Sex mit vielen anderen, etwa eine Orgie oder eine Massenvergewaltigung, aber auch eine Schlägerei zwischen Banden. Jugendliche beschimpfen sich: »Fick dich!« Es bedeutet nicht mehr zwangsweise etwas Sexuelles. Im englischen Sprachraum ist »fuck« mittlerweile noch weiter verbreitet als »Scheiße« im deutschen. Sprachwissenschaftler bezeichnen diese Entwicklung als »semantische Verblassung«. Gernert vergleicht die Benutzung von Wörtern wie »Gangbang« oder »Bitch« mit der Beiläufigkeit, mit der noch die Eltern »Zickezacke, Hühnerkacke« gesagt haben. Weitergedacht würde das bedeuten, dass das Wort »Frau« irgendwann durch »dreckige Nutte« ersetzt wird.

Es stellt sich die Frage, auf welcher Basis man überhaupt beurteilen kann, welche Darstellung »problematisch« ist, wenn unterschiedliche sexuelle Vorlieben eine breite gesellschaftliche Akzeptanz genießen. Es ist zudem schwer nachzuweisen, dass die Beteiligung nicht freiwillig war. »The British Board of Film Classification« gab zwei Berichte in Auftrag, Cumberbatch, Wood, Gauntlett, Collie & Littlejohns (2002) und Barker, Egan, Hunter, Mathijs, Selfe & Sexton (2007), explizite und gewalttätige pornografische Darstellungen diesbezüglich zu untersuchen. Dabei ging es vor allem um den Zugriff durch gefährdete und minderjährige Personen. Fachwissenschaftler aus den Bereichen Psychiatrie, Psychologie, Recht und Soziologie formulierten ihre Bedenken im Hinblick auf vier Aspekte des gesichteten Materials. 1.) Handlungen, die den Tod zur Folge haben könnten; 2.) Handlungen, die in ernsthafte Verletzungen oder strafrechtliche Verfolgungen münden könnten; 3). Mangel oder nicht eindeutige Einwilligung, vor allem, wenn sich die Art des Sex während der Produktion ändert; 4.) Degradierung und Erniedrigung. Auch der Forscher Stephen Maddison beschäftigt sich mit Gonzo-Pornografie. Er behauptet, dass sie zunehmend härter wird, und weist auf den Missbrauch und die Degradierung der Darstellerinnen hin.

Der häufig benutzte Begriff »Degradierung« hat sich in der Forschung als wenig fassbar erwiesen. Nach Sun kann man sexuelle Akte und Praktiken dann als degradierend betrachten, wenn es sich um Situationen handelt, in denen der Mann die volle Handlungsmacht hat und auch ausdrückt, z. B. bei der Ejakulation in das Gesicht der Frau, einer Situation, die typischerweise vom Mann beherrscht wird. Degradierende Darstellungen in der Pornografie werden als solche definiert, die ungewöhnliche oder non-normative Sexualpraktiken umfassen (unter der Annahme, dass eine Teilnahme an diesen Akten an sich degradierend für die Person ist), und jene, die Statusunterschiede zwischen Personen wie Babysitter vs. Hausherr voraussetzen. Mit Sicherheit degradierend ist ein Sexualakt wie »ass to mouth« (ATM). Nach einer von Medienwissenschaftler Robert Wosnitzer und anderen durchgeführten Studie (2007) zu populärer Pornografie beinhalteten 41 Prozent der Szenen solche Sequenzen. Dines bezeichnet eine solch unhygienische Praktik als degradierend. Laut der genannten Studie kommt sie sehr oft vor, ohne dass es Hinweise darauf gibt, dass sie die Lust der Frau steigere. Wosnitzer und seine Kollegen hoben hervor, dass ATM in einer pornografischen Szene stark mit dem Vorkommen weiterer aggressiver Praktiken und Handlungen assoziiert wird.

Ein Clip, der von der Kommission als problematisch eingestuft wurde, zeigte wie angeblich einvernehmlich der Kopf der Darstellerin in einer amerikanischen, also bis zum Rand mit Wasser gefüllten Toilette unter Wasser gehalten wurde. Es wurde für diesen Fall befunden, dass das Einvernehmen der Darstellerin durch den Schweregrad der Handlung aufgehoben werde und dass ein ernsthaftes Risiko des Erstickens und Ertrinkens vorliege. Es handelt sich rein rechtlich um Körperverletzung.

The Criminal Justice and Immigration Act (2008) besagt, dass es eine strafbare Handlung ist, im Besitz von »extremen pornografischen Darstellungen« zu sein. Dies kann mit bis zu drei Jahren Gefängnis bestraft werden. Die Abbildung muss dabei »explizit und realistisch« sein – dadurch sind Cartoons, Zeichnungen und Texte ausgeschlossen. Im ersten Entwurf (2005) wurde »extreme Pornografie« durch Bilder von »beträchtlicher sexueller Gewalt« sowie von Nekrophilie und Zoophilie definiert. In Deutschland zählen zur harten Pornografie (nicht zu verwechseln mit Hardcore-Pornografie) sexuelle Gewalt, Sodomie und Pädophilie. Vor allem im Hinblick auf die Verbreitung und Verfügbarkeit von Pornografie im Internet wird die Gefahr der Kinderpornografie immer wieder debattiert. Die Gefahr nimmt zwei Formen an: 1.) der Schaden an den Kindern, die für die Herstellung des Materials »benutzt« werden; und 2.) die Bestärkung der Rezipienten: Diese finden in Netzwerken zusammen und bestätigen einander in ihrer Neigung. Das kann zu einem Suchtkreislauf führen, bei dem im schlimmsten Fall durch die Rezeption erst die Neigung in der Wirklichkeit ausgelebt wird. Kinderpornografie hat innerhalb der harten Pornografie in der deutschen Rechtsprechung eine gesonderte Stellung, in dem Sinne, dass sie besonders hart verfolgt wird: sowohl Produktion, Distribution, Erwerb als auch Besitz sind strafbar.

Kinder- bzw. Jugendpornografie ist also in Deutschland verboten, außerdem Gewalt- und Tierpornografie. Es stellt sich die Frage, warum trotzdem ungezählte Gewaltpornos im Umlauf sind. Tatjana Hörnle, Strafrechtsprofessorin in Bochum, äußert die Vermutung, dass Praxis und Gesetzestext auseinanderfallen. Denn die Begriffe – »Gewalt-«, »Kinder-« bzw. »Jugend-« und »Tierpornografie« – seien »juristisch unpräzise«. Das altbekannte Problem der Definition also. Ein Beispiel: Ein bekannter Schriftsteller veröffentlicht auf seiner Homepage eine Kurzgeschichte mit kinderpornografischen Inhalten. Die erzählte Geschichte spielt aber in einem Land, in dem Sex mit Kindern normal ist. Ist die Darstellung verboten oder nicht? Die Antwort hierauf ist nicht eindeutig: Kinderpornografie ist gegeben, aber das Grundrecht der Kunstfreiheit ebenfalls zu beachten, ist die Kurzantwort.

Die Gewaltpornografie sickert – ähnlich wie damals in den 70ern die traditionelle Pornografie – allmählich in den Alltag. Der Gewöhnungseffekt, die ständige Wiederholung reduziert schließlich die Wirkung und die Messlatte wird höher und höher gelegt. Szenen an öffentlichen Orten, etwa S-Bahnen oder auf Autobahnparkplätzen, liegen im Trend, auch bei Gangbang herrscht eine starke Nachfrage, genauso bei »Facials«. In Deutschland soll Forschern zufolge der Crush Fetisch groß im Kommen sein: Dabei werden Tiere, zumeist Insekten, aber auch Katzen oder Kaninchen, von einer jungen attraktiven Frau zertreten. Anhänger dieses Fetischs empfinden solche Darstellungen als höchst erregend. Auch die Pornodarstellerin Maria Kekkonen sieht den allgemeinen Trend in Richtung Fetische gehen. Das Internet sorgte Ende 2007 dafür, dass der koprophile Filmausschnitt »2 Girls 1 Cup« bekannt wurde. Der Clip wurde daraufhin auch außerhalb der Pornoszene in der Populärkultur zitiert, etwa in *Inbetweeners* und *Family Guy*. »Eel soup« ist ein weiteres Beispiel für Clips dieser Art. Er beinhaltet zwei Japanerinnen, einen Eimer voller Aale und einen Trichter. Den Rest überlasse ich Ihrer Fantasie oder der Suchmaschine. In Reaktionsvideos, die als Resonanz auf die Videos gedreht werden, drücken Zuschauer ihren Ekel aus: Sie verstecken ihre Gesichter, drehen sich von dem Bildschirm weg, würgen und halten ihre Nasen zu. Man muss hinzufügen, dass es zumeist die extremsten der Porno Clips sind, die weitreichende Bekanntheit durch eine soziale Zirkulierung erfahren; es ist bezeichnend, dass gerade diese ihren Weg in die Populärkultur finden.

Im Gegensatz zur Gonzo-Pornografie ist BDSM im Allgemeinen kein vornehmlicher Ort für Gewalt. Das Genre ist künstlich und die Abläufe sind mehr oder weniger ritualisiert. Auch ist es so, dass weniger Frauen als vielmehr Männer in einer »unterwürfigen« Rolle gezeigt werden. Die ehemalige Prostituierte und Dominatrix Lindi St Clair berichtet, es gäbe ein paar Männer, die sich »Meister« nennen, die wollen unterwürfige Mädchen, aber sie persönlich habe das noch nicht erlebt. Beim BDSM werden die klassischen sozialen Rollen umgedreht. Darum gibt es auch einige Kunden, die beachtliche Summen dafür zahlen, um Haushaltsdienstleistungen auszuführen, die in der Ehe von Ehefrauen umsonst erwartet werden. Die meisten »Sklaven« behalten dabei ihre Identität als Männer und vollführen häusliche Arbeit lediglich als komplexe Verdrehung der geschlechtsspezifischen Handlungsmacht, nicht jedoch als geschlechtsspezifische Identität.

Beim Porno-Sex geht es nicht um Liebe, das ist klar. In den älteren Produktionen sind noch gelegentliche Zärtlichkeiten wie Umarmen oder Küssen zu finden, in den neueren fehlen sie gänzlich. Gefühle und Emotionen, die wir mit dem Liebesakt assoziieren – Verbundenheit, Empathie und Zärtlichkeit –, werden in der Gonzo-Pornografie durch Angst, Ekel, Wut, Abneigung und Verachtung ersetzt. Die Inhalte zwischen den Zeilen sind: Rachegelüste und Feindseligkeiten, doch deren Opfer füllen diese Rollen nicht per se aus: Die gezeigte Lust negiert die Opferrolle, und somit erscheint die Darstellung dem Konsumenten akzeptabler, als sie in Wirklichkeit ist.

»Jenna didn't do anal.« Dieser Satz spricht Bände über die Bedeutung des Analverkehrs in der Pornografie. Dass Jameson ihren Megastatus erreicht hat, ohne auf diese Art »benutzt« zu werden, ärgert viele Konsumenten, wie man in zahlreichen Diskussionsforen nachlesen kann. Der Analverkehr ist eine Sexualpraktik in der Pornografie, die dazu benutzt wird, um die Frau dem Mann unterzuordnen. Vielleicht sogar die radikalste. So sagt die Kunsthistorikerin Gwendolyn Dubois Shaw: »Und Sodomie ist, historisch betrachtet, der barbarischste und buchstäblich sadistischste Geschlechtsakt.« Dass Jenna, der größte Porn Star, ohne auskam, erweckt einen falschen Eindruck bei jenen jungen Mädchen, die glauben, ohne viel Aufwand und mit Glück die nächste Jenna Jameson werden zu können.

Pornoproduzent Rutschmann sagt, früher habe man zu den Pornodarstellerinnen aufgeschaut: Sibylle Rauch, Dolly Buster, Gina Wild – das waren unerreichbare Stars. Heute würden viele Darstellerinnen als Prostituierte arbeiten, da die Bezahlung für den Dreh zu niedrig sei. Und das Internet bringt eine starke globale Konkurrenz mit sich. Dementsprechend tun die Darstellerinnen, was man ihnen sagt. Es gibt nur wenige, die bei den Produktionen mitbestimmen und nicht bloß »verheizt« werden. Eine der wenigen Darstellerinnen, die Pornofilme »zu ihren Bedingungen« macht, ist Jenna Jameson. Ansonsten folgt unweigerlich die in der Pornoindustrie für Darstellerinnen übliche »Abwärtsspirale«: Die ersten Szenen einer Newcomerin sind häufig Lesbenszenen, dann vaginaler Sex mit einem Mann, später »anal«. Und am Ende lässt sie so ziemlich alles mit sich machen: »Doppel-« und zunehmend auch »Tripelpenetrationen« in allen nur möglichen Variationen, dann »interrassistische« Szenen und schließlich das, was Sarracino und Scott als »the dark zones« bezeichnen – Degradation Porn und Ähnliches. In Deutschland, sagt Rutschmann, geht es schneller. Hier machen Darstellerinnen von Anfang an alles. Wird die Frau nicht zum Star, ist ihre Karriere nach spätestens zwei Jahren zu Ende. Jeder hatte sie gehabt – sie ist nichts mehr wert. Doch keine Sorge, frisches Fleisch rückt nach. Dafür haben die Pornodarsteller heute ein viel zu gutes Image. Männlicher Analsex ist dem Bereich der

Schwulenpornografie vorbehalten, sie ist die »ultimative« Form des mythenumwobenen Analsex.

Was für die Jugendlichen gilt, das gilt auch für junge Männer und Frauen. Die Sexualakte in der Gonzo-Pornografie werden im wirklichen Leben nicht unbedingt aufgesucht oder gar gemocht. Ihre Verbreitung in der Pornografie entspricht nicht der Verbreitung im realen Leben. Schließlich geht es um die Darstellungen von Fantasien. Doch es ist bezeichnend, wie groß die Lücke zwischen dem Dargestellten und dem Gewünschten ist. Zum Beispiel zeigt eine australische Studie, dass Analverkehr – der einigen Forschern zufolge in den meisten pornografischen Features vorkommt – auch bzw. gerade bei Erwachsenen eine recht unübliche Praktik ist. Unter allen befragten Personen im Alter zwischen 16 und 59 Jahren haben »in letzter Zeit« unter einem Prozent (heterosexuellen) Analsex versucht. Im Laufe ihres Lebens praktiziert einer von fünf (21 Prozent der Männer und 15 Prozent der Frauen) heterosexuellen Analverkehr. Eine schwedische Studie mit jungen Frauen im Alter von 14 bis 24 Jahren fand zwar heraus, dass diese, wenn sie Pornografie gesehen haben, mit einer höheren Wahrscheinlichkeit Analsex gehabt haben als jene, die diesbezüglich noch unbedarft sind. In jedem Fall mochte ihn der überwiegende Teil jedoch nicht. Bei der Kinsey-Umfrage war Analverkehr noch nicht einmal unter Homosexuellen geläufig, erst in den 70ern erfuhr die Praktik zunächst dort Verbreitung, dann, Mitte der 90er, in der Gonzo-Pornografie auch unter heterosexuellen Darstellern.

Gonzo-Regisseur Sal Genoa über den Reiz von »double anal«: »Es geht ans Limit.« Paul Hesky, Geschäftsführer von Multimedia Pictures, erzählt, er glaube, dass Analverkehr in der Pornografie deswegen so beliebt sei, weil die Konsumenten sich dabei vorstellen, ihre Frauen und Freundinnen sprichwörtlich in den Hintern zu ficken, um ihnen heimzuzahlen, dass sie »bitchy«, also »zickig«, seien.

Wahrscheinlich der am meisten degradierende Akt ist jedoch ATM. Er wurde erstmals von Wosnitzer und seinem Team analysiert. In Threads über auslaufende Exkremente tauschen die Pornonutzer in einschlägigen Internetforen ihre Erfahrungen aus – »M2diasmart 2« beschreibt solche Vorkommnisse als »the closest thing to a moment of Zen you can ever get in porn«. Das Vergnügen, das viele dieser Pornografiekonsumenten empfinden, rührt unmittelbar von den authentischen Blicken der Frauen voller Unglaube, Ekel und Abscheu. Es ist ein perverses Vergnügen, was dadurch erzielt wird, jemanden zu sehen, der bis aufs Äußerste entmenschlicht und gedemütigt wird. Ein anderer Thread – »Painful Anal« – enthält zahlreiche Posts, in denen Fans ihre Lieblingsszenen preisgeben und ausführlich ihr Entzücken schildern, die Frauen weinen und schreien zu sehen.

Und hier müssen wir noch einmal auf die Abu-Ghraib-Folterungen zurückkommen. Die in Abu Ghraib Gefolterten berichten, dass Demütigung schlimmer sei als Schmerz. Die Demütigung bestand in diesem Fall aus einer Kombination aus Degradierung und Nacktheit. Es wurden Foltermethoden angewandt, die eine aktive Teilnahme erforderten, sogenannte »Stresspositionen«. Bezeichnenderweise ist es eine gängige Foltermethode, einen Finger in den Anus zu stecken und abzulecken. Die Konsequenz der Handlung sind Verantwortungs- und folglich Schamgefühle. Diese sind sogar größer, wenn direkte Gewalt abwesend ist, weil sich die Verantwortung auf den Gefolterten verlagert. Ganz wie bei der Demütigung der Frauen in der Gonzo-Pornografie.

Max Hardcore ist einer der radikalsten Pornoproduzenten. Er ist Wegbereiter für Positionen wie den »pile driver«, was so viel heißt wie »Rammanlage«: Bei dieser Position wird nach dem vollendeten Analverkehr der Anus aufgehalten, so dass die Kameras hineinschauen können. Das gab es vorher nicht. Er war auch der Erfinder der Methode, nach dem Analverkehr das Ejakulat aus dem Analkanal des Mädchens in ein Glas zu drücken und es dann trinken zu lassen.

Ein weiterer bedeutender Bereich der Transgression in der Pornografie findet sich in der Art der Darstellung verschiedener Hautfarben und Ethnien. Pornografie hat Narrenfreiheit. Während es in Amerika schwarze und Latina-Frauen sind, wird in Deutschland der Exotismus asiatischer Frauen bevorzugt. Vor allem sexuell gewalthaltiges Material, nicht nur pornografisches, sondern auch z.B. in Hollywood-Filmen, enthält vermehrt schwarz- und dunkelhäutige Darstellerinnen. Die exotischen Darstellerinnen bringen die rassischen Sehnsüchte überwiegend weißer männlicher Konsumenten zum Ausdruck: Die Pornofilme mythologisieren schwarze Frauen dabei sowohl positiv als Ursprung fetischistischer Faszination als auch negativ: Sie werden als hypersexuell, hyperverfügbar, abartig und entartet dargestellt. Solche Herabwürdigung des Andersartigen ist eines der Hauptthemen in der Pornografie. Die Pornofilmproduktionsfirma *Vivid Entertainment* hat zwar ein paar ethnisch nicht eindeutig zuzuordnende Frauen im Programm, seltener jedoch afroamerikanische Frauen, die immer noch die niedrigste Ebene der Pornoindustrie einnehmen. Das spiegelt sich in den Gehältern wider: In den USA verdienen schwarze Darstellerinnen für einen Hardcore-Film die Hälfte bis drei Viertel von dem, was weiße Darstellerinnen bezahlt bekommen.

Während der 60er und 70er Jahre, also vor der Herausbildung eines spezialisierten Marktes für interrassistische und schwarze Paarungen, waren schwarze Darsteller eine Seltenheit. Ein erfolgreiches Produktionsteam des 80er-Videozeitalters waren die *Dark Brothers*, zwei (weiße) Brüder, die sich auf interrassistische Videoproduktionen spezialisierten. Einer der beiden, Greg Dark, erläutert sein Interesse an der Produktion interrassistischer Filme im Hinblick auf seine Art, schwarze Subjektivität darzustellen: »Ich verwende Schwarze in meinen Filmen als Karikatur«, erklärt Dark, »fast wie Straßengraffiti.« Diese Karikaturen seien »entstellte Untergebene und eine lächerliche Darbietung«.

Im umgekehrten Fall, wenn weiße Frauen mit schwarzen Männern Sex haben, sind die Motive nicht minder rassistisch: Das Interesse der weißen Männer als Hauptkonsumenten interrassistischer Videos liegt in der Empfänglichkeit und dem Begehren der Frauen den schwarzen Männern gegenüber, während die schwarzen Männer als aggressiv, abartig und von der Idee besessen porträtiert werden, die weiße Frau besitzen zu wollen. Eine besondere Art – aus der Sicht des weißen Mannes – eine weiße Frau zu erniedrigen, besteht darin, sie immer und immer wieder von dem penetrieren zu lassen, was als pervers, unzivilisiert und zügellos gekennzeichnet ist. Die interrassistischen Szenen transportieren als Klischee die Abwesenheit des weißen Mannes (es wird normalerweise angedeutet, dass dieser bei der Arbeit ist, auf einer Geschäftsreise o. Ä.) und die Sehnsucht der weißen Frau, aus der Enge ihrer häuslichen Umgebung auszubrechen. Das ist eine gattungsgemäße Strategie der Pornografie – von ihren frühesten »stag films« bis in die Gegenwart. In diesen Filmen sind die schwarzen Männer wie Füchse im Hühnerstall, mit dem Unterschied, dass die Hühner den Fuchs hereingebeten haben. Daher verwundert es vielleicht auch nicht, dass der Film *King Kong*, als er ursprünglich 1934 in Deutschland auf den Markt kam, umbenannt wurde in *King Kong und die weiße Frau*.

Bemerkenswerterweise kommt die Porno-Industrie mit einem Ausmaß an Rassismus daher, das unfassbar ist und im Alltag undenkbar wäre. Glaubt man einem Artikel in der *Adult Video News*, ist »interrassistisch« eines der am schnellsten wachsenden und illegal vervielfältigten Subgenres der Gonzo-Pornografie. In diesem Genre sind überdurchschnittlich viele farbige Frauen zu sehen.

Es verwundert angesichts der lange bestehenden Stereotype als unterwürfige Geishas, »Lotusblüten« und »Porzellanpüppchen« nicht, dass in Deutschland und vielen anderen westlichen Ländern asiatische Frauen besonders beliebt sind. In der Pornografie werden die Körper der Frauen als unreif dargestellt und ihre Vaginas geradezu als kindgleich präsentiert – Worte wie »tiny«, »little« und »tight« werden benutzt. Aus Gründen der »Authentizität« ist der englische Text auf den Webseiten oft im »Essstäbchen-Font«, die Clips haben asiatisch klingende Hintergrundmusik, und die Frauen sprechen oftmals nur gebrochenes Englisch. Die nicht so subtile Botschaft der Clips ist: Gleichgültig, was in vergangenen Kriegen (Kambodscha oder Vietnam) passiert ist, heute sind die Amerikaner die wahren Gewinner, da sie »get to fuck Asian women any way they want« (Dines).

Während asiatische Frauen als von Natur aus unterwürfig dargestellt werden, gilt für schwarze Frauen das krasse Gegenteil: stolz, unbeugbar und unzivilisiert. Die Vorstellung, dass es schwarzen Frauen an der traditionell weiblichen Qualität der Unterwürfigkeit mangelt, ist allerdings nicht etwas, was die Pornografie erfunden hat, sie besteht schon seit Jahren in der westlichen Kultur. Wie bereits erwähnt, gibt es in der Pornoindustrie auch einen Markt für Latinas und neuerdings arabische Frauen.

Asiatische Männer werden als »twinks« bezeichnet – das sind junge, attraktive, zierlich gebaute Homosexuelle. Dies führt Darrell Hamamoto, asiatisch-amerikanischer Professor an der University of California und Pornografieproduzent, als Grund für den Mangel an asiatischen Männern als Liebhaber, Ehemänner, Freunde oder gar Pornodarsteller im Film an. Rasse wird also genderisiert: Auf der einen Seite des Spektrums steht Männlichkeit (Schwarze), auf der anderen Weiblichkeit (Asiaten), während die dritte Gruppe (Weiße) sich irgendwo in der Mitte des Kontinuums befindet.

Ungarische Darstellerinnen sind zwar weiß, aber auch sie werden oftmals auf eine Art dargestellt, die sie dem Betrachter als minderwertig präsentiert. Die Armut der Darstellerinnen und ihre Schwierigkeiten Englisch zu sprechen, sind oftmals Teil ihres »Reizes«.

Verschiebung der Normen

Während die vergangenen Generationen junger Männer nur beschränkten Zugang zu pornografischem Material, vor allem zu harter bzw. extremer Pornografie hatten, ist der Zugriff heute fast unbegrenzt. Wie wir gesehen haben, liegt das Alter, in dem viele junge Leute (vor allem männliche) zum ersten Mal Pornografie sehen, bei elf Jahren. Das bedeutet, dass im Gegensatz zu früheren Zeiten Pornografie in die sexuelle Identität von Jungen integriert wird, so dass eine authentische Sexualität, eine Sexualität, die sich nach und nach aus den eigenen Erfahrungen formt, durch eine universale Porno-Sexualität ersetzt wird. Der Einfluss der Pornografie auf sexuelles Wissen, auf Einstellungen und auf Weltbilder führt zu einer Verschiebung der sexuellen Erwartungen und Praktiken der jungen Männer. Sie werden zwar von einer Vielfalt von Einflüssen geprägt, aber wir sehen, dass der Konsum von Pornografie das Interesse, die Forderung nach und die Teilnahme an bestimmten sexuellen Praktiken beeinflusst, wie an Analverkehr und Ejakulation außerhalb der Vagina. Verschiedene Untersuchungen bestätigen diese These: Sie zeigen, dass der Pornografiekonsum den Wunsch, eine Familie zu gründen, reduziert; familienbezogene Werte wie Treue und Partnerschaft werden in Frage gestellt. Pornovielnutzer äußern darüber hinaus deutlich häufiger frauenfeindliche Einstellungen. Andere Studien fanden signifikante Korrelationen zwischen dem Ausmaß frauenfeindlicher Einstellungen, dem Konsum von sexuell gewalttätigem Material und hypothetischer und tatsächlicher sexueller Aggression. Einige Studien stellen (sexuelle) Gewalt gegen Frauen und Kinder fest sowie die Trivialisierung von Vergewaltigung und Kindesmissbrauch.

Im Gespräch mit Studentinnen fiel Dines auf, dass die meisten von ihnen noch nie Gonzo-Pornografie gesehen haben. Dennoch wird auch ihre Sexualität zunehmend davon geprägt: Die jungen Frauen berichten, wie ihre Freunde Porn Sex umsetzen wollten. Für viele junge Leute ist Sex zur Performance geworden, die von der Sorge überschattet wird, wie sie dabei aussehen, ob ihre Sexualtechniken überzeugen und wie sie im Vergleich mit anderen abschneiden.

Selbst wenn eine junge Frau sich von Männern fernhält, die Pornografie konsumieren – was angesichts der Verbreitung nicht einfach ist –, kann sie sich nicht gegen den »Porn Lite« abschirmen, der in den Medien zirkuliert. Frauenzeitschriften, Modewerbung, Fernsehsendungen, Musikvideos und Hollywood-Filme bombardieren Frauen mit Bildern, die vor einem Jahrzehnt noch als »Soft-Pornos« bezeichnet worden wären. Die jungen Frauen sind unter Druck gesetzt, Aussehen und Verhalten anzupassen. Die Männer, mit denen sie zusammenkommen, erwarten Porn Sex: anonym, unverbindlich und frei von Intimität, und wenn sie ihn nicht bekommen, ziehen sie weiter. Doch auch wenn die Frauen ihre Erwartungen erfüllen, ziehen die Männer weiter, weil in der Porno-Kultur eine Frau gegen die nächste austauschbar ist, solange sie den konventionellen Standards von Hotness entspricht. Gelegenheitssex bringt jedoch seine eigenen Enttäuschungen mit sich, da der märchenhafte Porno-Sex in keiner Weise wie der Sex aussieht, den man tatsächlich hat. In Wirklichkeit entsprechen 90 Prozent der Frauen nun mal nicht dem Schönheitsideal. Was bleibt den jungen Männern? Sie können weiterhin nach dem Ideal suchen oder sich mit einem »Kompromiss« abfinden. Das Ergebnis sind unzufriedene Männer und verletzte Frauen. Das geht natürlich an die Wertschätzung der Frau, wenn sie bei ihrem Partner im Vergleich mit den Porno-Stars schlecht abschneidet.

Eine Prostituierte erzählt von ihren zahlreichen Erfahrungen mit Kunden: »Die wirklich jungen Männer wollen Dinge ausprobieren, die sie im Internet gesehen haben, Gewalt und Vergewaltigung. Was vor fünf Jahren extrem war, ist heute alltäglich. Ich bekomme Anfragen von Männern, die wollen mich fesseln, knebeln, einen Dreier haben. Ich habe den Eindruck, dass manche Männer es seltsam finden, wenn eine Frau das nicht mag. Im Prinzip lässt man sich manchmal gegen Geld vergewaltigen.«

Für Dines ist klar: »Wir befinden uns mitten in einem gewaltigen sozialen Experiment, nur dass das Labor unsere Welt ist und die Auswirkungen auf Kosten von Menschen gehen, die nie mitmachen wollten.«

Der Sexualwissenschaftler Gunter Schmidt prognostiziert ein Verschwinden der Perversionen – und damit auch des »Rückgrats des Normalismus«: Außereheliche Sexualität, Masturbation, Homosexualität, Oralverkehr und Verhütung sind heutzutage schon die Norm. Sie sind an die Stelle der früheren kollektiven, durch Kirche, Staat, Religion und Gesesellschaft bestimmten Sexualmoral getreten und hängen einzig von den beteiligten Partnern ab. Man kann auch zugespitzt sagen: Die Pornografie löst die Religion ab. Im Zuge dessen hat sich die Struktur der Familien grundlegend geändert, neue Familienmodelle treten hervor: In den USA sind heute 51 Prozent der Frauen unverheiratet im Vergleich zu 35 Prozent 1950. Mehr Kinder werden außerhalb der Ehe geboren: 2010 stieg der Anteil von Kindern nicht verheirateter Paare auf rund 61 Prozent, bei den Erstgeborenen erreichte er bereits 74 Prozent. Weitere Folgen waren eine Vorverlegung des Alters für den ersten Geschlechtsverkehr sowie ein lockerer Umgang der Medien mit sexuellen Themen. Es stellt sich die Frage, welche Konsequenzen und Auswirkungen diese Entwicklung hat. Lautmann konstatiert aus den Einzelentwicklungen einen Bedeutungsverlust der Sexualität. Sozialarbeiter und Psychologen warnen gar vor der sexuellen Verwahrlosung und Verrohung der Jugend.

Wie die Pornografie findet auch der Fetisch zunehmend Eingang in den Mainstream. Aber was ist überhaupt ein Fetisch? Der Psychologe, Rechtsanwalt und Hypnotiseur Alfred Binet schlägt zunächst eine Unterteilung von Fetischen in »spiritual love« und »plastic love« vor. »Spiritual love« befasst sich mit der Hingabe an bestimmte geistige Konzepte wie Einstellungen, soziale Klassen oder Berufe. »Plastic love« bezieht sich auf die Fixierung auf bestimmte materielle Objekte – Körperteile, Materialstrukturen oder Schuhe. Eine Vielfalt an Fetisch-Subkulturen (BDSM, »Intergenerational«, »Plushies«) hat auf eine ähnliche Art und Weise wie die Mainstream-Pornografie die kommunikative Macht des Web genutzt, um ihre Inhalte anzupreisen und zu verbreiten. So gelangen sexuelle Subkulturen an das Licht der Öffentlichkeit, wo sie langsam, aber sicher ihr Schockpotential verlieren und Akzeptanz finden.

Seit Beginn der 90er Jahre drängt die SM-Sexualität zunehmend in den kulturellen Mainstream. Bekennende SMler tummeln sich in Talkshows oder Lifestyle-Magazinen, so dass dem Soziologen Ronald Hitzler (1994) zuzustimmen ist: »S/M ist heute ›in‹!« Die Popularität des SM-Romans *Fifty Shades* tat ihr Übriges und führte zu einem Boom an Verkäufen von Peitschen, Masken und SM-Starter-Kits. Es gehört in England schon fast zum guten Ton, einmal auf einem »Fetisch-

Ball« gewesen zu sein, auch wenn man eigentlich nicht drauf steht.

In den 80er Jahren eroberten sich die Fetisch- und Domina-Bilder dank Madonna, Annie Lennox und Grace Jones einen festen Platz in Mode, Musik und Film. Bilder von Fesselungen und Folterungen beschränken sich heute längst nicht mehr auf den Bereich der sadomasochistischen Pornografie, sondern sind bereits fester Bestandteil vieler Herrenmagazine wie der Trias *Playboy, Penthouse* und *Hustler* sowie diverser Zeitgeist-Magazine wie *Maxim, Wiener* und *Tempo*. Verbreitet wurden Fetisch-Bilder auch in der Kunst, etwa durch die Fotografien von Robert Mapplethorpe.

In umgekehrter Richtung haben einige vormals alltägliche Bekleidungsstile und -stücke eine Entwicklung zum sexuellen Fetisch durchgemacht – Unterwäsche, Uniformen, Lederkleidung, Korsetts und Schuhe. Heute beinhalten die Kollektionen von Modedesignern und -labels wie *Thierry Mugler, Versace, Jean-Paul Gaultier* und *Sisley* regelmäßig Kleidung mit Fetisch-Motto. Dieser Trend kann auf *Vivienne Westwood* zurückgeführt werden, die Ende der 90er Jahre Gummi, Leder und PVC auf dem Laufsteg einführte.

Besonders eindeutig scheinen Werbekampagnen zu sein: Manch eine Werbung von *Dolce & Gabbana* impliziert Gruppen-Vergewaltigungen. Stilisierte Brutalität, Folterungen und Machtspiele betreffen aber in diesem Fall nicht nur Frauen, auch Männer sind Opfer dieser Handlungen, und es gibt sowohl heterosexuelle als auch – erstaunlich viele – homosexuelle Szenarien.

Wiederholungen, die das Erlebnis festigen, führen zu einer bestimmten Form der Konditionierung, »Imprinting« genannt. Früher als krankhaft angesehen, hat sich heute die Diagnose des Fetischismus dahingehend geändert, dass das Hauptkriterium, ob ein Fetischist als krank eingestuft wird oder nicht, daran festgemacht wird, ob er oder sie unter der Neigung leidet – nicht das bloße Vorkommen der Neigung an sich.

In bestimmten Gesellschaften, etwa im Vereinigten Königreich, werden gewisse Fetische unter bestimmten Umständen toleriert, z. B. der halbwüchsige Spanner »Peeping Tom« oder das neuere »Dogging«, welches um die Jahrtausendwende herum, mit der Verbreitung des Internets und des Mobiltelefons, aufkam: Paare haben an öffentlichen Orten, zumeist Parkplätzen, Sex, Spanner schauen zu. Die Treffpunkte sprechen sich herum oder werden im Internet bekannt gegeben. Beide Parteien suchen die Orte zweckbezogen auf. Einige Einrichtungen, wie Fitnessstudios und Schulen, sind dazu übergegangen, Mobiltelefone mit Kamerafunktion zu verbieten, weil es dadurch zu Problemen mit der Verletzung der Intimsphäre gekommen ist, etwa in Umkleidekabinen, Toiletten und ähnlichen Bereichen. Saudi-Arabien hatte den Verkauf von Mobiltelefonen mit Kamerafunktion für eine Zeit lang deshalb sogar landesweit verboten, der Beschluss wurde 2004 jedoch wieder aufgehoben. In Südkorea wird von allen Mobiltelefonen mit Kamerafunktion verlangt, dass sie ein deutlich hörbares Geräusch erzeugen, wenn ein Foto gemacht wird, damit keine heimlichen Aufnahmen entstehen können.

Fetisch-Elemente sind auch bei Kinderspielsachen zu finden, bei *Barbie* etwa: Sie verkörpere, so die Kunsthistorikerin und Schriftstellerin Elfriede Czurda, die Ambivalenz von Dame und Nutte, von Mutter und Hure perfekt. Ihr Körper, durch und durch sexualisiert, weise »alle Charakteristika eines Fetischs« auf. Was viele nicht wissen: Die Kinder-Puppe hat einen softpornografischen Ursprung. Die Puppe wurde 1955 von Lilli inspiriert, einer Comic-Figur der *Bild*-Zeitung. Die kurvenreichen frühen *Barbie*-Puppen trugen tiefausgeschnittene Blusen, Pfennigabsätze, knappe Röcke und Shorts, und die Verpackung war mit Anzüglichkeiten übersät. Das Marketing war dementsprechend.

Besorgniserregend ist das Ergebnis einer Studie, die feststellt, dass fünf- bis siebenjährige Mädchen den Wunsch äußerten, dünner zu sein, nachdem sie *Barbie*-Puppen gesehen hatten. Doch die Macht der Puppe reicht noch weiter: 2007 zogen zwei junge Mädchen in das englische *Big-Brother*-Haus ein. Die Zwillinge waren in identische rosa Miniröcke gekleidet und hatten blondierte Haare. Die Inspiration ihres Lebens, sagten sie, sei *Barbie*. Überhaupt scheint *Big Brother* bei seinen Castings jene jungen Frauen zu bevorzugen, die bereit sind, ihre Karrieren nach dem Reality-TV-Auftritt im Bereich Glamour Modelling aufzubauen: Von den elf Frauen im englischen *Big Brother* 2006 etwa, modelten vier später für Lads' Mags. In den aktuelleren Staffeln sind es noch mehr. Zur gleichen Zeit promotet *Celebrity Big Brother*, die *Big-Brother*-Version für D-Promis, eifrig Glamour Models als mehr oder weniger ernstzunehmende Prominente.

Der Fetisch-Kult ist auch in der Schwulenkultur allgegenwärtig. Brustwarzen- und Genitalpiercings sind weit verbreitet. Auch ihre Pornografie spiegelt die Vorliebe für Fetische wider: Bereits in den 50er Jahren wurden homoerotische Porno Loops einem auserlesenen Publikum gezeigt. Kategorien in der Schwulenpornografie können in drei Bereiche unterteilt werden: Fetisch, Alter und Körpertyp. Gängige Unterkategorien sind: (Fetisch-) Kleidung (Leder, Gummi, Uniform, Sportbekleidung), Alter (etwa »Junge Typen 18–21«, »Junge Typen 22+« und »Ältere Typen«) und Körpertyp (z. B. »Bears«, »Cubs«, »Skins« und »Punks«, »Muscle«). Einige Sparten (»Hip«, »Alternative«, »Guy Next Door«) sind kategorienübergreifend, obwohl »Hip« und »Guy Next Door« ein bestimmtes Alter sowie eine bestimmte Körperform und Kleidungspräferenz nahelegen. So besessen ist die Schwulenkultur vom Körperlichen, dass Kritiker den Begriff »body fascist« benutzten, um dieser Obsession einen Namen zu geben.

Die Pädophilie ist eines der wenigen sexuellen Tabus, das unserer Gesellschaft noch geblieben ist. Eine Zeit lang war in einigen europäischen Ländern der Vertrieb (nicht jedoch die Herstellung) von Kinderpornografie erlaubt. Man nahm es früher nicht so genau, was erotische Bilder von Kindern in Filmen, Werbeanzeigen und auf Buchvorderseiten angeht, und immer wieder gab es Bilder, die aus heutiger Sicht absolut unakzeptabel wären, etwa die eingangs erwähnte *Coppertone*-Werbung (das Bild des kleinen Mädchens mit dem verspielten Welpen). Und dass Traci Lords 1984 erst 15 Jahre alt war, als sie für *Penthouse* posierte, schien auch niemanden zu stören. Der »Aristocrat Joke«, dessen Ursprünge unbekannt sind, bricht gleich eine ganze Anzahl von Tabus und gilt als der »schmutzigste Witz der Welt«. Er wird in verschiedenen Variationen erzählt und enthält üblicherweise: Inzest, Vergewaltigung, Sodomie, Nekrophilie und Mord. Durch die Übertragung von Life Comedy Shows im Fernsehen gewinnt er in der Öffentlichkeit an Bekanntheit. Mit dem pädophilen Tabu hängt das allerletzte Tabu, der Inzest, zusammen. Lautmann hielt es 2002 nur noch für eine Frage der Zeit, bis das Inzesttabu fallen würde. Und schon ein Jahrzehnt später, im Frühjahr 2012, forderte der Grünen-Politiker Hans-Christian Ströbele die Aufhebung des Inzestverbots unter Geschwistern, auch wenn er dabei auf breiten Widerspruch stieß.

Die Zwillinge Mary-Kate und Ashley Olsen, bekannt als die »Olsen twins«, sind mittlerweile zum Markennamen avanciert. In den Blogs und Foren im Internet ist zu lesen, dass man(n) findet, die Zwillinge seien früher »hotter« gewesen, »früher«, das heißt, als sie noch minderjährig waren. Sarracino und Scott bringen auf den Punkt, zu welch zweifelhaften Auswüchsen ihre Berühmtheit geführt hat: »Die Olsen-Zwillinge wurden zum Treibstoff für eine Online-Porno-Suchmaschine, welche Pädophilie und Kiddie-Pornografie mit Zwillings-Pornografie und Schwestern-Pornografie kombinierte.« Die Zwillinge sind nicht die einzigen jungen Stars, die ein erotisches Image pflegen. Auch der Sänger Bill Kaulitz von Tokio Hotel wird als Sexsymbol gehandelt, seit er 15 Jahre alt ist. Und Britney Spears war gerade mal 16 Jahre alt, als sie als laszives Schulmädchen in ihrem Video *Baby one more time* (1998) debütierte. In englischen Fernsehserien wie *Skins* nehmen die Teenager regelmäßig diverse Drogen, rauchen, betrinken sich und haben Sex mit jeder und jedem. Die Schauspieler sind dabei selber im Teenager-Alter, die Rollen werden also nicht von jemand Älterem gespielt. In dem US-Film *Middle School Confessions* (2002) diskutieren 11- bis 14-jährige Mädchen mit ihren Freundinnen, wie sie ihren Freunden »einen runterholen« und Oralsex praktizieren. Der Einfluss der Pornografie und die geschilderten Entwicklungen in den Medien haben dazu beigetragen, dass sexualisierte Teenager zur Norm geworden sind. Die Lage hat sich in den letzten Jahren nur noch zugespitzt – nicht nur Jugendliche, auch Kinder werden sexualisiert mit ihrer Kleidung, ihren Spielsachen, als Kandidaten bei Schönheitswettbewerben und als Modelle für Luxus-Marken. Die Vermengung von Kindheit und Sexualität hat besorgniserregende Konsequenzen.

Das Diskussionspapier *Corporate paedophilia* des »Australia Institute« machte bereits 2006 auf die Sexualisierung der Kindheit aufmerksam, welche auch in Australien ein Problem ist. Für die Autoren Rush und La Nauze nahm die Sexualisierung von Kindern und Jugendlichen eine entscheidende Wendung in der Entwicklung der Mädchenzeitschriften. Sie nennen namentlich *Disney Girl*, *Total Girl* und *Barbie Magazine* als Zeitschriften, in denen Beiträge und Werbung miteinander verschmelzen, Schönheitsartikel auf eine aggressive Art und Weise vermarktet werden und den jungen Leserinnen die Schönheitspflege vorgeschrieben werde. Darüber hinaus werden Grundschülerinnen dazu ermuntert, Schwärmereien für erwachsene männliche Stars zu entwickeln.

Unser Bedürfnis, die jüngsten Mitglieder unserer Gesellschaft zu schützen, ist relativ neu. Die Auffassungen von dem, was Kindheit bedeutet, können sehr unterschiedlich sein, je nach Kulturkreis und Gesellschaft. Das europäische Konzept der Kindheit als eigenständiger Lebensphase hatte seine Anfänge Mitte des 15. Jahrhunderts (kurz nach Erfindung der Druckerpresse!), aber es sollte noch eine Zeit dauern, bis es ausgereift war. Das begann erst im 19. Jahrhundert. Vorher wurden Kinder wie Erwachsene behandelt, mussten ebenfalls hart arbeiten, und es bestand keine Schulpflicht. Sie waren noch keine geschützte Personengruppe, im Gegenteil: Im frühen Mittelalter waren Kinder sogar sexuelles Freiwild für Erwachsene. In den meisten antiken Kulturen, sowohl östlichen als auch westlichen, waren Inzest und Pädophilie weit verbreitet, wie der Mittelalterforscher Philippe Ariès feststellte.

Trotz des Schutzes, der den Kindern heute gewährt wird, sind 60 Prozent aller Vergewaltigungsopfer Mädchen unter 18 Jahren. Im Vereinigten Königreich wurden 36 Prozent aller Vergewaltigungen, die bei der Polizei gemeldet werden, gegen Kinder unter 16 Jahren begangen. Insgesamt wurden hier schätzungsweise 20 Prozent der Mädchen und elf Prozent der Jungen sexuell belästigt. Weltweit findet knapp die Hälfte aller sexuellen Übergriffe gegen Mädchen unter 16 Jahren statt. Sowohl UNICEF als auch *WHO* schätzen, dass ein Viertel aller Mädchen und acht Prozent der Jungen sexuellen Missbrauch erfahren haben. In Litauen sollen bis zu 50 Prozent der Prostituierten minderjährig sein. Überall in der Welt nimmt der Kinderhandel zu. UNICEF schätzt, dass mit 1,2 Millionen Kindern im Jahr illegaler Handel betrieben wird, 90 Prozent davon seien Mädchen.

Früher war der Platz des Individuums in der Gesellschaft klar gekennzeichnet: Peinlich genau sind auf Norman Rockwells Gemälden in den 30er bis 50er Jahren soziale Signale und Marker sexueller Verfügbarkeit festgehalten worden. Heute können Zehnjährige das Gleiche tragen wie 40-Jährige. Das Alter sei nur eine Zahl, wird behauptet. Sarracino und Scott stellen die Frage, was für Konsequenzen es haben würde, wenn die Unschuld der Kindheit verloren ginge. Sie verweisen auf die Befürchtungen Neil Postmans, dass unsere Kultur bald zu einem prä-gutenbergschen Gesellschaftsmodell zurückkehren werde, bei dem Kindern nicht länger der Schutz gewährt wird, welcher ihnen zusteht.

McDermott äußert darüber hinaus Bedenken hinsichtlich der Kombination kindlicher Merkmale mit erwachsenen Frauen. Er behauptet, dass das Betrachten von Frauen, die mit kindlichen Requisiten ausgestattet sind, Männer dahingehend konditioniere, Kinder, auch ohne sexuellen Kontext, sexuell zu betrachten. Auch Dines Beobachtungen weisen darauf hin: In den Interviews von sieben inhaftierten Triebtätern (im Alter von Ende 30 bis Anfang 60) sagten alle, dass die Qualität und Quantität ihres Pornografiekonsums sich nach der Einführung des Internets drastisch verändert hätte. Die meisten Männer gaben an, dass sie vorher nicht sexuell an Kindern interessiert waren. Die durchschnittliche Zeitdauer zwischen dem Download des ersten Kinderpornos und sexuellem Missbrauch an einem Kind betrug ein Jahr.

Die Anonymität des Internets ist zugleich Segen und Fluch: Erwachsene mit pädophiler Neigung können sich eine andere Identität zulegen, Chatrooms für Jugendliche oder soziale Netzwerke aufsuchen – und das tun sie auch, wie Untersuchungen des Sprachverhaltens der Chatter ergeben haben. 2005 hatte eine Studie vom Sozialpädagogischen Institut der Universität Köln zum Ergebnis, dass der Austausch von pornografischem Material sowie sexuelle Übergriffe auf Minderjährige keine Seltenheit sind: Katzer, Leiterin des Forschungsprojektes zu Cyberbullying, berichtet, dass von den befragten Chatterinnen im Alter von zehn bis 19 Jahren fast jede zweite angab, schon mal von einem Chatteilnehmer »gegen ihren Willen nach sexuellen Dingen gefragt worden zu sein«. Und jede zehnte Chatterin wurde bereits ungewollt aufgefordert, vor der Webcam sexuelle Handlungen an sich vorzunehmen. Bei Jungen kam das längst nicht so häufig vor, hier waren es lediglich fünf Prozent. Pornografisches Material in Form von Fotos oder Filmen erhielten Jungen dagegen etwas häufiger als Mädchen (sieben zu drei Prozent) und auch Nacktfotos wurden eher an Jungen verschickt (13 zu 9,1 Prozent). Das ist eine ganze Menge, wenn man bedenkt, dass über 70 Prozent aller Zehn- bis 16-Jährigen regelmäßig chatten! 40 Prozent der Kinder haben niemandem von ihrem Erlebnis erzählt, obwohl es sie belastet. Eine Regulierung der Chats oder auch der sozialen Netzwerke ist nicht in Sicht: Das Dilemma besteht darin, dass es zu viele Nutzer gibt. Es ist schlicht nicht realisierbar, die Aktivitäten aller Mitglieder zu überwachen. Auf vielen Plattformen gibt es zumindest die Möglichkeit, andere User zu melden. Ein Viertel der Kinder im Alter von elf bis 16 Jahren sagen, dass sie im Internet mit Leuten kommunizieren, mit denen sie offline nichts zu tun haben.

Für manche ist die Sexualisierung der Kultur ein sicheres Zeichen der Dekadenz und des Niedergangs unserer Gesellschaft. Sie fürchten um die Sicherheit der Kinder und Jugendlichen. Eileen Zurbriggen, Vorsitzende der zuvor erwähnten »Task Force on the Sexualization of Girls«, ist der Überzeugung, sie hätten reichlich Belege, um zum Schluss zu kommen, dass die Sexualisierung negative Auswirkungen auf eine ganze Reihe von Bereichen hat, etwa kognitive Funktionsfähigkeit, körperliche und seelische Gesundheit und die gesunde sexuelle Entwicklung.

Nicht alle Kommentatoren sehen die Entwicklungen kritisch.

McNair etwa deutet die Sexualisierung als eine positive Entwicklung, als sexuelle Befreiung und Zeichen der Akzeptanz unterschiedlicher Lebensstile. Es gebe keine Beweise für die Meinung vieler Autoren, dass die kulturelle Sexualisierung schlecht sei – weder für Individuen noch die Familie oder gar die Gesellschaft als Ganzes. Denn, so argumentiert er, in islamischen Ländern wie Saudi-Arabien oder Iran, wo Pornografie verboten ist, gibt es nicht weniger Vergewaltigungen und Misshandlungen, und die Frauen haben allgemein weniger Rechte. Auch Pastötter bekundet, dass in allen Ländern, in denen Pornografie legalisiert wurde, die Anzahl an Vergewaltigungen abgenommen habe. Es gibt durchaus (alte) Studien, die diese These zu untermauern scheinen: Der Psychiater Wainwright Churchill (1967) fand heraus, dass Sexualstraftäter selten durch anormale Moralvorstellungen auffielen, im Gegenteil, sie waren oft rigide Moralisten. Auch die Essenz der *Presidential Commission* von 1969–1970, welche 80 unabhängige Pornografie-Studien verschiedener Länder berücksichtigte, kam zu dem Ergebnis: Vergewaltiger konsumierten weniger Pornografie als andere Männer (dies gilt auch für sadomasochistische Pornografie). Diesen Befund bestätigen Michael J. Goldstein und Harold S. Kant (1973): Oft seien die Täter sexuell kaum aufgeklärt und hätten eine sexuell restriktive Erziehung genossen. Der Kinderpsychologe Robert L. Geiser (1979) bestätigt die sexuelle Rückständigkeit: Vergewaltiger hätten drei Jahre später als die Kontrollgruppe erste pornografische Bilder gesehen, auch der erste Geschlechtsverkehr erfolge deutlich später und dann seltener. Und auch der Psychologe Hans J. Eysenck (1976) bestätigt die rigiden moralischen Vorstellungen bei Delinquenten: Sex werde primär als Mittel zur Reproduktion betrachtet, sie ekelten sich geradezu vor Pornografie. Jungfräulichkeit hingegen wird als eine große Tugend angesehen.

In der Tat ist es so, dass Frauen und auch Homosexuelle weltweit proportional in dem Umfang Unterdrückung erfahren, in dem Sexualität in ihrer Gesellschaft zensiert wird. In Dänemark, einem sehr liberalen Land, ist Pornografie uneingeschränkt freigegeben und die Porno-Industrie seit 1987 eine der führenden Industrien des Landes. Die Skandinavier galten schon immer als freizügig: 1968 gab Dänemark als erster Staat der Welt Pornografie frei, was eine Horde von Sex-Touristen anlockte. Die »Dokumentationen« über das dänische Material konnten dann wiederum – straffrei – in den USA gezeigt werden, denn es waren ja Aufklärungsfilme. In Deutschland kamen, etwas später, Filme wie Oswalt Kolles *Dein Mann, das unbekannte Wesen* (1969) heraus. Nach der Freigabe der Pornografie haben Sexualstraftaten stark abgenommen. Auch in Westdeutschland und Schweden ist die Zahl seit damals entweder gleich geblieben oder gesunken.

Japan ist ein besonders faszinierender Fall. Ich erinnere mich noch an Berichte in der Boulevardpresse in den frühen 90ern, dass Japaner gebrauchte Unterwäsche aus Automaten beziehen konnten. Die Existenz dieser Automaten konnte allerdings weder bewiesen noch widerlegt werden. Bis zum Ende des Zweiten Weltkrieges und danach unter der amerikanischen Militärherrschaft, die bis 1951 andauerte, war sexuell freizügiges Material verboten. Dies galt noch bis in die späten 80er. Bilder völliger Nacktheit waren tabu, ebenso Bilder von Schamhaar und Genitalien. Auch der Sexualakt durfte nicht bildlich dargestellt werden. Seit den 70er Jahren war jedoch eine außergewöhnliche Menge an Pornografie verfügbar, und ein großer Teil davon zeigt extreme Gewalt und Abartigkeit – Sex mit Tieren, mit Leichnamen oder Darstellungen von brutalen sexuellen Übergriffen auf Frauen. Für Pastötter ist das nicht verwunderlich: Gesellschaften, in denen Emotionen kontrolliert werden müssen, gieren geradezu nach Fotos, die extreme Gefühlsreaktionen hervorrufen – »von in Hundescheiße treten bis Hintern lecken«. Pastötter behauptet, auch die deutschen Männer hätten sich so unter Kontrolle, dass sie etwas benötigen, was »außer Kontrolle« ist. Trotz der Vorliebe für das Bizarre und Gewalttätige hat Japan eine der niedrigsten Vergewaltigungsraten in der Welt, und von den 70er bis zu den 90er Jahren – einem Zeitraum, in dem die Zugänglichkeit von Pornografie rasant zunahm – fiel sie zudem noch. Experten rätseln, warum Sexualverbrechen (abgesehen von Grapschereien in der U-Bahn) in Japan so selten sind und im Laufe der letzen Generation noch weiter abnahmen. Manche glauben, dass die japanische Kultur ausschlaggebend ist, die sehr viel Wert auf Selbstbeherrschung legt. Dies könne verhindern, dass Leute das ausleben, was sie in der Pornografie sehen. Andere heben hervor, dass die meisten Sexualstraftäter schon in ihrer Kindheit mit Übergriffen beginnen. Japanische Kinder aber hätten – gerade in den letzten drei Jahrzehnten – mehr Zeit mit ihren – nicht berufstätigen – Müttern und anderen Erwachsenen verbracht, die sie außerhalb der Schule zusätzlich unterrichten, damit sie einen Platz in einer guten Universität bekommen. Hier werde die immense Bedeutung einer intakten Familie bzw. einer engen Bezugsperson deutlich.

Solche die Gefahr der Pornografie entkräftenden Argumente lassen sich allerdings nur bedingt auf die kulturelle Sexualisierung übertragen. Bestimmte Aspekte dieser Sexualisierung scheinen die feministischen Errungenschaften in puncto Gleichberechtigung von Mann und Frau nämlich geradezu zunichtezumachen. In Bezug auf die Mädchen, die an der *Girls Gone Wild*-Serie und Ähnlichem teilnehmen, berichtet Ariel Levy: »Alle die Dinge, welche der Feminismus einst verschmähte – den *Playboy*, Stripperinnen, Wet-T-Shirt Contests –, alle diese Dinge werden gegenwärtig von jungen Frauen als vermeintliche Symbole persönlicher Ermächtigung und Befreiung emporgehoben.« Die Porno-Industrie ist sich dessen durchaus bewusst, so beobachtet Hefner treffend: »Vor 20 Jahren wurde der *Playboy* als eine chauvinistische Publikation verstanden. Heute haben die Frauen das Kaninchen-Symbol als eine Form ihrer eigenen sexuellen Ermächtigung bereitwillig angenommen.« Selbst die dritte Welle des Feminismus zelebriert die Hypersexualisierung geradezu als ermächtigend für Frauen.

Auch Kinnick beobachtet, dass die von Pornografie durchsetzte amerikanische Kultur Mädchen und junge Frauen dazu gebracht hat, bestimmte Dinge zu tun, von denen sie glauben, dass sie Jungen und Männern imponieren: etwa aufreizend zu tanzen oder geläufige pornografische Praktiken zu imitieren, wie Oralsex anzudeuten und andere Mädchen zu küssen – ein Phänomen, welches als »bisexual chic« bzw. »lesbian chic« bezeichnet wird. Darüber hinaus bezeichnen sich Mädchen gegenseitig – freundschaftlich wohlgemerkt – als »sluts«, »whores« und »bitches« und entblößen ihre Brüste in der Gegenwart von Jungen. Dies spiegelt sich in der sexuellen Orientierung der jungen Frauen von heute: *The National Survey of Sexual Attitudes and Lifestyles* fand Ende 2013, dass weibliche Homosexualität innerhalb von 20 Jahren von 1,8 auf 7,9 Prozent anstieg, während die männliche Homosexualität mit 3,6 bzw. 4,9 Prozent relativ konstant blieb. Ähnliche Verhaltensweisen auf männlicher Seite kommen kaum vor. Zwar gibt es hier das Hinternblankziehen und bestimmte Gesten (Zunge zwischen zwei Finger stecken), doch diese sind eher obszön als pornografisch (im Sinne von: sexuell anregend) zu deuten. Die Sexualisierung scheint wie die Pornografie geschlechtsspezifisch unterschiedliche Auswirkungen zu haben. Was mag das für die Zukunft bedeuten?

Darüber kann man natürlich nur Vermutungen anstellen. Aber die Grenze zwischen Realität und Fantasie, Denken und Fühlen, zwischen Menschen und raffiniert programmierten Maschinen wird in der Zukunft wahrscheinlich verschwimmen.

»Künstliche Intelligenz« ist das Stichwort: Heute schon können hochentwickelte »bots«, also Roboter, automatisch User-Profile nach persönlicher Information durchsuchen und sich dann als Mensch, so scheint es, in persönlichen Nachrichten an die User ausgeben – etwa als Verehrerin aus dem Ausland, die finanzielle Unterstützung braucht, um den Mann ihrer Träume persönlich treffen zu können. Sicherheitsexperten bestätigen, dass die künstliche Intelligenz im Bereich der Software mittlerweile so gut entwickelt ist, dass es schwierig ist, den »bot« von einem echten Menschen zu unterscheiden. Nanoroboter – Roboter, so klein wie eine Körperzelle – befinden sich in der klinischen Testphase. Man erhofft sich, dass diese in zehn Jahren zu Millionen in den menschlichen Körper eingeschleust werden können, damit sie bei der Bekämpfung von Krebs und Reparaturen degenerativer Veränderungen behilflich sein können.

Vor dem Hintergrund dieser technischen Entwicklungen ergibt sich womöglich von alleine eine Lösung in Form von Sex-Robotern, die Prostitution, Pädophilie und Vergewaltigungen sowie ausgefallene Wünsche in andere, legitime Bahnen lenken. In seinem Buch *Love + Sex with Robots* (2007) behauptet der britische IT-Forscher David Levy, dass Sex mit Robotern, ja sogar Roboter zu heiraten, bis 2050 ganz normal geworden sein wird –, sowohl für Männer als auch für Frauen. Eine Beziehung zu einem Roboter mag wie Zukunftsmusik klingen, ja geradezu lächerlich, aber Sexualpychologen sind sich sicher, dass sich unsere Einstellung diesbezüglich ändern wird. Sie weisen darauf hin, dass vor nur 60 Jahren Homosexualität, vorehelicher Geschlechtsverkehr und Masturbation ebenfalls als generell falsch und unmoralisch, ja pervers, betrachtet wurden.

In der populären Kultur und in der Kunst liebäugelt man schon länger mit der Verbindung von Mensch und Roboter. Die Oktober-Ausgabe 2004 des *Playboy* zierte ein Oben-ohne-Foto der Titelheldin des *BloodRayne*-Video-Spiels. Künstler thematisieren die Schnittstelle zwischen Mensch und Roboter, wie der Japaner Hajime Sorayama in seinen erotischen Bildern von Roboterschönheiten.

In Japan, dem Land der sexuellen Fetische, gibt es bereits Sexroboter wie die Honey Dolls, höchst ausgeklügelte Einzelprojekte wie den weiblichen Roboter Aiko (welcher eine eigene Persönlichkeit hat und sprechen kann) und sogar Android-Bordelle. David Levy ist der Überzeugung, dass Roboter bessere Sexualpartner als Menschen sein werden, weil sie mit allen sexuellen Informationen der Welt programmiert werden können. Man stelle sich vor: Eine verblüffend ähnliche Kopie des Körpers von Angelina Jolie, ausgestattet mit dem enzyklopädischen Wissen des *Kamasutra*! Das mag weit hergeholt klingen, aber auch in Amerika geht man bereits in großen Schritten dieser Entwicklung entgegen: Das Unternehmen *Abyss* entwickelt *Real Dolls*, die den wirklichen Porn Stars des Porno-Unternehmens *Wicked Pictures* nachempfunden sind. Und in dem Videospiel *Virtually Jenna*, das von *Thrixxx Technologies* entwickelt wurde, muss der Spieler die 3D-Version der Ikone zum Orgasmus bringen. Die Roboter-Vagina *Real Touch* wird durch ihre Software mit Pornofilmen synchronisiert. Aus Japan stammt ein ähnliches Gerät – der *Oculus Rift Sex Simulator*: ein haptischer Controller mit Masturbator, der in Kombination mit einem virtuellen Headset verwendet wird und mit den Szenen auf dem Bildschirm synchronisiert wird. Und auch die Pornoindustrie und die Gaming-Branche gehen eine Partnerschaft ein: PlayStation ist mittlerweile Pornhub-kompatibel, und auch Wii und Xbix sind pornooptimiert. Die beliebtesten Porno-Suchbegriffe spiegeln deutlich die jeweilige Altersgruppe der einzelnen Konsolen wider.

Wir sollten nicht so lange warten, bis die Roboter uns eine Lösung abnehmen.

SCHLUSSBETRACHTUNGEN

Im allgemeinen Bewusstsein ist Pornografie eine Randerscheinung, profane Unterhaltung, mehr nicht. Doch wie wir gesehen haben, hat sie weitreichende kulturelle und individuelle Konsequenzen. Trotzdem erfährt sie in Deutschland nur wenig wissenschaftliche Aufmerksamkeit. Es ist viel Forschung nötig, um die komplexen Zusammenhänge und Wechselwirkungen zwischen der Pornifizierung bzw. dem Konsum von Pornografie und den Auswirkungen im wirklichen Leben verstehen zu können. Wie von Faulstich bereits vor gut 20 Jahren formuliert, gilt noch immer: »Wissenschaftliche Forschungen zu den diversen Problemfeldern der Pornografie, angefangen bei ihrer Geschichte in der Antike, bis hin zu den Instanzen und Bereichen des Marktes, sind stark lückenhaft, tendenziös oder fehlen gänzlich. Das betrifft insbesondere den zentralen Bereich der Ästhetik: die Bauformen pornografischen Erzählens und Darstellens in allen Medien.«

Es muss gefragt werden: Welche pornografischen Inhalte gibt es und welche Zielgruppe sprechen sie an? Hier ist eine umfassende Bestandsaufnahme pornografischer Subgenres samt ihrer Besonderheiten und Gemeinsamkeiten nötig. Unterscheidet diese Pornografie sich von Pornografie, die von Usern gestaltet wurde? In welchem Verhältnis stehen Amateurpornografie und professionell produzierte Pornografie?

Ebenso sollte die Verbreitung von sexuell gewalttätigen Repräsentationen untersucht werden, die mittels neuer Technologien so problemlos abrufbar sind. Ein anderer Bereich, wo Forschungsbedarf auszumachen ist, sind Darstellungen von sexueller Gewalt gegen homosexuelle Männer.

Der Mangel an Forschung zu sexueller Gewalt im Internet macht die größte Lücke aus und ist vielleicht auch die, die am dringendsten geschlossen werden muss. Ein großer Teil der Literatur, die sich mit Pornografie im Internet befasst, konzentriert sich auf sexuelle Gewalt gegenüber Frauen. Mehr Forschung ist auch hinsichtlich der Konsumenten nötig, welche diese Fantasien ausleben. Das Internet verwischt die Grenzen zwischen Darstellung und Performance – innovative Forschungsmethoden sind hier gefragt. Die Forschung in diesem Bereich verlangt nach Internetsoziologie statt nach traditionellen Formen der Medienanalyse, denn beim Internet können Leute online sexuell miteinander interagieren, weil sie sich freizügige Bilder, Texte und Videos in Echtzeit schicken können. Dies eröffnet einen neuen Bereich sowohl für legitime sexuelle Betätigungen als auch für sexuelle Gewalt. Zukünftige Forschung sollte zudem eine Vielzahl an verwandten Themen untersuchen: Wird die zunehmende Kommerzialisierung des Internets zu einer Veränderung in der Art des verfügbaren Materials führen? Wie unterscheidet sich die Internet-Pornografie, wenn überhaupt, von anderen Arten von Pornografie? Wie wird sie benutzt und von wem?

In Bezug auf die Kommerzialisierung und Sexualisierung sollte untersucht werden, ob es konkrete Anhaltspunkte gibt, dass Kinder dadurch Schaden nehmen und wie dieser Schaden entsteht. Man sollte keinesfalls die Hände in den Schoß legen, bis Ergebnisse vorliegen: Nur weil Beweise, die definitiv belegen, dass Kinder Schaden nehmen, noch nicht vorliegen, bedeutet das nicht, dass kein Schaden entsteht. Die Hinweise sind nur allzu deutlich, und viele Eltern und Erzieher äußern mittlerweile Besorgnis über das Ausmaß der Kommerzialisierung und

Sexualisierung. Für jeden, der Kinder hat oder mit Kindern arbeitet, scheint es nur logisch, das es Folgen hat, wenn junge Menschen permanent mit sexuellen Bildern und Themen konfrontiert werden, diese aber noch nicht reflektieren können. Es bleiben Eindrücke zurück, welche Einstellungen und Handeln prägen.

Ein erwachendes Bewusstsein für die Problematik zeigt sich in der Neugründung zahlreicher feministischer Gruppen und Gruppierungen, etwa die »Mädchenmannschaft« in Deutschland. Zeitgleich sehen wir eine Flut an feministischer Literatur, wie immer vor allem im angloamerikanischen und skandinavischen Raum, etwa Natasha Walters *Living Dolls* und Catherine Refern und Kristin Aunes *Reclaiming the F Word.* Mittlerweile formieren sich auch Männergruppen wie Matt McCormack Evans *Anti-Porn Men Project.* Jeremy Coutinho, Vorstand von *OBJECT*, der in Großbritannien führenden Organisation, besteht darauf, dass Sexismus nicht nur eine Frauenangelegenheit ist: »Es ist ein Problem unserer Gesellschaft. Diese Angelegenheiten betreffen unsere Mütter, Schwestern, Töchter, Freundinnen. Wir müssten extrem selbstsüchtig sein, um nicht zu erkennen, dass sie dadurch auch uns Männer betreffen.« Damian Carnell, Projektmanager des Nottinghamshire Domestic Violence Forum ergänzt: »Zum Glück nehmen nicht alle Männer und Jungen sexistische Überzeugungen oder Verhaltensweisen an, aber die Gelegenheit dazu ist für sie da – fortwährend eingeträufelt: von den Medien, Religion, Sport, Familienkulturen, Traditionen, Pornografie und Prostitution, Musik, TV und anderen Medien, Bildung, Arbeit, Recht und Politik.«

Es muss ein interdisziplinärer Zugang gewählt werden. Disziplinen wie die kommunikationswissenschaftliche Forschung, die Soziologie, Psychologie und Psychoanalyse sowie Gender Studies und Queer Studies bieten sich an. Doch noch ist Pornografie als Forschungsgegenstand in Deutschland stigmatisiert, und Forschungsgelder fließen nicht in diese Richtung.

Was also können wir aktiv gegen die Sexualisierung unserer Gesellschaft tun? Darauf gibt es keine einfache Antwort, da das Problem tief in die Struktur der gesamten westlichen Kultur eingebettet ist. Letztendlich braucht es kollektives Handeln; soziale Veränderung passiert nicht auf einem individuellen Level. Die Verantwortung der gesamten Gesellschaft ist gefragt: Elternhaus, Schule, Kommunen und Wirtschaft.

Im Bereich der Rechtsprechung und Gesetzgebung kann man zum Beispiel Werbung für Kinder konsequenter regulieren. Fernsehsendungen, Videospiele und andere Medien brauchen nachvollziehbare, aufeinander abgestimmte Altersfreigaben. Weitere Ansatzpunkte könnten sein: Lehrpläne in den Schulen, Eltern-Kampagnen, selbstregulierende Aktivitäten der Internetindustrie und Handlungen durch jene, die von Berufs wegen mit dem Schutz von Kindern zu tun haben (Lehrer, Polizei, Ärzte, Sozialarbeiter usw.). Nicht strenge Überwachungssysteme, sondern pädagogische Ressourcen und Einsatz sind gefordert. Da Sexting bereits in der Unterstufe anfängt, ist es sinnvoll, die Maßnahmen auch an Grundschulkinder zu richten.

Die Erstellung von zeitgemäßem, sexualpädagogisch einwandfreiem Unterrichtsmaterial erweist sich als schwierig, denn es stellt eine Gratwanderung dar. Nur allzu leicht rutscht es selbst in eine Sexualisierung ab: Die Broschüre *Körper, Liebe, Doktorspiele. Ein Ratgeber für Eltern zur kindlichen Sexualentwicklung vom 1. bis zum 3. Lebensjahr*, von deutschen Sexualpädagogen erstellt, wurde nach heftigen Protesten (Vorwurf: Aufruf zur Pädosexualität) vom Markt genommen. Der Aufklärung, die in Berliner Grundschulen betrieben wird, wird eine »Trans- und Homosexualisierung« vorgeworfen. Seit 2006 werden dort »lesbische und schwule Lebensweisen« ab der 5. Klasse – fächerübergreifend in

Biologie, Ethik, Geschichte/Sozialkunde, Deutsch, Englisch und sogar Latein – zum Thema gemacht. Neben der Verteilung von Informationsmaterial wird Hilfestellung zur Vernetzung mit der örtlichen Schwulenszene gegeben. Kinder stellen Selbstbefriedigung und Orgasmus pantomimisch vor der ganzen Klasse dar, und in der Sekundarstufe II werden Begriffe wie »Sado-Maso« geschauspielert. In der Schweiz derweil sieht die Pädagogische Hochschule Zentralschweiz das »Entdecken der Sexualorgane als Quelle neuer Lustgefühle, Zeigelust und genitale Spiele, wiederholtes Manipulieren der Genitalien, Doktorspiele und das Rollenspiel Geschlechtsverkehr« als altersgerechtes Verhalten und Erleben von vier- bis fünfjährigen Kindern an. Auch diese Äußerung wurde vehement kritisiert.

Für die Länder, wo dies noch nicht der Fall ist, ist eine staatliche Förderung für eine umfassende Sexualerziehung an den Schulen zu begrüßen. Die Medienerziehung sollte bereits in der Grundschule in den Lehrplan aufgenommen und problematische Inhalte sollten früh zum Thema gemacht werden – schließlich will man ja, dass die Kinder das nötige Rüstzeug haben, *bevor* sie mit den Inhalten konfrontiert werden. Schon ab der Unterstufe sind Sexualität und Pornografie heute ein Thema. Ärztin Esther Schoonbrood meint dazu: »Was Geschlechtsverkehr ist, sollten die Kinder erfahren, bevor sie in die Schule kommen, denn dort werden sie davon hören – und meist nicht auf eine passende Art und Weise.«

Ohne Frage hängt die Sexualisierung der Kindheit mit anderen Aspekten zusammen, wie Alkoholmissbrauch, Bandengewalt, sexuellem Missbrauch in der Kindheit, Teenager-Schwangerschaften, geistiger Gesundheit, Konsumterror und Materialismus – das hat die UNICEF-Studie für England gezeigt. Überaus große Auswirkungen auf das Körperempfinden hat die Atmosphäre im Elternhaus. Offensichtlich hängen Wohlfühlen und Selbstvertrauen eng zusammen. Viele Kinder haben jedoch aus verschiedenen Gründen keine Möglichkeit, eine enge Verbindung mit ihren Eltern aufzubauen. Es muss daher sichergestellt werden, dass sie diese Verbindung anderweitig herstellen können – sei es durch Erzieher in Jugendzentren oder Lehrer in Schulen.

Für viele Autoren ist Medienkompetenz ein besserer Ansatz als Zensur. Aus Sicht der Medienpädagogik erstreckt sie sich über vier Dimensionen: Medienkunde, Mediennutzung, Mediengestaltung und Medienkritik. Sie erweitert und vertieft das Wahrnehmungsvermögen, statt es einzuschränken, was angesichts der Bilderflut sowieso schier unmöglich ist. Die Relevanz der Medienkunde nimmt mit dem Fortschreiten technischer Entwicklungen immer weiter zu. Immer noch zu selten ist sie in Deutschland als eigenständiges Unterrichtsfach zu finden, meist taucht sie fachspezifisch in Form von Medien im Unterricht auf, häufig auch fachübergreifend, etwa in Form einer AG. Die Medienerziehung wird immer noch als ein dem Unterricht untergeordneter, diesem dienender Bestandteil verstanden und nicht als eigenständiger Bildungsauftrag. Sie hat weder an Schulen noch in der Lehrerausbildung einen festen Platz.

Erfahrene Erziehungswissenschaftler wollen mehr. Sie fordern: Kinder brauchen Pornokompetenz! Pädagogische Handlungsfelder sind reichlich vorhanden, etwa hinsichtlich ungewollter Konfrontation mit Pornografie im Internet. Das Aufzeigen von Alternativen und eine aktive Auseinandersetzung mit pornografischen und stereotypen Geschlechterrollen ist ein weiterer möglicher Ansatz. Eine kritische Medienrezeption sollte gefördert werden, und auch im Zusammenhang mit der Pornografie sollten die Unterschiede von Wirklichkeit und Pornografie in Bezug auf Themen wie Frauenfeindlichkeit, Gewalt, Pornoindustrie und Macht usw. stattfinden. Mediale Vorbilder sind ein weiterer wichtiger Punkt – etwa das Streben nach den perfekten Körpern der Promis und Pornodarsteller. Schließlich gilt es die Bedeutung einer (gesunden) Beziehung zu thematisieren und in diesem Zusammenhang Respekt und Achtung sich selbst und seinem Partner gegenüber zu reflektieren.

Um dies durchzusetzen, ist zunächst eine medienpädagogische Offensive gefragt. Das heißt: Enttabuisierung, Thematisierung der Geschlechterrollenbilder in den Medien allgemein sowie Unterstützung der Medien- und Sexualpädagogen z. B. durch Entwicklung entsprechender Materialien.

In Nordrhein-Westfalen wird im Rahmen der Sexualerziehung der Teilaspekt Pornografie in den Lehrplänen unterschiedlich aufgegriffen – je nach Schulform und Klassenstufe. Deutlicher sind da die »Richtlinien zur Sexualerziehung« des Landes Rheinland-Pfalz, welche Handys und Internet thematisieren. In fast allen Bundesländern sollte das Thema Pornografie in der Schule theoretisch zumindest einmal behandelt werden. Doch in der Praxis gestaltet sich das schwierig, denn der Lehrer begegnet ähnlichen Problemen wie die Forscher an der Universität, wenn nicht sogar noch größeren. Bei einem so sensiblen Thema muss der Stoff pädagogisch und wissenschaftlich sauber aufgearbeitet sein. Das schaffen die meisten nicht. Lehrer stehen unter extremem Druck. Sie sind besorgt, dass Schüler nach Hause gehen und nur Bruchstücke erzählen, wie: »Heute haben wir über Ficken geredet.« Viele Lehrer ziehen es deshalb vor, das Thema erst dann zu besprechen, wenn sich die Gelegenheit bietet, etwa wenn in der Pause etwas vorgefallen ist. Doch die Clips auf den Handys dürfen die Lehrer aus Datenschutzgründen nicht überprüfen. So verwundert es nicht, dass von den insgesamt 18 möglichen Themenbereichen des Sexualkundeunterrichts vor allem sechs benannt werden – Pornografie und Prostitution gehören nicht dazu.

Fest steht: Die Pornifizierung bietet Freiräume zur eigenen Entfaltung, doch sie schränkt sie auch ein. Die Ausbreitung des Internets hat zur Folge, dass Inhalte, auf die sonst schwer Zugriff zu erlangen war, heute von Kindern auf dem Handy abgerufen werden können. Wir sollten uns schleunigst Gedanken darüber machen, wie wir angemessen damit umgehen, bevor uns die Entwicklungen überholen – wie es in Großbritannien bereits geschehen ist.

Auswahlbibliografie

Altstötter-Gleich, Christine: Pornographie und neue Medien. Eine Studie zum Umgang Jugendlicher mit sexuellen Inhalten im Internet. Mainz 2006.

Antoni-Komar, Irene: Moderne Körperlichkeit – Körper als Orte ästhetischer Erfahrung. Stuttgart, Bremen 2001.

Ariès, Philippe: Geschichte der Kindheit. München 1975.

Armbruster, Brigitte: Frauen sehen Medien sehen Frauen. Medienpädagogisches Seminar über drei Arbeitseinheiten. Hg. von Klaus Koziol. Stuttgart: Fachstelle für Medienarbeit Diözese Rottenburg-Stuttgart, 1994.

Assiter, Alison, Avedon Carol (Hg.): Bad Girls and Dirty Pictures – The Challenge to Reclaim Feminism. London, Boulder Colorado 1993.

Attwood, Feona (Hg.): Mainstreaming Sex: The Sexualisation of Western Culture. London, New York 2009.

Auyeung, Bonnie u. a.: Fetal testosterone predicts sexually differentiated childhood behaviour in girls and boys. In: Psychological Science, (2) 20, 2009, S. 144-148.

Bailey, Reg: Letting Children be Children Report of an Independent Review of the Commercialisation and Sexualisation of Childhood. Department for Education, Juni 2011.

Banyard, Kat: The Equality Illusion. The Truth about Women and Men Today. London 2010.

Barber, Dulan F.: Pornography and Society. London 1972.

Barker, Martin u. a.: Audiences and Receptions of Sexual Violence in Contemporary Cinema. London 2007.

Baron-Cohen, Simon: The Essential Difference. Harmondsworth 2004.
Barter, Christine u. a.: Partner exploration and violence in teenage intimate relationships. Executive summary, September 2009.
Barthel, Diane: When men put on appearances: advertising and the social construction of masculinity. In: Steve Craig (Hg.): Men, Masculinity and the Media. Newbury Park 1992.
Bastanmehr, Rod: The Rise and Fall of Pornograpy. In: City on a Hill. 05.02.2009.
Bauer Media KG Hamburg (Hg.): BRAVO-Dr.-Sommer-Studie 2009: Liebe! Körper! Sexualität! Hamburg 2009.
Berelowitz, Sue u. a.: If only someone had listened. Office of the Children's Commissioner's Inquiry into Child Sexual Exploitation in Gangs and Groups. Final Report. Office of the Children's Commissioner, November 2013.
Bergen, Raquel Kennedy, Kathleen A. Bogle: Exploring the connection between pornography and sexual violence. In: Violence and Victims, (3) 15, 2000, S. 227-234.
Betterton, Rosemary (Hg.): Looking on – Images of Femininity in the Visual Arts and Media. London, New York 1987.
Binet, Alfred: Le Fétichisme dans l'amour. In: Revue Philosophique Bd. XXIV (1887), S. 142-167, 252-274.
Bishop, Mardia J.: The Making of a Pre-Pubescent Porn Star. Contemporary Fashion for Elementary School Girls. In: Ann C. Hall, Mardia J. Bishop (Hgg.): Pop-Porn: Pornography in American Culture. Westport, Connecticut, London 2007.
Boeringer, Scot B.: Pornography and Sexual Aggression: Associations of Violent and Nonviolent Depictions with Rape and Rape Proclivity. In: Deviant Behavior. Juli–September 1994, S. 289-304.
Brass, Patchen: The Erotic Engine: How Pornography has Powered Mass Communication, from Gutenberg to Google. Toronto 2010.
Bremme, Bettina: Sexualität im Zerrspiegel – Die Debatte um Pornographie. Münster, New York 1990.

Bridges, Ana J. u. a.: Aggression and Sexual Behavior in Best-Selling Pornography Videos: A Content Analysis Update. In: Violence Against Women, (10) 16, 2010, S. 1065-1085.

Brook, Centre for HIV and Sexual Health, FPA, The National Youth Agency (Hgg.): Young People and Pornography. A Briefing for Workers. September 2009.

Brosius, Hans-Bernd: Sex und Pornographie in den Massenmedien: Eine Analyse ihrer Inhalte, ihrer Nutzung und ihrer Wirkung. In: Romy Fröhlich: Der andere Blick – Aktuelles zur Massenkommunikation aus weiblicher Sicht. Frauen und Massenmedien. Hg. von Christina Holtz-Bacha. Band 2. Bochum 1992, S. 139-158.

Bundesministerium für Familie, Senioren, Frauen und Jugend (Hg.): Aktionsplan 2011 der Bundesregierung zum Schutz von Kindern und Jugendlichen vor sexueller Gewalt und Ausbeutung. Berlin 2011.

Burgess, Adrienne: Fatherhood Reclaimed. Sydney 1998.

Burkart, Günter: Lebensphasen – Liebesphasen. Vom Paar zur Ehe, zum Single und zurück? Opladen 1997.

Byron, Tanya: Do we have safer children in a digital world? A review of progress since the 2008 Byron Report. London 2010.

Cambell, Anne: Attachment, aggression and affiliation, the role of oxytocin in female social behaviour. In: Biological Psychology, (1) 77, Januar 2008, S. 1-10.

Christakis, Dimitri A., Frederick J. Zimmermann: Violent Television Viewing During Preschool Is Associated With Antisocial Behavior During School Age. In: Pediatrics (5) 120, November 2007, S. 993-999.

Chun, Wendy Hui Kyong: Control and Freedom: Power and Paranoia in the Age of Fiber Optics. Cambridge, MA 2006.

Churchill, Wainwright: Homosexual behaviour among males. New York 1967.

Commission on Obscenity and Pornography: Report of the Commission on Obscenity and Pornography. New York 1970.

Cumberbatch, Guy u. a.: Where do you draw the line? Attitudes and reactions of video renters to sexual violence in film. British Board of Film Classification, 2002.

Czurda, Elfriede (Hg.): Mädchen Muster Mustermädchen. Tübingen 1996.

Demare, Dano, Hilary M. Lips, John Briere: Sexually violent pornography, anti-women attitudes, and sexual aggression: A structural equation model. In: Journal of Research in Personality, 27, 1993, S. 285-300.

de Visser, Richard O. u. a.: Autoerotic, esoteric and other sexual practices engaged in by a representative sample of adults. In: Australian and New Zealand Journal of Public Health, (2) 27, 2003, S. 180-190.

Dines, Gail: Pornland: How Porn has Hijacked our Sexuality. Boston 2010.

Dittmar, Linda: The Straight Goods. Lesbian Chic and Identity Capital on a Not-so-Queer Planet. In: Deborah Bright (Hg.): Passionate Camera: Photography and the Bodies of Desire. New York 1998, S. 319-339.

Drolshagen, Ebba D.: Des Körpers neue Kleider. Die Herstellung weiblicher Schönheit. Frankfurt am Main 1995.

Durham, Meenakshi Gigi: The Lolita Effect. The Media Sexualization of Young Girls and What We Can Do About It. Woodstock, New York 2008.

Etcoff, Nancy u. a.: Beyond Stereotypes: Rebuilding the Foundation of Beauty Beliefs, Findings of the 2005 Dove Global Study 2005.

Eysenck, Hans J.: Sex and Personality. London 1976.

Faulstich, Werner: Kultur der Pornografie – Kleine Einführung in Geschichte, Medien, Ästhetik, Markt und Bedeutung. Bardowick 1994.

Flood, Michael, Clive Hamilton: Youth and pornography in Australia. Evidence on the extent of exposure and likely effects (Discussion Paper Number 52). Canberra 2003.

Fredrickson, Barbara L. u. a. : That Swimsuit Becomes You: Sex Differences in Self-Objectification, Restrained Eating and Math Performance. In: Journal of Personality and Social Psychology, (1) 75, 1998, S. 269-284.

Fredrickson, Barbara L., Tomi-Ann Roberts: Objectification Theory. In: Psychology of Women Quarterly (2) 21, Juni 1997, S. 173-206.

Freedland, Jonathan: Goodbye to all this. In: The Guardian, 09.02.2000.

Frings, Matthias (Hg.): Fleisch und Blut – über Pornographie. Reinbek bei Hamburg 1998.

Fuchs, Eduard: Die illustrierte Sittengeschichte vom Mittelalter bis zur Gegenwart: Renaissance. Frankfurt am Main 1985.

Fuchs, Marek, Siegfried Lamnek, Jens Luedtke: Tatort Schule. Gewalt an Schulen 1994-1999. Opladen 2001.

Geiser, Robert L.: Hidden victims – the sexual abuse of children. Boston 1979.

Gerbner, George u. a.: Growing Up with Television. The Cultivation Perspective. In: Michael Morgan (Hg.): George Gerbner: Against the Mainstream. The Selected Works of George Gerbner. New York, Frankfurt am Main 2002, S. 193-213.

Gernert, Johannes: Generation Porno. Köln 2010.

Ghodse, Kristen: Potions, lotions and lipstick: The gendered consumption of cosmetics and perfumery in socialist and post-socialist urban Bulgaria. In: Women's Studies International Forum. (1) 30, Januar/Februar 2007, S. 26-39.

Gibson, Paul: Gay Male and Lesbian Suicide.

Gill, Rosalind: Gender and the Media. Cambridge 2006.

Goldstein, Michael J., Harold S. Kant: Pornography and Sexual Deviance. Berkeley, CA 1973.

Goodin Samantha u. a.: »Putting on« sexiness: a content analysis of the presence of sexualizing characteristics in girls' Clothing. In: Sex Roles. 65, 2011, S. 1-12.

Gray, John: Men are from Mars, and women are from Venus. New York 1992.

ders.: Why Mars and Venus Collide. New York 2008.

Grimm, Petra, Stefanie Rhein: Slapping, Bullying, Snuffing!: Zur Problematik von gewalthaltigen und pornografischen Videoclips auf Mobiltelefonen von Jugendlichen. Berlin 2007.

Groth, A. Nicholas: Men Who Rape: The Psychology of the Offender. New York 1999.

Häggström-Nordin, Elisabet, Ulf Hanson, Tania Tydén: Associations between pornography consumption and sexual practices among adolescents in Sweden. In: International Journal of STD and AIDS. 16, 2005, S. 102-107.

Harrison, Kristen: Television viewers' ideal body proportions: The case of the curvaceously thin woman. In: Sex Roles, 48, 2003, S. 255-264.

Hentschel, Linda: Pornotopische Techniken des Betrachtens – Raumwahrnehmung und Geschlechterordnung in visuellen Apparaten der Moderne. Studien zur visuellen Kultur. Hg. von Sigrid Schade, Silke Wenk und Daniela Hammer-Tugendhat. Band 2. Marburg 2001.

Herman, Judith: Incestuous Fathers and Their Families. In: Feminist Frameworks: Alternative Theoretical Accounts of the Relations between Women and Men. Hg. von Alison Jaggar und Paula Rothenberg. Hightstown, NJ 1993.

Hicks, Gary R.: Media at the Margins: Homoerotic Appeals to the Gay and Lesbian Community. In: Tom Reichert und Jacqueline Lambiase (Hgg.): Sex in Advertising: Perspectives on the Erotic Appeal. London 2003, S. 229-246.

Hines, Melissa: Brain Gender. New York 2004.

Hines, Melissa u. a./Avon Longitudinal Study of Parents and Children Study Team: Testosterone during pregnancy and gender role behaviour of pre-school children: a longitudinal population study. In: Child Development, (6) 73, November/Dezember 2002, S. 1678-1687.

Hitzler, Ronald: Rituale der Ungleichheit: S/M-Erotik in Lebenswelt und Medienalltag. In: Ingo Mörth und Gerhard Fröhlich (Hgg.): Das symbolische Ritual der Lebensstile. Frankfurt am Main, New York 1994.

Horvarth, Miranda u. a./The Children's Commissioner: Basically … porn is everywhere: A Rapid Evidence Assessment on the Effects that Access and Exposure to Pornography has on Children and Young People. London: The Office of the Children's Commissioner, 2003.

Hyde, Janet Shibley: The gender similarities hypothesis. In: American Psychologist. 60, 06.09.2005, S. 581-592.

Hyde, Janet Shibley, Nita McKinley: Gender differences in cognition: results from meta-analyses. In: Paula Caplan u. a. (Hgg.): Gender Differences in Human Cognition. Oxford 1997, S. 30-51.

Jenkins, Philip: Beyond Tolerance: Child Pornography on the Internet, New York 2001.

ders.: Moral Panic: Changing Concepts of the Child Molester in Modern America. New Haven, London 1998.

Jensen, Robert: Getting off: Pornography and the End of Masculinity. Cambridge, MA 2007.

ders.: Pornography is what the end of the world looks like. In: Karen Boyle: Everyday Pornography. London, New York 2010, S. 106-113.

Johnson, Anne M. u. a.: Sexual behaviour in Britain: partnerships, practices and HIV risk behaviours. In: Lancet, (358) 9296, Dezember 2001, S. 1835-1842.

Jong, Erica: Angst vorm Fliegen. Frankfurt am Main 1973.

Kanazawa, Satoshi: Why productivity fades with age: the crime-genius connection. In: Journal of Research in Personality, 37 (2003), S. 257-272.

Kappeler, Susanne: Pornographie – Die Macht der Darstellung. München 1988.

Kavadlo, Jesse: Fear Factor: Pornography, Reality Television, and Red State America. In: Ann C. Hall, Mardia J. Bishop (Hgg.): Pop-Porn: Pornography in American Culture. Westport, CT, London 2007, S. 99-110.

Kentler, Helmut: Was ist jugendgefährdend? In: Sexualpädagogik. 4, 1978, S. 17 ff.

Kershaw, Alison: Teachers condemn ›raunch culture‹ for fuelling sexism under the guise of irony and empowerment. In: The Independant, 01.04.2013.

Kimmel, Michael: Guyland. The Perilous World Where Boys Become Men. New York 2008.

Kinnick, Katherine N.: Pushing the Envelope: The Role of the Mass Media in the Mainstreaming of Pornography. In: Ann C. Hall, Mardia J. Bishop (Hgg.): Pop-Porn: Pornography in American Culture. Westport, CT, London 2007, S. 7-26.

Kinsey, Alfred C. u. a.: Das sexuelle Verhalten der Frau. Berlin 1954.

dies.: Das sexuelle Verhalten des Mannes. Berlin 1955.

Kjørholt, Vigdis Saga, Anette Dina Sørensen: Generation XXX: Normalization and Criticism of Pornography amongst Young People. In: NIKK magasin. 3, 2006.

Kleinhans, Chuck: Virtual Child Porn: The Law and the Semiotics of the Image. In: Journal of Visual Culture. (1) 3, 2004, S. 17-34.

Ko, Chisu: Peer Pressure Plastics. In: Time Asia. 05.08.2002.

Koblinsky, Sally, Alan I. Sugawara: Nonsexist curricula, sex of teacher, and children's sex-role learning. In: Sex Roles. (5-6) 10, 1984, S. 357-367.

Köhler, Michael, Gisela Barche (Hgg.): Das Aktfoto – Ansichten vom Körper im fotografischen Zeitalter. Ästhetik Geschichte Ideologie. München 1991.

Kommission für Obszönität und Pornographie des Amerikanischen Kongresses (Hg.): Der Pornographie-Report. Untersuchungen der Kommission für Obszönität und Pornographie des amerikanischen Kongresses. Reinbek bei Hamburg 1971.

Kranzfelder, Ivo: Zur Utopie eines ästhetischen Hedonismus oder die Ambivalenz des Lustprinzips: Surrealismus und neuere Modefotografie. München 1993.

Kunkel, Dale u. a.: Sex on TV 4: A Biennial Report to the Kaiser Family Foundation. Santa Barbara, CA 2005.

Laumann, Edward O. u. a.: The Social Organization of Sexuality: Sexual Practices in the United States. Chicago 1994.

Lautmann, Rüdiger: Soziologie der Sexualität – Erotischer Körper, intimes Handeln und Sexualkultur. Weinheim, München 2002.

Leopardi, Angelo: Der Pädosexuelle Komplex. Handbuch für Betroffene und ihre Gegner. Berlin, Frankfurt 1988.

Levenson, Ellie: The Noughtie Girl's Guide to Feminism. London 2009.

Levin, Diane E., Jean Kilbourne: So Sexy So Soon. The New Sexualized Childhood and What Parents Can Do To Protect Their Kids. New York 2009.

Levine, Judith: Harmful to Minors: The Perils of Protecting Children From Sex. Minneapolis 2002.

Levy, Ariel: Female Chauvinist Pigs: Women and the Rise of Raunch Culture. New York 2005.

Levy, David: Love + Sex with Robots: The Evolution of Human-Robot Relationships. New York 2007.

Liao, Lih Mei, Sarah M. Creighton: Requests for Cosmetic Genitoplasty: How Should Healthcare Providers Repsond? In: British Medical Journal. 334, 2007, S. 1090-1092.

Liberman, Mark: Annals of Essentialism: sexual orientation and rhetorical asymmetry. 18.6.2008.

Lightdale, Jenifer R., Deborah A. Prentice: Rethinking sex differences in aggression: aggressive behaviour in the absence of social roles. In: Personality and Social Psychology Bulletin. (1) 20, Februar 1994, S. 34-44.

Livingstone, Sonia u. a.: Risks and safety on the internet: The perspective of European children. Full Findings. LSE, London: EU Kids Online, 2011.

Luder, Marc Pascal: Verbreitung, Rezeption und Besitz von problematischen visuellen Inhalten auf Mobiltelefonen: Eine Befragung von Oberstufenschülern der Deutschschweiz. Lizentiatsarbeit. 2007.

Lynch, Annette: Porn Chic: Exploring the Contours of Raunch Eroticism (Dress, Body, Culture). New York, Oxford 2012.

McDermott, Steven: Vortrag im Rahmen von: Sexualisation of Culture?, MediaFest 09 Women in the Media, National Media Museum, Bradford, UK. 15.10.2009.

McKee, Alan, Katherine Albury und Catharine Lumby: The Porn Report. Melbourne 2008.

McNair, Brian: Striptease Culture – Sex, Media and the Democratisation of Desire. London 2002.

Medienpädagogischer Forschungsverbund Südwest (Hg.): JIM-Studie 2005. Jugend, Information, (Multi-)Media. Basisuntersuchung zum Medienumgang 12- bis 19-Jähriger. Stuttgart 2005.

Mehl, Matthias R. u. a.: Are women really more talkaktive than men? In: Science, (317) 5834, 06.07.2007, S. 82.

Miller, Cherie, Katherine N. Kinnick: Toxic Speech: A Content Analysis of Top 50 Song Lyrics. Konferenzpräsentation. Association for Education in Journalism & Mass Communication Midwinter Conference. Kennesaw, Ga. 12.02.2005.

Moreck, Curt: Sittengeschichte des Kinos. Dresden 1926.

Mowlabocus, Sharif: Gay Men and the Pornification of Everyday Life. In: Susanna Paasonen u. a. (Hgg.): Pornification: Sex and Sexuality in Media Culture. Oxford, New York S. 61-71.

Müller, Anne-Janine: Pornographie im Diskurs der Wissenschaft – Zwischen »sprechendem Sex« und Medienvermittlung. Berlin, Münster 2010.

Myhill, Andy, Jonathan Allen: Rape and sexual assault of women: findings from the British Crime Survey. 2002.

Nairn, Agnes, Ipsos MORI: Child well-being in the UK, Spain and Sweden: The role of inequality and materialism. Unicef, 2011.

Nathan, Debbie: Pornography (Groundwork Guides). 2008.

New Outlooks in Science Noise: Girls Choosing Camera Lenses over Microscopes. In: Guardian, 02.10.2008.

Nowak, Peter: Sex, Bombs, and Burgers. How War, Pornography and Fast Food Shaped Modern Technology. Guilford, CT 2011.

Ofcom: UK children's media literacy report. London 2011.

Olbricht, Ingrid: Die Brust – Organ oder Symbol weiblicher Identität. In: Brust 2000. Gesundheitspolitische Ein- und Aussichten. Dokumentation der 6. Jahrestagung des AKF. Hg. vom Arbeitskreis Frauengesundheit in Medizin, Psychotherapie und Gesellschaft e. V. (AKF). Bünde 2000.

Ostendorf, Heribert: Mögliche Wirkungen von Pornographie. In: tv diskurs. Verantwortung in audiovisuellen Medien, 6. Jg., 3/2002 (Ausgabe 21), S. 76-82.

Papadopoulos, Linda: Sexualisation of Young People. Review. Hg. vom British Home Office, 2010.

Pastötter, Jakob, Nicolas Drey und Anthony Pryce: Sex-Study 2008 – Sexual Behaviour in Germany. DGSS und City University London/ProSieben. 2008. Unveröffentlicht.

Pawlyna, Andrea: Beauty and the best of treatments. In: South China Post, 13.11.2006.

Perdue, Lewis: EroticaBiz: How Sex Shaped the Internet. Bloomington 2002.

Pilgrim, Volker Elis: Pornographie ist Hexenverfolgung mit anderen

Mitteln. In: Matthias Frings (Hg.): Fleisch und Blut – über Pornographie. Reinbek bei Hamburg 1998.

Pinker, Steven: The Blank State: The Modern Denial of Human Nature. New York 2002.

Pinker, Susan: The Sexual Paradox: Men, Women and the Real Gender Gap. Old Tappan, NJ 2008.

Plaza, Dwaine E., Michael D. Mehta: Pornography in cyberspace: An exploration of what's in Usenet. In: Sarah Kiesler (Hg.): Culture of the Internet. Mahwah, NJ 1997, S. 53-67.

Prince, Stephen: Power and Pain: Content Analysis and the Ideology of Pornography. In: Journal of Film and Video. (2) 42, 1990, S. 31-41.

Quayle, Ethel, Max Taylor: Pornography and the Internet: Perpetuating a cycle of abuse. In: Deviant Behavior. (4) 23, S. 331-362.

Railton, Diane, Paul Watson: Sexed Authorship and Pornographic Address in Music Video. In: Kaarina Nikunen, Susanna Paasonen und Laura Saarenmaa (Hgg.): Pornification: Sex and Sexuality in Media Culture. Oxford, New York 2007, S. 115-125.

Reynolds, Tom: Sharp Rise in Disordered Eating in Fiji Follows Arrival of Western TV, Press Release from the Harvard Medical School Office of Public Affairs. 28.05.1999.

Riddell, Lenore, Hannah Varto und Zoe G. Hodgson: Smooth talking: the phenomenon of pubic hair removal in women. In: The Canadian Journal of Human Sexuality. Bd. 19, Nr. 3. 2010.

Ringrose, Jessica u. a.: A qualitative study of children, young people and ›sexting‹. A report prepared for the NSPCC 2012, S. 121-130.

Ross, Michael W.: From the president. In: Sexual Science. (1) 42, 2001, S. 2.

Rush, Emma, Andrea La Nauze/Australia Institute: Corporate paedophilia: the sexualisation of children in Australia. Discussion Paper Number 90. Oktober 2006.

Sarracino, Carmine, Kevin M. Scott: The Porning of America: The

Rise of Porn Culture: What It Means, and Where We Go From Here. Boston, MA 2008.

Savic, Ivanka, Per Lindstrom: PET and MRI show differences in cerebral asymmetry and functional connectivity between homo- and heterosexual subjects. In: Proceedings of the National Academy of Sciences, 16.06.2008.

Schelsky, Helmut: Soziologie der Sexualität. Reinbek bei Hamburg 1955.

Schmerl, Christiane: Frauenfeindliche Werbung – Sexismus als heimlicher Lehrplan. Reinbek bei Hamburg 1983.

Schulze, Gerhard: Kulissen des Glücks. Frankfurt am Main 1999.

Segal, Lynne: Only the Literal: The Contradictions of Anti-Pornography Feminism. In: Pamela Church Gibson, Henry Jenkins (Hgg.) More Dirty Looks: Gender, Pornography and Power (Television, Media & Cultural Studies). London 2003, S. 59-70.

Selg, Herbert: Pornographie – Psychologische Beiträge zur Wirkungsforschung. Bern, Stuttgart, Toronto 1986.

Siggelkow, Bernd, Wolfgang Büscher: Deutschlands sexuelle Tragödie: Wenn Kinder nicht mehr lernen, was Liebe ist. München 2009.

Sinclaire, Marianne: Hollywood Lolita. London 1988.

Sivulka, Juliann: Historical and Psychological Perspectives of the Erotic Appeal in Advertising. In: Tom Reichert, Jacqueline Lambiase (Hgg.): Sex in Advertising: Perspectives on the Erotic Appeal. Mahwah, NJ, London 2003, S. 39-63.

Sørensen, Anette Dina: The mainstreaming of pornography in mass culture. (Quelle nicht mehr online verfügbar.)

Spink, Amanda, Helen Partridge und Bernard J. Jansen: Sexual and pornographic Web searching: Trends analysis. In: First Monday. (9) 11. 2006.

Stoller, Robert J.: Sexual Excitement: Dynamics of Erotic Life. New York 1979.

Stoparic, Bojana: Dating violence warnings candy-wrapped in Croatia. In: Women's E-News. 06.09.2007.

Taylor, Shelley E. u. a.: Relation of oxytocin to psychological stress responses and hypothalamic-pituitary-adrenocortial axis activity in older women. In: Psychosomatic Medicine, 68. 2006, S. 238-245.

Tierney, John: Porn, the Low-Slung Engine of Progress. In: The New York Times, 09.01.1994.

Treanor, Jill: Women quit before hitting the glass ceiling. In: The Guardian, 08.05.2007.

Turner, Janet: Planet Boy, in: The Times, 21.4.2003.

UNICEF: The state of the world's children 2007: Women and children, the double dividend of gender equality.

Van de Beek, Cornelieke u. a.: Prenatal sex hormones (maternal and amniotic fluid) and gender-related play behaviour in 13-month-old infants. In: Archives of Sexual Behaviour. (6) 38. 2009, S. 6-15.

Von Krafft-Ebing, Richard: Psychopathia Sexualis. Stuttgart 1886.

Vuttanont, Uraiwan, Trisha Greenhalgh und Petra Boynton: »Smart boys« and »sweet girls« – Sex education needs in Thai teenagers – a mixed-method study. In: Lancet, (368) 9552. 09.12.2006–15.12.2006, S. 2068.

Wallmyr, Gudrun, Catharina Welin: Young people, pornography, and sexuality: Sources and attitudes. In: Journal of School Nursing, 22. 2006, S. 290-295.

Walter, Natasha: Living Dolls – The Return of Sexism. London 2010.

Wellings, Kaye u. a.: Sexual Behaviour in Britain: early heterosexual experience. In: Lancet, (358) 9296, 2001, S. 1851-1854.

Werner, Florian: »Pornography on Wax«? Funktionalisierte Grenzüberschreitungen im US-amerikanischen Rap. In: Jörg Metelmann (Hg.): Porno-Pop: Sex in der Oberflächenwelt. Würzburg 2005, S. 149-165.

Wolf, Naomi: The Beauty Myth. Toronto 1991.

dies.: The Porn Myth. In: New York Magazine. 20.10.2003
World Health Organisation: Female Genital Mutilation, Fact Sheet No. 241, 2008.
Wouters, Cas: Informalisierung. Opladen 1999.
Yücel, Murat u. a.: Hemispheric and gender-related differences in the gross morphology of the anterior cingulate/paracingulate cortex in normal volunteers: an MRI morphometric study. In: Cerebral Cortex, (1) 11.1.2001, S. 17-25.
Zander, Michael: Zur Problematik der Pädosexualität. Einspruch gegen den Beitrag Erich Wulffs. In: Forum Kritische Psychologie, 54, 2010, S. 21-34.
Zaunschirm, Thomas: Kunst als Sündenfall – die Tabuverletzungen des Jeff Koons. Freiburg im Breisgau 1996.
Zimmermann, Anja: Skandalöse Bilder – skandalöse Körper: Abject Art vom Surrealismus bis zu den Culture Wars. Berlin 2001.
Zurbriggen, Eileen L. u. a.: Report of the APA Task Force on the Sexualization of Girls. American Psychological Association, 2007.